国家出版基金项目
NATIONAL PUBLICATION FOUNDATION

话说世界

TALKING ABOUT THE WORLD

6

发现时代
Discovery Age

任有权　吴　丹　◎著

主　编：陈晓律　颜玉强

人民出版社

主　　编：陈晓律　颜玉强
作　　者：任有权　吴丹

编　　委：

高　岱
北京大学世界史教授

梅雪芹
清华大学世界史教授

秦海波
中国社会科学院世界历史研究所
研究员

黄昭宇
中国现代国际关系研究院研究员
《现代国际关系》副主编

任灵兰
中国社会科学院世界历史研究所
《世界历史》编审

姜守明
南京师范大学世界史教授

孙　庆
南京晓庄学院外国语学院
世界史副教授

策　　划：杨松岩
特邀编审：鲁　静
　　　　　　杨美艳
　　　　　　陆丽云
　　　　　　刘可扬

图片提供：
中国图库
广州集成图像有限公司
视觉中国

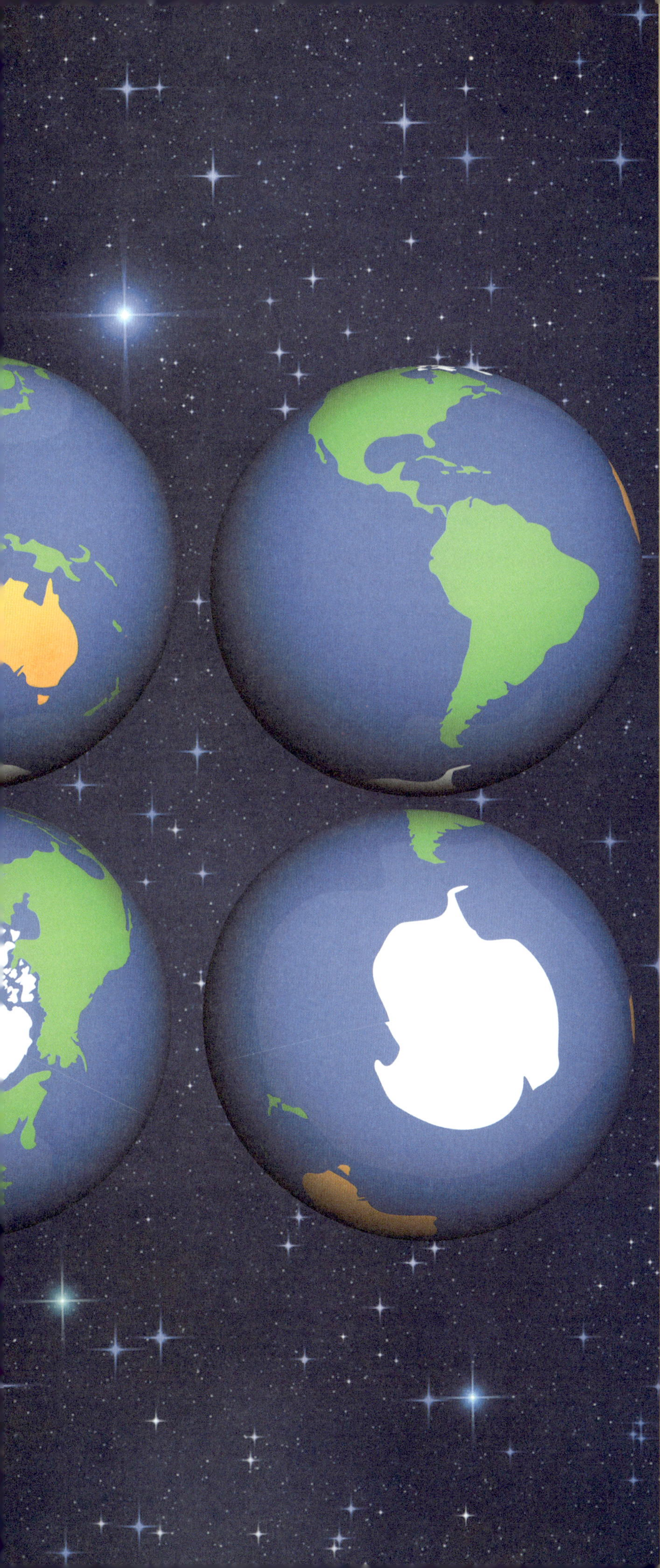

《话说世界》目录

《话说世界》出版说明

希望与探索

为广大读者编一部普及世界历史的文化长卷

今日世界植根在历史这块最深厚文化土壤中。要了解世界首先要从学习世界历史开始。学习世界历史不仅有助于我们借鉴外国历史上的成败得失，使我们在发展的道路上少走弯路；而且还有助于我们养成全球视野，自觉承担起作为大国对人类的责任；同时还有助于我们更深入地理解和贯彻构建人类命运共同体理念。人类文明发展5000多年来，各地区和各民族国家的文明差异性很大，都有自己独特的发展轨迹和文化，在交往日益密切的今日世界，我们更要努力学习世界历史与文化。因此我们策划出版这套《话说世界》。

世界史方面的读物出版了不少，但一般教科书可读性不足，专题类知识读物则不够系统全面，因此我们在编撰这套《话说世界》时，主要考虑普及性，在借鉴目前已有的世界历史读物的基础上，进行了新的尝试：

首先，史实准确。由著名世界史专业教授和研究员组成的编委会保证学术性，由世界史专业教授和博士为主的创作队伍保证史实的准确性。

其次，贯通古今。从史前一直到2018年12月，目前国内外尚没有时间跨度如此之大的历史读物。本套书内容丰富，传奇人物、探险故事、艺术巨作以及新思潮、新发明等，无所不包，以独创的构架，从政治、经济、文史、宗教、思想、艺术、科学、生活等多维度地切入历史，从浩瀚庞杂的史料中，梳理出扼要明晰的脉络，以达到普及世界史知识的作用。

再次，图文并茂。采用新颖的编排手法，将近万张彩图与文字形成了有机组合。版面简洁大方，不失活泼，整体编排流畅和谐，赏心悦目。

最后，通俗易懂。作者秉持中肯的观点，采取史学界主流看法，立论中肯、持平、客观，文字深入浅出，绝不艰涩枯燥，流畅易懂。

这套书总计 20 卷，各卷书名分别为：《古典时代》《罗马时代》《王国时代》《封建时代》《宗教时代》《发现时代》《扩张时代》《启蒙时代》《革命时代》《民族时代》《工业时代》《劳工时代》《帝国时代》《一战时代》《主义时代》《危机时代》《二战时代》《冷战时代》《独立时代》《全球时代》。

十几年前，上海锦绣文章出版社出版的《话说中国》，以身体作为比喻说还缺少半边身子，缺失世界历史的半边，因此《话说世界》的策划项目在七年前孕育而生。经过近七年的努力，这套图文并茂的普及性世界史《话说世界》（20 卷）陆续出版。今年又适逢新中国成立 70 周年，这套书被列入国家出版基金资助项目，作为一个从事 36 年出版工作的出版人感到由衷的喜悦。

在本套书行将付梓之际，特别感谢陈晓律、颜玉强、秦海波、刘立群、黄昭宇、任灵兰、鲁静、杨美艳、陆丽云、刘可扬等十几位世界史专家的辛勤劳作，感谢所有参与《话说世界》（20 卷）本书的作者、专家、学者、编辑、校对为此作出的贡献。最后，谨以两位世界史专家对本套书的点评作为结束：

徐蓝（中国史学会副会长）：首先要说这套书使得我眼睛一亮。这不是我们通常说的以政治经济为全部内容的世界历史，而是多维度的世界历史解读，其内容涵盖了政治、经济、文史、宗教、思想、艺术、科学、生活等，使世界历史更加充盈饱满相生相成。特别是将其每卷书的类别单独合在一起，相当于一部部专题史。这在国内世界历史读物中是仅见的，具有很高的出版价值。《话说世界》又是一套通俗读物。全套书 5000 篇左右的文章，通过人文地理、重回历史现场、特写、广角、知识链接等拓宽了内容的容量，增强了趣味性。可以说这是一套具有"广谱"特性的世界历史普及读物。这套书的社会效益不仅会普及国民的世界历史知识，也拓宽了国际视野，将世界历史作为基础知识之一，才能具备大国的胸怀和责任担当。

　　吴必康（中国社会科学院世界史所，国家二级研究员）：历史题材类的通俗读物一向是热门读物，富有意义。但其出版物主要是中国史，世界历史通俗读物出版甚少。而且，这些不多的世界历史出版物也多为受众少的教科书式作品。《话说世界》可以说弥补了这方面的缺憾。今天，中国正处民族复兴之时，作为世界第二大经济体，其世界影响越来越大，责任也更大，广泛了解世界，具有国际视野成为大势所趋。广大人民需要了解世界，知晓世界历史，已是必不可少之举。世界历史虽然内容浩如烟海，但作为文明历程有规律可循，有经验教训可资借鉴。《话说世界》的专业作者梳理千古，深入浅出，从容不迫地娓娓道来，使世界历史清晰明了，趣味盎然。这套丛书应该说是一套全民读物也不为过，可谓老少咸宜，可谓雅俗共赏。尤其是其文体具有故事性，很适合青少年。也望通过这套书能激发青少年阅读世界历史的广泛兴趣，兴起热潮，为我国的各类国际人才打下知识基础，更好地立足祖国走遍世界。知晓天下，方可通行天下。

人民出版社编审　杨松岩

2019 年 8 月 27 日

《话说世界》序一

读史使人明智

在世界历史的洪流中寻找人类的智慧

不知不觉，现在已经是 2019 年了。在人类几千年有文字记载的历史中，这个时间点或许并没有什么特别之处，但对于处于改革开放进程中的中国而言，这样一个年代显然具有不同寻常的意义。那就是，历经磨难成立新中国以后，中华民族在对外开放的过程中，重新找到了一个与自己国力吻合的位置。

中国是一个历史悠久的国度，创造了十分丰富的物质与精神的财富。尤其是在东亚这一范围，中国几乎就是文明的代名词。然而，在近代以来，中国却被自己过长的衣服绊倒了，结果从鸦片战争开始，中华民族经历了一段屈辱的历史，不仅使天朝上国的心态遭受沉重打击，也迫使我们重新认识外部世界。

从历史的角度看，中国人如何看世界，并不是什么新问题。古代中国人对周边"蛮夷"的看法千奇百怪，但无论是否属实，对自己的生活似乎影响不大。不过近代以来情况有所变化，自 1840 年始，中国人想闭眼不看世界也难。然而，看似简单的中国人应该如何睁眼看待外部世界，尤其是西方国家，却并不简单，因为它涉及"华夷"之间的重新定位，必然产生重大的观念与思想碰撞，所以它经历了一个几起几落的变化。

从传统的中国视角考察，以中国为天下中心的历史观一直在我国的史学领域占主导地位。因此，在 1840 年以前，中国还没有今天意义上的世界史，有的只是《镜花缘》一类的异域风情书，或是一些出访周边国家的记录，严肃的史书则只在中国史的范畴内。鸦片战争之后，中国被迫接受中国之外还存在一个世界这一事实。但对外部世界，主要是西方的研究是以急功近利的原则为出发点，缺少系统的基础研究。直到新中国成立前夕，我国的高校中，世界史都还不能算是能与中国史相提并论的学科，一些十分有名望的老先生，也必须有中国史的论文和教中国史的课程才能得到承认。这一事实反映出一种复杂的民族心态和文化背景。人总是从自己已有的知识基础上去发现和分析外部世界的，没有对外部世界知识的系统了解，要正确地看世界的确不易。

实际上，早在100多年以前，张之洞就认为，向西方学习应该是学习西艺、西政和西史。但是如何以我为主做到这一点，则是至今尚需继续解决的问题。

在一个开放的时代，任何一个试图加入现代发展行列的国家都必须尽量地了解他国的情况，而了解他国最主要和最基本的途径，除开语言外，就是学习该国的历史。就笔者所接触的几所学校看，美国一些著名大学的历史系往往都是文科最大的系，而听课的学生也以外系的学生居多。我的体会是，出现这样的现象无非两点原因：通识教育的普及性与本科教育的多样性，以及学生的一种渴望了解和掌控外部世界的潜意识。相比西方，我们的教育课程设置显然还有许多需要完善的地方。

按北大罗荣渠老师的看法，中国在向西方学习的过程中经历了三次大的起伏。一次是鸦片战争前后，中国是在战争的威胁中开始了解西方的，这种了解带有表面的、实用主义的性质，对西方的了解和介绍都十分片面，社会的大部分人对此漠不关心，甚至国家的若干重要成员对此也十分冷漠。与此相反，日本却密切地关注着中国的情况，关注着中国在受到西方冲击后所作出的反应，以致一些中国介绍西方的书籍，比如《海国图志》，在中国本身尚未受到人们重视时，日本已在仔细地阅读和研究了。尽管如此，第一次学习还是在中国掀起了洋务运动。

由于甲午战争的失败，中国开始了第二次向西方的学习，即体用两方面都要学。但不想全面改革而只想部分变革的戊戌变法因各种原因失败了，最终是以辛亥革命作了一次总结。从此以后，中国的政治实践大体上是在全面学西方，但是又由于历史的机遇不好，中国的这种学习，最终也未成功。尽管我们不能完全说它是失败的，但要成为一个强国的愿望却始终未能实现。

新中国成立以后由于西方的封锁和我们自己的一些政策，使中国经历了一个主动和被动地反对向西方学习的过程。直到改革开放以后，我们才再次开始了向世界强国——主要是西方国家学习的第三次高潮。而这次持续的时间显然要长得多，其内涵也要丰富得多。其中一个最重要的标志也许是，在沉默了几十年以后，中国的学术界终于开始出版一批又一批的世界史教材和专著，各种翻译的世界史著作也随处可见。这是一个令人欢欣鼓舞的现象。在这个意义上，中国人重新全方位看世界是改革开放的产物。

从中国人看世界的心态而言，也先后经历了三种变化：最初是盲目自大式的看世界，因为中国为中央之国，我们从来是当周围"蛮夷"的老师，尽管有时老师完全打不过学生，但在文化上老师终归是老师，我们从未丧失自信心。所以，对这些红毛番或什么其他番，有些"奇技淫巧"我们并没有真正放在心上。然后面临被列强瓜分的危机，我们的心态第二次变化，却是以一种仰视的方式看世界——当然主要是看西方国家，这种格局直到新中国成立后才开始逐渐改变。而改革开放后，中国重回世界舞台中心，成为GDP第二大国，自信心再次回归，看世界的态度又一次发生了变化——中国人终于可以平视外部世界了。

心平气和地看外部世界，需要的是一种从容和淡定，而这种心态，当然与自己的底气有关。随着物质生活的丰富和对外交流的日渐频繁，国人已经意识到，外国人既不是番鬼，也不是天使，他们是与我们一样，生活在这个地球上的人类。当然，由于历史、文化、地域、宗教乃至建国的历程各不相同，差异也是明显的，甚至是巨大的。如何客观地认识外部世界，对有着重新成为世界大国抱负的国人而言，已经具有了某种紧迫性。而互联网时代的信息爆炸，对较为靠谱的学理性知识的需求，也超过了任何一个时代。因此，无论于公于私，构建一个起码的对外部世界认识的合理框架，都成为一门必修课而非选修课了。

应该说，国内学界为此做了大量的工作，从学术论文到厚重的专著，从普及型的读物到各类期刊，乃至各种影视作品，有关西方的介绍都随处可见，一些过去不常见的国家和地区的研究成果也开始出现。同时，为了增进国人对这些问题的了解，国内出版界也做了很好的工作，出版了很多相关的著作。

大体上看，这些著作可分为以下几类：第一类是关于西方国家、政府等有关政治机构的常识性问题。这些现象我们虽然十分熟悉，但并不等于我们已经从理论上了解了它们。因此很多国内的著作对一些概念性的东西进行了提纲挈领的解析，有深有浅，大致可以满足不同人群的需求。第二类是关于各个国家的地理旅游的书籍，这类书籍种类繁多，且多数图文并茂，对渴望了解国外情况的人群，读读这些书显然不无裨益。第三类是各国的历史著作，这些著作大多具有厚实的学术根基，信息量大，但由于篇幅原因，或许精读的读者不会太多。最后一类则是对各种国际组织和机构的介绍，包括各国概况一类的手册，写作的格式往往是一条一款，分门别类，脉络清晰，这类知识对于我们了解外部世界尤其是西方世界应该也很有帮助。

然而，总体上看，在我国历史学教育中，严格意义上的"世界历史"还是属于小众范畴，由此这个领域的普及出版物相对较少，这与现在日新月异的我国国情和日益全球化的国际形势很不契合。

对于这种不合拍的情况，原因很多，但学界未能及时提供合适的历史读物，尤其是世界史读物，难免是一种遗憾。这不是说目前没有世界史普及读物，而是说我们的学者和出版界未能完全跟上时代对世界史知识的需求，尤其是广大普通民众对世界史知识的需求。随着我国经济实力的不断增强，出国求学和旅游对普通中国民众而言已经不是一种可望而不可及的事情。而踏出国门，中国人通常会有一个共同的感受：在各种聚会或是宴请的活动中，只要有"老外"在，哪怕是一个人，气氛就很难避免那种浓厚的"正式"味道；而一旦没有"老外"，都是华人，气氛会一下轻松起来，无论是吃喝还是交谈，人们的心态转瞬之间就已经完全不同。我常与一些朋友讨论这一现象，大家的基本看法是，中外之间，的确有一种文化上的隔膜。这种隔膜十分微妙，甚至并非是相互不能沟通的问题，而只是一种"心态"。

这种心态往往是只可意会，却难以言传。其难以言传的根源在于，人是生活在一个由文化构筑起来的历史环境中的，这种长期浸润，会不知不觉地对一个人的行为方式、心态产生巨大的、具有强烈惯性的影响，这种影响往往也不是通过一两本学术著作而能轻易加以归纳的东西。

因此，要体验这种微妙的文化隔膜，最好的方式就是对世界的历史文化有一种"全景式"的了解，除开去所在国进行深度体验外（当然，这对很多人而言有些奢侈），读一些带有知识性、系统性和趣味性的世界史读物，应该也是一种不错的选择。而这类读物恰好是我们过去的短板，有必要尽快地将其补上。

为了满足国人这类迫切需求，本套丛书的策划编辑团队怀着强烈的家国情怀和对中华民族特有的忧患意识，一直在积极地筹编这样一套能满足时代需求的世界史读物。他们虽然是在筹编一套普及性读物，却志存高远，力图要将这样的一套读物做成精品，那就是不仅要使普通读者喜欢，还要经得起学界的检验。历经数年，颜玉强主编总算在全国的世界史学界找到了合乎他们要求的作者团队。这些作者当中，既有早已成名的学术大家，也有领军一方的中青年学者，更有留学归国的青年博士群体。而尤为重要的是，这些学者，都长期在我国的高校从事世界史的教学和科研工作，他们对我国学子乃至一般民众对世界史知识的需求有着更深的感受，因此，由这样的一支作者队伍来完成这样的一部大型作品，显然是再合适不过了。

历经数年的讨论和磨合，几易其稿，现在《话说世界》总算问世了。以我的一管之见，我觉得这套书有这样一些特点值得关注。

首先是体例方面的创新。历史当然是某种程度上按照时间顺序发展的，但作为一种世界历史的视野，人们的眼光当然不可能横视全球，而是自然地落在一些关键性的区域和事件上。这样，聚焦和分类就是一个基础性的工作。作者对历史的分类不仅显示出作者的学术功力，也会凸显作者的智慧。本套丛书的特点是将"时代"作为历史发展的主轴，比如古典时代、罗马时代等等。这样的编排，读者自应一目了然。然而，作者的匠心就此展现：因为一些东西并不仅仅是纵向而是横向的，所以，王国时代、宗教时代、民族时代、主义时代这样的专题出现了。

这样的安排十分精巧，既照顾了历史的时代顺序，又兼顾了全球性的横向视野。相对于一般教科书的编排，比如在人类起源部分，从两河文明到尼罗河文明，再到希伯来、印度和中国文明，然后再到古典时代的希腊罗马文明、希腊化文明，固然十分系统，但对于非专业的读者恐怕也有点过于正规，索然无味。所以，丛书的安排看似随意，却有着精心的考虑和布局，在目前的类似书籍中，应该是不可多得，别具一格。

而对有着更多需求的读者，《话说世界》则又是一种趣味盎然的教科书，因为它将各个时代的内容分门别类，纵向来读，可以说是类别的世界通史。比如可以将政治、经济、文化等串联下来的就是该类别的世界通史，这样读者能够全景式地看到每个历史切面，还能了解整个历史线索和前因后果。

其次是《话说世界》为了达到可读性强的效果而采取了图文并茂和趣味性强的杂志书编撰方式，适合以各种休闲的方式阅读。《话说世界》的图片不仅与文章内容结合紧密，还有延伸文字内容的特点，特别是每本书都有数张跨页大图呈现了历史节点的宏大场面或艺术作品的强烈感染力。这样的布局，显然能使读者印象深刻。实际上，国外的历史教科书，往往也是图文并茂，对学生有着很强的吸引力，使学生即便不是上课也愿意翻阅。我们目前的教科书尚达不到这一水准，但《话说世界》能够开此先河，应该是功德一件。

第三则是强烈的现场感，这是为了增进读者真正理解国外历史文化所做的一次有价值的尝试。从这套丛书的内容看，其涉及面很广，并不单单是教科书式的历史，而是一部全景式乃至百科全书式的历史：从不同文明区域之间的人员交往到风俗习性，从军事远征到兵器工艺，从历史事件到地标和教堂，从帝国争霸心态到现代宣传套路，从意识形态到主义之争，可以说林林总总，斑驳杂陈，十分丰富，具有很强的可读性。一个也许对编辑并不十分重要，但对读者而言却十分重要的事实是，这些读本的作者都是"亲临视察"了所写的对象的，所以除去知性之外，还多了难得的感悟。因为这套丛书的作者，都是亲临所在对象的国家和地区进行过求学乃至工作的。他们对这些对象的了解，或许还做不到完全学理意义上的深刻，但显然已经早就超越纸上谈兵的阶段了。因此，在这个意义上，他们是真正的"中国人看世界"。这种价值，在短期内或许并不明显，但随着时光的流逝，它肯定会越来越闪烁出学术之外的瑰丽光芒。

值得指出的是，今天移动互联的势不可挡，知识碎片化也日益严重，需要学者和出版社联袂积极面对，克服互联网内容的不准确性，做到价值恒定性；克服互联网知识的碎片性，做到整体性。《话说世界》于上述的三个特点，显然是学者和出版社共同合作的成功范例。

如果你是一个依然保持着好奇心，对问题喜欢打破砂锅问到底的人，那么，请阅读这套匠心独具的丛书吧！它既能增加你的知识，又能丰富你的生活，也或许能在紧张的工作与生活中给你带来一丝和煦的清风。

当你拿到这套书，翻开第一页的时候，我们衷心地希望你能够从头至尾地读下去，因为这是在一个全球化时代，使你从知识结构上告别梦幻童年、进入一个绚丽多彩的成人世界的第一步——读史使人明智。

愿诸君在阅读中获得顿悟与灵感。

南京大学历史学院教授、

博士生导师　陈晓律

2019 年 2 月 15 日

《话说世界》序二

立足学术　面向大众

献给广大读者的具有国际视野的世界历史全景图书

2019 年我国的经济总量腾飞为世界第二大经济体，社会经济文化都日益成为地球村重要的一部分，了解世界成为必要。正如出版说明所言，了解世界首先要从世界历史开始，我们不仅可以从外国历史的成败得失中得到借鉴，而且还能从中培养国际视野，从而承担起作为大国对人类的责任。人类文明发展 5000 多年来，各地区和各民族国家的文化差异性很大，都有自己独特的发展轨迹，在日益融为一体的今日世界，我们在世界历史知识方面也亟须补课。

我国史学界编撰世界史类图书内容有不包括中国史的惯例，加之上海锦绣文章出版社已经在 2005 年出版了取得空前成功的 20 卷《话说中国》，所以我们这套《话说世界》就基本不包括中国史的内容，稍有涉及的只有为数几篇中国与外国交集的内容。

《话说世界》共 20 卷，分别是 20 个时代，时间跨度从史前一直到 2018 年。基本囊括了各个时代的政治、经济、文史、思想、宗教、艺术、科学和生活娱乐等。

参与《话说世界》编写的作者有教授和博士共 30 多人，都是名校或研究所的世界史专业学者。学有专攻的作者是《话说世界》质量的保证。我们还邀请了一些世界史的著名专家教授作为编委，确保内容的准确性。

今天读者阅读的趣味和习惯都有变化，业界称为"读图时代"。所以我们在文章的写法和结构都采取海外流行的"杂志书"（MOOK）样式。我曾经为台湾地区的出版社主编过 300 本杂志书，深得杂志书编撰要领。杂志书的要素之一是图片，《话说世界》以每章配置 3—4 幅图的美观标准，共计配置了 10000 张左右的图片，有古代的历史图片，也有当今的精美图片。在内容的维度上也进行拓展，引入地理内容，增加了历史的空间感；每本书基本都有"重回历史现场"，以增强阅读的现场感；同时每篇文章都有知识链接，介绍诸如人物、事件、术语、书籍和悬案等，丰富了文章内容，使文章更流畅、可读性更强。

当然，不能说《话说世界》就十全十美，但是不断完善是我们的追求。

启动编撰《话说世界》工程之时，我们就抱定了让《话说世界》成为既有学术含量又有故事可读性这个目标，使世界史知识满足大时代的需要。

结笔之际，感蛰居七年，SOHO 生活，家人扶助，终成书结卷。这里要感谢各位作者的辛勤笔耕，特别感谢人民出版社通识分社社长杨松岩慧眼识珠以及编辑们兢兢业业、精雕细刻的工作。"幸甚至哉"！

资深出版人　颜玉强

2019 年 10 月 28 日

《发现时代》简介

　　15、16 世纪，欧洲人告别了漫长的中世纪，终于迎来了现代文明的第一缕曙光。以意大利半岛为中心，一场思想革命正在如火如荼地进行着，这就是文艺复兴。文艺复兴不仅重新激起了欧洲人对古典文化的热爱，而且促使了一种新精神的诞生——世界的发现和人的发现。欧洲人逐渐挣脱了中世纪宗教、迷信和偏见的束缚，开始以客观、理性的视角来观察周围世界和人类自身。这一时期的欧洲人在艺术和智识上取得了惊人的成就，在诸如文学、绘画、雕塑、思想等诸多领域给整个人类世界留下了辉煌灿烂的文化遗产。

　　思想的革命往往与现实的变化如影随形。欧洲人不再满足于局促在亚欧大陆的边缘。黎明破晓时分，仿佛嗅到新时代气息的欧洲人离开故土，出航远行。在 15 世纪，居住在伊比亚半岛的人们率先发起了一场"海上十字军东征"，在信仰和财富的旗帜下掀开了地理大发现的序幕。众多的欧洲人乘坐着帆船来到世界的各个角落，他们是航海家、探险家、生意人、征服者和殖民者。在亚洲，欧洲人的商船和战舰游弋在各个海域，满载着东方的香料、茶叶、瓷器和丝绸；在美

洲，欧洲人建立了一个又一个殖民地和种植园；在非洲，欧洲人通过各种方式抓捕贩卖了大量的黑人去美洲充当奴隶……一个以欧洲为中心的世界贸易体系逐渐形成，世界也从割裂走向了整体。在这个过程当中，西方文明的扩张既给一些地区带去了新的文明火种，同时也让很多地区深陷水深火热之中。然而无论如何，人类文明自此迈入了一个新的纪元。

这是一个名副其实的发现时代。理性冲破了牢笼，人们开始认识这个世界，发现这个世界。在探索世界的过程当中，欧洲人对于这个世界的认知变得更加精确，也更加丰富。新的实践活动不仅带来了新知识，也带来了更多的新问题等待解答，更多的新现象等待解释。16世纪的地理大发现与稍后出现的科学革命秉承着相同的探索精神，正如17世纪英国著名科学家罗伯特·胡克所说："发现知识世界的新大陆，必须依靠一支纪律严明、组织有序、初期成员很少的科尔特斯远征军式的队伍来完成。"

目录

历史的"合题"：文艺复兴

黑格尔认为，历史的进步不是一条直线，而是一条波峰和波谷相互交错的曲折前进之路。辩证法是历史演变的规则，每一次跨越都是从正题、反题到合题的轮回。从古典文明到现代文明的西方历史恰好印证了这一论断，文艺复兴正是古典文明与中世纪欧洲文明的合题。

文艺复兴首先发端于意大利半岛。这并不是偶然。作为古罗马文明的核心区域以及中世纪欧洲经济最为发达的地区，意大利有着得天独厚的条件。文艺复兴的缔造者们认为中世纪是一个黑暗的时代，而自己则见证着文明的曙光。他们从破旧的书稿典籍中、从古罗马的残垣断壁中寻找古典文明的火种，以照亮黎明前的黑暗。这正是"复兴"的本意之所在，也就是复活古希腊和古罗马的文明。

文艺复兴是一场革命，而这场革命是通过复兴更古老的传统而达成的。正是在吸收古典文化精髓的基础之上，欧洲人开始走出中世纪的"阴霾"，一场思想革命就此开启。人们走出修道院，进入名利场，力图在人间这座大舞台上建功立业，扬名立万。宗教、迷信和偏见所织成的薄纱逐渐褪去，在世人面前，世界终于露出了其本来的模样。

黎明破晓时
文艺复兴前夜的欧洲

统一的基督教世界分裂成不同文明，现代欧洲就此诞生。

从西罗马帝国消亡到文艺复兴到来之前这漫长的 800 余年时光，对我们来说是一段完全陌生的时期。它不仅充斥着对巫术、魔术的信仰或排斥，充斥着永无止境和毫无理性的信仰和暴力，同时也孕育了文艺复兴的火种。直到马丁·路德把教皇的圣谕扔进了火堆，麦哲伦驾驶着帆船走向世界的边缘，那个由教廷一手遮天的旧世界终于出现了裂痕。这些关键的时刻，划出了一条黎明与黑夜的分界线。

"黑暗时代"

不可否认的是，中世纪的欧洲的确孕育了现代文明的一些因素，例如城市、大学等，但从另一些方面来看，中世纪的欧洲确实处于"黑暗时代"。5世纪，西罗马帝国灭亡，欧洲陷入了长期的混战。在这段漫长的时光里，无休止的战争、暴力、饥荒和瘟疫，特别是黑死病和其他流行病的爆发，曾经一度使欧洲的人口锐减，幸存下来的人们也饱受着疾病的折磨。然而即便如此，他们却依旧是最虔诚的基督徒，这是一个十分有意思的充满了矛盾的怪象。

西罗马帝国消亡后，教会取代了罗马帝国而成为欧洲疆界的守卫者。当教会的势力逐渐在欧洲蔓延开来之后，传教士们发现，将耶稣的旨意传授给那些深居大陆的蛮族异教徒，是一件极其困难的事，但是如要说服他们改信耶稣，却并不难办到。最终，这些骨子里藏着好战精神的蛮族接受了洗礼，从此变成了捍卫基督教的斗士。

在中世纪，教廷对普通民众的压制是黑暗的一个方面，而教廷与欧洲日益强大的君主之间的权力争斗又是黑暗的另外一面。在整个中世纪，基督教得到了很大的发展和壮大，各国的君主们越来越将自己权力的合法性寄托在神的授予上。教皇在国王的加冕礼上扮演着重要角色，国王反过来也大力宣扬君权神授。就这样，教会成了欧洲大陆最富有的群体，人们生活的方方面面均要受他们的辖制与支配。

《君士坦丁堡之陷落》创作于 1499 年。它仍然保留着中世纪的创作风格。

人们购买赎罪券，深信能够因此在死后免于下地狱。

知识链接：教皇

教皇一词译自"Pontifex"，原指"祭司"。教皇（拉丁语Pope）通过世界各地的枢机主教内部投票产生。382年，罗马皇帝废止对胜利女神的祭祀，独尊耶稣一神，并将教皇一职交给罗马教会第39任主教圣安纳西塔斯一世（St.Anastasius I）。445年，东罗马皇帝和东正教会承认其教会的最高地位。教皇一职延续至今。

破碎和坍塌

在中世纪晚期之后，罗马教会日益腐化堕落，教会和教皇越来越追求权力和个人利益，将神圣的宗教用于敲诈勒索。到后来，他们甚至设立了一个委员会来推销恩惠券、赎罪券，目的居然是为了让民众"活着就能赎罪"。

这样腐朽、堕落的教廷简直让人瞠目结舌，最终，基督教圣洁的形象毁于一旦，中世纪的混乱与无序，开始逐渐导致一些教皇并不愿意看到的后果。到14世纪时，骑士制度开始消亡，而世俗大国的军队却愈加强盛。未来的走向开始向强大的君主专制国家倾斜，人们对国家的认同感与日俱增，这对统一的基督教世界是一个巨大的威胁。

到15世纪末的时候，知识阶层开始在欧洲崛起，一种微妙却强大的崭新精神力量开始兴起，并开始颠覆中世纪社会。尤其在1453年拜占庭帝国灭亡之后，大批学者携带着古希腊、古罗马的经典著作重返欧洲，越来越多的古希腊和古罗马文化遗产也重现于世，越来越多的学者开始关注这些古典著作，并从中汲取了人文主义的精神。一种新生的力量开始向旧世界发起挑战，后来，我们将这种力量称为"复兴"。

意大利艺术家戈佐利（1420—1497年）为佛罗伦萨美第奇宫所绘的湿壁画局部。图中的灵感来源可能是1439年远道而来的东方学者在佛罗伦萨的行进队伍。

欧洲的经济高地
尼德兰

地理上的低地，
却成了经济上的高地。

尼德兰的本意是"低地国家"，大致包括今天的荷兰、比利时、卢森堡和法国的东北部。16世纪的尼德兰是欧洲经济最繁荣、人口最稠密、城市化程度最高的地区之一。这里的封建制度很早便解体，资本主义因素发展迅速。无论是制造业、商业、农业，还是金融业，尼德兰都居于欧洲领先地位。

历史和地理

低地一词表明了这一地区的大致地理状况。尼

德兰的很大一部分地区低于海平面，其余的部分有很多也只是高于海平面1米左右。这个国家的地势除了非常低之外，还非常平，绝大部分都是平原，只有在东南角有海拔不足400米的小山。实际上，尼德兰是莱茵河、默兹河和斯海尔德河三条河流共同作用形成的冲积平原。整个平原水资源充沛、河网密布。另外，这一地区面临的最大的自然灾害就是水患。水患来自两个方面：一个是暴涨的河流所带来的洪水，另一个是大海对陆地的侵蚀。尼德兰的历史也是一部与水患做斗争的历史。

这一地区的历史可以追溯到古罗马时期。随着西罗马帝国灭亡，尼德兰成为法兰克王国的一部分；法兰克王国分裂之后，它成为德意志皇帝和法兰西国王不断争夺的对象。直到15世纪，其大部分领土并入了勃艮第公国，后来又划归西班牙哈布斯堡家族统治。

哈布斯堡家族是欧洲最有权势的一个王室家族，其大本营在奥地利。这个家族特别擅长通过巧妙的联姻扩大自己的统治疆域。低地国家便是通过这种方式落入哈布斯堡家族的囊中。

安特卫普的兴衰

16世纪中叶，尼德兰人口大约为300万，其中安特卫普大概有10万人。对当时的人来说，安特卫普是"世界的一朵鲜花"，是欧洲的商业中心、工业中心和金融中心。其在16世纪的地位可以抵得上伦敦加上曼彻斯特。

1350年左右尼德兰政治局势图

安特卫普早在 1315 年建港，16 世纪成为欧洲最富有的商业城市。它现在是比利时的第二大城市、欧洲第二大港、世界第四大港。

安特卫普的繁荣首先得益于有利的地理位置。它是德意志西部地区的天然港口，是英国进入欧洲大陆的重要门户，还是连接地中海贸易和波罗的海贸易的重要节点。其有利的地理位置使得欧洲各国的商人纷至沓来，英国人带来了布匹，德意志人带来了贵金属，法国人带来了葡萄酒。地理大发现之后，葡萄牙人将东方的香料也运到了这里。15 世

大坝广场或称水坝广场是荷兰首都阿姆斯特丹的一个城镇广场。其著名的建筑和频繁发生的历史事件使它成为城市和国家中最著名和最重要的地点之一。图为 1656 年大坝广场与正在建设的新市政大厅。

知识链接：汉萨同盟

德意志北部沿海城市所结成的商业同盟。它起源于 12 世纪，在 14 世纪达到鼎盛。鼎盛时期，该同盟所控制的区域包括从波罗的海到北海的大部分沿海地区，在波罗的海的贸易中占据垄断地位。15 世纪以后，该同盟逐渐衰落。

纪中叶，葡萄牙在安特卫普建立了王室代理商行，专门销售东方香料。所以，安特卫普成了香料贸易中心，极大地促进了它的发展。

安特卫普还是欧洲的金融中心。欧洲各国的君主都在安特卫普筹集款项。例如，亨利八世统治的最后四年，在安特卫普筹集的借款接近 100 万英镑。事实证明，贷款给政府是一件非常危险的事情。1549 年，葡萄牙关闭了其设在安特卫普的王室代理商行，随后安特卫普便丧失了在香料贸易中的垄断地位。因此，到 16 世纪中叶，安特卫普逐渐衰落。16 世纪 60 年代，法国、西班牙、葡萄牙先后宣布财政破产。安特卫普随后陷入一场严重的金融危机，市政机构和私人机构纷纷破产。

安特卫普衰落后，其经济中心的地位便让给了另外一个尼德兰城市——阿姆斯特丹。阿姆斯特丹一直以来都是尼德兰北部的经济中心。它最发达的是航运业。它击败了汉萨同盟，逐渐在波罗的海的贸易中占据垄断地位。波罗的海贸易的对象一般都是大宗商品，如粮食、木材等，因此需要很强的运输能力，荷兰恰好具备这样的实力。荷兰共和国成立之后，阿姆斯特丹开始步入了黄金时期，逐渐取代安特卫普成为北欧的经济中心。

从神性到人性
文艺复兴的起源

这是人类从未经历过的伟大变革，
这是一个需要巨人并产生了巨人的时代。

1427 年，佛罗伦萨新圣母玛利亚教堂揭幕了一幅壁画，这幅壁画第一次给佛罗伦萨的市民带来了视觉上的新奇体验。它不像一幅画，因为它看上去仿佛是从墙壁上掏出了一个壁龛，壁龛里正在显现着神迹，两个佛罗伦萨人虔诚地跪立着，就像亲眼看见了神迹的降临。这是自古希腊之后，人们再次使用透视法进行绘画，这幅名为《三位一体》的壁画和它的作者马萨乔一起，正悄无声息地将人们逐渐带入一场人类历史上最伟大的变革——文艺复兴。

佛罗伦萨是意大利文艺复兴的发祥地。图片中最引人注目的圆顶建筑便是著名的圣母百花大教堂。佛罗伦萨是建筑艺术的殿堂，在这里的大街小巷，人们都可以看到文艺复兴时期的著名建筑，让人仿佛置身于历史之中。

"文艺复兴"和它的起源

"文艺复兴"（Renaissance）一词的本意是再生或者复活，这在乔托时代的意大利就已经开始萌发了。那时，如果人们觉得某位文学家或者艺术家的作品很好，他们就赞美道："啊，这简直和古典时期的作品一样好。"当然，人们也这样赞美过乔托，说他是引起一次真正艺术复兴的大师。这一时期，被用同样方式赞颂的还有但丁和彼特拉克。这几位生活在 13 世纪晚期到 14 世纪中期的艺术家与文学家，被认为是文艺复兴的先驱。他们都生活在同一个国家——意大利。

文艺复兴时期，学者们最感兴趣的是恢复和学习拉丁语和古希腊文学、历史和雄辩术的文本。当时的学者，如科卢乔·萨卢塔蒂、尼可洛·尼科利和波焦·布拉乔利尼，在欧洲的图书馆中搜寻了西塞罗、卢克莱修、李维和塞内卡等拉丁作家的作品。到 15 世纪早期，这些用拉丁文字写成的文本已经基本恢复。图为科卢乔·萨卢塔蒂。

为什么"文艺复兴"的核心是再生或者复活？这要从古罗马时期说起。作为世界文明中心，古罗马曾盛极一时，古典文学和艺术都有极高的成就。但随着日耳曼部落的哥特人和汪达尔人的入侵，强盛的西罗马帝国最终被打得七零八落，国家的一切力量和荣誉都毁于一旦。因此，每一个意大利人心中都存有一个复兴的梦，"宏伟即罗马"，他们满怀自豪地回顾古典时期，期待着有一天走上复兴之路。

这一天终于到来了，在经历了漫长的中世纪之后，一些意大利人开始重新发掘古典文化，开始从固有的思想里解放出来，重新思考宗教、人性和行为的关系。他们对湮没在修道院里的西塞罗、维吉尔、亚里士多德的著作产生了浓厚的兴趣，并投入了大量的时间发掘、整理一切古典文献、文学和建筑。在这个过程中，很多人的思想开始发生了变化。他们逐渐意识到，人自身应该成为一切事物的中心和衡量标准，而不仅仅只是依靠神祇。因此，他们开始关注人性和人的价值，并从各个领域入手，开始将这些变化付诸作品。这时，意大利人开始逐渐认识到，他们心中宏大的古罗马，真的开始"再生"和"复兴"起来了。

建于1444年的美第奇－里卡迪宫中有一幅由贝诺佐·戈佐利（Benozzo Gozzoli）于1459年创作的湿壁画《三王朝圣》。这幅画作以圣经中东方三王朝拜耶稣降临为题，实际却是一幅描绘美第奇家族的游猎图。画中骑马的正是美第奇家父子三人。

> **知识链接："中世纪"一词的由来**
>
> 在古罗马帝国灭亡和文艺复兴时期的中间，有800余年的漫长时光，这对于意大利人来说，是一段伤心的插曲，他们无时无刻不在期待着复兴时代的来临。因此，在复兴来临之前的这段漫长时光，他们就称之为"中间时代"，后来，这个名词就逐渐演变成了"中世纪（Middle Age）"。

"文艺复兴"的种子

意大利人心中伟大的"罗马帝国"（西罗马帝国），已经在476年宣告灭亡。那么，曾经光辉璀璨的古典典籍，是怎样躲过了千余年的时事变迁重现于世呢？

在回答这些问题之前，我们必须要了解15世纪的世界究竟发生了怎样的变化。事实上，15世纪中期，发生了一件举世瞩目的大事。1453年，奥斯曼帝国苏丹穆罕默德二世攻陷了东罗马帝国的首都君士坦丁堡。君士坦丁堡的陷落，标志着具有1000余年历史的东罗马帝国灭亡。这看似与文艺复兴毫无关联，其内里的联系却千丝万缕。因为随着东罗马帝国的灭亡，大批学者携带着大量的古希腊和罗马的艺术珍品和文学、历史、哲学等书籍，纷纷逃往西欧避难。因此，大多数史学家认为，正是这些史料、著作和理性的哲学思想，为中世纪欧洲突破天主教神权束缚提供了最直接的动力，从而助推了文艺复兴运动走向高潮。

谜一样的旅程
文艺复兴的传播

从佛罗伦萨到全欧洲，
宗教外衣下苏醒的是对人性的认知。

文艺复兴是如何从意大利传播出去并引领欧洲走向初见曙光的资本主义时代，多少年来一直让史学家们百思不得其解。这个谜一样的旅程，是如何穿越时间与空间，以星星之火，成燎原之势，史书上并没有留下多少有价值的记载。今天，当我们反观历史，只能在蛛丝马迹的记录中，从画作的风格、雕塑的形态、人文主义的情怀、音乐舞蹈的流变中，稍稍还原一些文艺复兴的传播路径。

缓慢北上：从意大利到德意志

文艺复兴早期，莫说是意大利以北的地区，就连在意大利，其传播的速度都很缓慢。佛罗伦萨的火种燃烧了多年，点燃的不过是周边地区，然后才

威尼斯有一条天然运河穿绕流动，是威尼斯城的主要水道。它自圣马可教堂至圣基亚拉教堂呈反S型，将整个城市分为两个部分。河道长约3公里，与许多小河道相连。今天人们乘坐着贡多拉在水面上穿行。河岸两边分布着罗马式、哥特式的宫殿和教堂，因此这条运河有着"水上香榭丽舍"的美誉。

是罗马和威尼斯。比威尼斯更远的北方，哥特风格已经十分令人满意，即使文艺复兴在意大利如火如荼地展开，他们也无意放弃这一风格。

转机出现在15世纪晚期，一位外国人终于开始注意到意大利的艺术成就，他通过印刷的书籍，得以窥见意大利艺术的特色。被其深深吸引之后，他开始专注地研究意大利的艺术。他的名字，熟悉绘画艺术的人都耳熟能详，他就是阿尔布雷特·丢勒（Albrecht Dürer，1471—1528年），一位来自德国的画家。

1494年，23岁的丢勒动身前往威尼斯，从威尼斯一路徒步南下，画下了一系列色彩艳丽的水彩画，记录下了南方的艳阳、海边的建筑，还记录下了橄榄树林和奇异的房子。总之，这一趟意大利之旅，丢勒学到了很多。回国之后，他开始潜心研究，著书立说，力求让意大利以外的人认识到这场伟大的变革。丢勒身体力行，试图让人们真正认识到应当如何来表达艺术，并通过他的作品向人们说明，意大利的文艺复兴是怎样改变了他。丢勒像一个真正的人文主义者一样，拒绝接受中世纪错误的艺术表达方式，从务实和理论两个方面检视古典作品。对身为日耳曼画家的丢勒而言，一生两次造访意大利，的确给了他极大的文化冲击。

又过了大约半个世纪，绘画、雕刻和建筑开始在部分意大利以北的勃艮第、尼德兰、南德意志等

《画家夫人玛格丽特像》是尼德兰画家扬·凡·艾克仅存于世的两幅画作之一，完成于1439年。玛格丽特是画家的妻子，时年34岁。这是一副木版画，也是欧洲最早描绘画家配偶的艺术品之一。

欧洲地区绽放出耀眼的成就。走出意大利的文艺复兴运动，如燎原之势，在欧洲大陆蔓延开来。

吸收了文艺复兴知识，文艺复兴得以进一步扩散。

遍地星辰：向欧洲大陆扩散

我们不知道，除了丢勒之外，还有没有人向意大利以北地区传播过文艺复兴的理念，我们更无法知道，那些阿尔卑斯山以北地区的国家是如何接触到文艺复兴的。据推断，是印刷术和火药的使用和推广使文艺复兴得以在更大的范围内传播。

由于印刷术在欧洲的快速传播，印刷书籍开始大量现世，意大利文艺复兴时期的许多作品，开始随着印刷品逐渐扩散到阿尔卑斯山以北。印刷术也使得版画印刷品的价格十分低廉，那些能够完美体现人体结构概念和运用透视法的意大利版画，深刻地影响了欧洲的大部分国家。这些国家的工匠和艺术家们，通过对印刷品的研究，开始逐渐接受这些来自意大利的思想、理念和技艺，并将它们应用到陶器、银器、黄金制品以及织锦、丝绸和服装的制作中。

火药也是促进文艺复兴传播的一个重要原因。因为火药能够使军队远征，君主们借助火药开始萌发兼并他国领土的念头。15世纪90年代，法国就入侵过意大利，紧接着，神圣罗马帝国又踏入意大利半岛。战争带来了烧杀劫掠，却也使侵略者学习和

丢勒在1507年完成的一对油画作品：《亚当和夏娃》，这对作品是丢勒受到他在1504年完成的铜雕作品的启发而绘制的。这两幅祭坛屏版画的意大利风格十分明显，这是丢勒游历艺术之邦意大利最大的收获，意大利画风为他提供了一种新的方式来描绘人类形态。这对油画中的亚当和夏娃，是德国绘画中第一个完整的裸体主题画作。

高山仰止
文艺复兴的巨人们

正是站在巨人的肩膀上极目仰望，世界才如此让人心向往之。

当我们抬头仰望星空的时候，明亮的星空总是安静地注视着我们，常常让我们心存感动。我们一直愿意相信，那些曾经改变过世界的人们，都会化作天边的繁星，在漫漫的历史长路上为我们指引方向。世界之所以如此美好，正是因着他们的创造，这些创造在时间里沉积，才让后来的人们永久享有明亮的光辉。

文学之光

说到文艺复兴的文学作品，不得不提及"文坛三杰"：但丁、彼特拉克、薄伽丘。从《神曲》到《歌集》，再到《十日谈》，三位大师被誉为意大利文艺

但丁是文艺复兴早期的一位意大利著名诗人，他所创作的《神曲》被广泛认为是中世纪晚期最重要的诗歌。这部作品打破了中世纪用拉丁语写作诗歌的窠臼，用意大利语写成。到今天，但丁的《神曲》仍然被认为是最伟大的意大利语文学作品，但丁也成为"文艺复兴文坛三杰"之一。

复兴史上最为杰出的三位文坛巨匠。

阿利盖利·但丁（Alighieri Dante，1265—1321年），中世纪晚期的最后一位诗人，同时也是新时代的第一缕人文主义曙光。但丁的一生是一场流亡，然而正是这一场流亡，将他的生命造就成了一场奇迹。他的生与希望，他的爱与死，统统都写进一本名叫《神曲》的书中。这本书是他生命的旅行，也是他人生的思考，更是他一生的缩影。他的挣扎、破茧和升华，都付诸《神曲》之中。

但丁之后，是彼特拉克（Francesco Petrarca，1304—1374年），但丁死时，彼特拉克正值光华之年。与但丁一样，彼特拉克的生命里也有一个比阿特丽斯式的女子，支撑着他对这世间一切情爱最美好纯真的寄托。彼特拉克写下了一首首热情洋溢的十四行诗，他的《歌集》纯真地颂扬着世间的美好，也寄托着他对爱而不得的哀伤与思念。彼特拉克捧着"桂冠诗人"的月桂枝，在丘比特神殿前加冕，从此蜚声文坛。

1374年7月，彼特拉克逝世后，"文坛三杰"最终只剩下了薄伽丘（Giovanni Boccaccio，1313—1375年）。这个曾经执拗喜爱文学，不惜违背父亲意愿的少年，此时已满载着文坛荣誉，静静等待死亡的到来。薄伽丘的一生，宣称"幸福在人间"，他经历了黑死病泛滥的时代，遭遇过死亡和逃难，却依然用温情而谐谑的语言，书写

话　说　世　界

弗兰齐斯科·彼特拉克是意大利文艺复兴时期的一位诗人和学者，同时，他也是最早的人文主义者之一，他在 14 世纪重新发现了西塞罗的作品。在文艺复兴时期，彼特拉克十四行诗在整个欧洲都受到赞赏和模仿，并成了抒情诗歌的典范。基于他的文学作品，现代意大利语在 16 世纪开始逐渐形成。

着世间的离合悲欢。薄伽丘的《十日谈》如此的熠熠生辉，与但丁的《神曲》相衔，被后人称为"人曲"。

彼特拉克去世一年后，薄伽丘也离开了人世，三人的命运如此继继绳绳，即使在冥冥之中，依然闪烁着缪斯之光。

艺术之光

在艺术领域，大师亦如星空般璀璨。其中，最为耀眼的三颗艺术之星，当属"美术三杰"。与"文坛三杰"不同，"美术三杰"在维纳斯女神的眷顾下，异彩同放。

达·芬奇（Leonard da vinci，1452—1519 年），《蒙娜丽莎》的创作者，在美术史上是一个里程碑式的人物，而且不仅仅是在绘画领域，达·芬奇在各个领域都大放异彩，可以说，他是"文艺复兴时期最完美的代表"，是人类历史上绝无仅有的全才。今天，当我们站在《最后的晚餐》面前，仿佛穿越时空，不仅看到了文艺复兴时期佛罗伦萨的兴盛，也看到了千年前《圣经》里曾经讲述的故事。

米开朗基罗（Michelangelo，1475—1564 年），

与达·芬奇一样多才多艺，也同样达到了艺术的巅峰。他的《大卫》雕像至今仍伫立在佛罗伦萨，他的巨幅壁画《创世纪》和《最后的审判》，仍然在西斯廷教堂的天顶与墙壁上供后人瞻仰。在"美术三杰"之中，仅有米开朗基罗得天独厚地享有了杖朝之年的高龄，他的艺术成就，深刻影响了之后的艺术家们。

在达·芬奇和米开朗基罗已功成名就之时，拉斐尔（Raffaello，1483—1520 年）还是一个弱冠少年，他从乌尔比诺来到佛罗伦萨，见证了两位大师的"世纪之争"。谁也没有想到，正是这个温润安静的少年，像耀眼的星星一般迅速照亮世界，他的圣母像，一直浸润着人们的心灵，给予世人安抚与慰藉。

1520 年前后，达·芬奇和拉斐尔相继谢世，"美术三杰"只余米开朗基罗一人，在艺术的道路上踽踽独行。

位于佛罗伦萨的达·芬奇雕像。达·芬奇是欧洲文艺复兴时期的天才科学家、发明家、画家、生物学家。现代学者称他为"文艺复兴时期最完美的代表"。

文艺复兴光影
佛罗伦萨、教皇国、米兰和威尼斯

艺术之神穿越佛罗伦萨，
圆拱穹顶点燃上帝之光。

从罗马坐火车一路北上，大约一个小时就可以抵达佛罗伦萨，再过三个小时可以抵达米兰，最后过两个小时就到了威尼斯。在铁路纵横、阡陌交通的今天，走过这几个城市，不过几天的时间。我们无法想象，这些直到今天仍然闪烁着奇异光芒、承载着历史变迁的城市，在 800 年前的意大利半岛，分属不同的公国。无论是统一还是分裂，时间都无法掩盖它们在文艺复兴时期火炬般明亮的色彩，它们是艺术的巅峰，是时代的奇迹。

百花之城：佛罗伦萨

时间回到 1400 年，如果我们沿着阿尔诺河北岸陡峭山丘的那条从波隆那进入佛罗伦萨的大道，也许我们并不能看到佛罗伦萨城那精美绝伦的景象。只有当我们走到费埃索列，从北面俯瞰城区，才可以将佛罗伦萨全城一览无余，城墙、河流和高塔，从那时起就一直存在，直到今天。

与大多数托斯卡纳地区的城市不同，佛罗伦萨因濒临河岸而建成。11 世纪时，它只局限于阿尔诺河左岸，到 13 世纪，佛罗伦萨城区已经横跨河流两岸。在城区扩大的同时，佛罗伦萨政府还十分重视城市的美丽与体面，从 13 世纪末到 14 世纪，整齐、对称、宽敞和清洁一直是佛罗伦萨建设的目标。这一时期，佛罗伦萨人民改良了房屋的建筑技术，引进各种设计以使建筑看上去舒适而富丽。这样整洁华美的城市，在当时的欧洲是绝无仅有的。

阿尔诺河从佛罗伦萨城中缓缓穿过，在夕阳的余晖下，这个被徐志摩译为"翡冷翠"的古城被水波与光影点缀得熠熠生辉。横跨阿尔诺河的旧桥沉静地对望着历史，桥的左边是圣十字圣殿、旧宫、圣母百花大教堂和乔托钟楼，右边山上有米开朗基罗广场和大卫铜像。

15 世纪，佛罗伦萨的标志性建筑——圣母百花大教堂建成，这座历经一个多世纪方才全部完工的教堂代表了佛罗伦萨城市的兴盛。由布鲁内莱斯基主持并建成的教堂大圆顶，不仅是当时建筑界的杰作，也表达了佛罗伦萨新的价值观。巨大的圆顶给予人们精神上的慰藉，巍峨壮丽的建筑庇护着托斯卡纳人民。直到今天，它仍然是佛罗伦萨最为美丽的历史遗产。

15 世纪后，佛罗伦萨掀起了一股建造私人官邸的热潮，由米凯洛左·米凯洛齐设计的美第奇宫就是典型代表。作为佛罗伦萨统治者的美第奇家族，为这个城市的建设作出了极大的贡献，他们使佛罗伦萨变得更伟大也更美丽，也使这个城市由推崇共和到逐渐走向君主统治。

上帝之城：罗马与教皇国

756 年，法兰克国王丕平三世（Peppin Ⅲ，714—768 年）把他夺得的拉文那到罗马之间的"五

城区"赠送给了教皇斯蒂芬二世，史称"丕平献土"。从此，在意大利中部，一个政教合一的教皇国存在了 1100 多年。

教皇国的中心位于罗马地区。罗马是一个十分特殊的城市，它的统治权常年在封建权贵家族与罗马教皇之间争来夺去。1378 年，经过连年起义和战乱，罗马教廷终于重新迁回罗马，但留给罗马教廷的，却是一个倾颓而破败的城市。

1447 年，教皇尼古拉斯五世即位，他决心改变罗马残破的旧象，由此开始大规模的整修工作。他修建了梵蒂冈图书馆，并开始筹建圣彼得大教堂。从教皇西斯科特四世到教皇尤利乌斯二世时期，罗马重建被完全提上议事日程。尤利乌斯二世在罗马新开辟若干道路，由他下令修建的朱利亚大道、教皇庇护四世修建的皮阿大道和科尔斯科大街纵横贯通，形成了罗马城的基本布局。

教皇利奥十世即位后，罗马城的重建进入了一个新的时期。他采纳了拉斐尔和布拉曼特的建议，对罗马现存的标志性建筑进行修复，同时开始筹集资金，建设圣彼得大教堂。经过教皇克莱门特七世和之后数代教皇的努力，圣彼得大教堂最终由艺术巨匠米开朗基罗主持修建并完成了教堂大圆顶的修建，使圣彼得大教堂成为罗马最重

圣母百花大教堂也叫作"花之圣母大教堂"（Cathedral of Saint Mary of the Flower），是世界五大教堂之一。这座使用白、红、绿三色花岗岩贴面的教堂充分体现了文艺复兴时期建筑的特点。圣母百花大教堂是 1296 年在圣·雷帕拉塔教堂的旧址上开始修建的，资助人是佛罗伦萨的统治者美第奇家族。这座教堂的建设历经了 175 年，它的大圆顶是天才建筑家布鲁内莱斯基仿造罗马万神殿的设计建造的。

要的标志性建筑。

经历了两个多世纪，罗马最终变成一座雄伟庄严的基督教圣城。直到今天，位于罗马中心的梵蒂冈城，仍然是全世界天主教徒的朝圣之地。

时尚之城：米兰

米兰坐落在富饶美丽的波河平原上，扼守意大利与北欧的通道。在西罗马帝国晚期，米兰曾是这个古老而庞大的帝国的首都之一。当然，米兰很早之前就已经非常兴旺发达。13世纪时，米兰就拥有了高耸的城墙，划分得当的街区，超过一万座房屋和六万多条水泉，还有两百余座教堂和一百多座塔楼。在很多人看来，米兰是第二个罗马。

从13世纪到15世纪中期，米兰的统治者一直是维斯孔蒂家族，他们居住在米兰市中心的阿伦格宫。吉安·加莱亚佐·维斯孔蒂（Gian Galeazzo Visconti，1351—1402年）执政时，决定重建米兰城的主教堂。1386年，大教堂正式开始建造，一

斯福尔扎城堡可以算是米兰最重要的古建筑之一，这座城堡是斯福尔扎伯爵于1405年建成，之后成为斯福尔扎家族的住所。在建造的过程中，文艺复兴时期的许多艺术家都参与了设计，例如，城堡的水利工程和剧院的内部设计就是由达·芬奇完成的。这座古堡呈方形，目前在城堡内设有博物馆、图书馆和雕刻馆，收藏着珍贵的手稿以及达·芬奇、米开朗基罗的部分艺术作品。

个半世纪之后，它的主体建筑才基本竣工。这是一座哥特式风格的大教堂，在当时的基督教世界中首屈一指，只有圣彼得大教堂的规模在它之上。

1450年，雇佣兵队长弗朗切斯科·斯福尔扎（Francesco Sforza，1401—1466年）攫取了米兰的政权，从此开启了斯福尔扎家族对米兰的统治。出身行伍的斯福尔扎不仅关注城市的安全，也极其关注民生。在他主政时期，修建了米兰"大医院"，改善了米兰市民的生活需要，同时，重修了位于米兰城北端的焦维亚门城堡，作为保卫米兰的战略据点和斯福尔扎家族的居住地。

由此，主教堂、大医院和焦维亚门要塞成为米兰城的标志性景观，也是维斯孔蒂家族和斯福尔扎家族雄心与权势的体现。15世纪时，米兰是意大利文化中心，但它的光彩却在16世纪的意大利战争中毁于一旦。

威尼斯位于意大利东北部，曾经是威尼斯共和国的中心。说起威尼斯，在世人的印象里是"浪漫"的代名词。这座水城，在十字军东征时期曾是十字军的集结地，水与骑士，是它浪漫的根源。威尼斯在文艺复兴时期也是一座十分重要的城市，其雕塑、建筑、绘画和歌剧对世界产生过重要的影响。蜿蜒而过的河流，在城市中穿行而过，水流的清波赋予了这个城市宛如纯净少女般的风情。

财富之城：威尼斯

威尼斯是一座特殊的城市，因为它是一座全新的城市，而不是由古罗马城市遗址复兴而来。它坐落在一个独特的地理位置上，依亚得里亚海边的环

梵蒂冈图书馆西斯廷教堂大厅。西斯廷教堂始建于1445年，"西斯廷"这个名字来源于创建教堂的教皇西斯都四世的名字。西斯廷教堂依据《圣经》中所描述的所罗门王神殿按照一定比例建造而成。这个教堂于1481年建成，后成为历代教皇的私用经堂，同时它被用于举行选举教皇的仪式。从波提切利到米开朗基罗，文艺复兴时期的许多著名艺术大家们都在这座教堂中留下过画作。由米开朗基罗创作的穹顶湿壁画《创世纪》仍然在受后人的瞻仰。

湖礁而建成，因此它与意大利半岛的其他陆地城市相隔离，形成一个相对安全的环境。威尼斯是文艺复兴时期唯一没有城墙的意大利城市，也没有在晚上需要上锁的城门，更没有防范敌人入侵的瞭望塔。对外交通靠航海，内部交通靠纵横交错的水道，因此，水是威尼斯的灵魂。

水不仅确保了威尼斯的安全，也给威尼斯带来了巨大的财富。它地处东西方贸易的中转站，通过发展东西方贸易获得了巨大的利润。威尼斯人是天生的商业好手，1380—1580年，威尼斯人确立了在地中海的商业霸权，其商业活动几乎遍布整个欧洲。

巨额的财富为城市的发展提供了物质基础，威尼斯的城市建设在这一时期取得了长足的发展。威尼斯的城市文化是独特的，因为威尼斯人遍布世界各地，带回来的不仅是财富，还有各地的特色文化，这些文化的元素都体现在城市的建设当中。由于受到伊斯兰文化的影响，威尼斯人在建造圣马可

大教堂时就采用了拜占庭风格的圆顶设计，同时，古典主义的建筑也得到了普遍的认可。

富裕的威尼斯人把整个城市装扮得富丽堂皇。它的重要建筑，除了圣马可大教堂之外，还有圣马可广场上的总督府、钟楼以及由建筑家帕拉第奥建造的圣乔治-马焦雷教堂和雷登托雷大教堂。在16世纪，这个灿烂的城市是意大利半岛的一颗明珠。

圣马可大教堂位于威尼斯市中心的圣马可广场上。这座始建于829年的大教堂是中世纪欧洲最大的教堂。这座教堂在基督教世界中颇负盛名，它曾经是第四次十字军东征的出发地，象征了威尼斯的荣耀和富足。

第38—39页：1493年的佛罗伦萨

佛罗伦萨位于意大利半岛北部托斯卡纳地区一个宽广盆地的中心，阿尔诺河从中流过。中世纪佛罗伦萨城市建设以教堂为中心，城区屋舍密集。

¿FLORENCIA

佛罗伦萨的狮子
美第奇家族

穿过阿尔诺河的廊桥，
佛罗伦萨的美在历史深处，
花的命运如流水般逝去，
唯有狮子在广场上恒久守望。

如果没有亲身走进佛罗伦萨，你永远不会真正感受到她的美。庄严的圆顶教堂，矗立的大卫雕像，妩媚的维纳斯与河上的廊桥，是徐志摩笔下的翡冷翠。当然，今天我们更习惯称呼她为佛罗伦萨，在意大利语中，佛罗伦萨是"花"的意思，它不仅是文艺复兴的发源地，更是尘世间艺术的瑰宝。

从商人到领主

佛罗伦萨的光荣与一个家族息息相关，这个家族，从15世纪开始守护这个城市，时间长达4个世纪。美第奇家族不仅是佛罗伦萨长期的统治者，也孕育了三位教皇、两位法国皇后，更是达·芬奇、米开朗基罗、拉斐尔等文艺复兴艺术"巨匠"们长期的资助人。意大利的文艺复兴从佛罗伦萨开始，佛罗伦萨的辉煌源于美第奇家族。

美第奇家族来自穆杰洛河谷，据说他们的祖先是在8世纪效忠于查理大帝的勇士阿伟拉多。到13世纪的时候，美第奇家族

狮子是佛罗伦萨市的象征

离开了世代生活的乡村来到佛罗伦萨，定居在圣洛伦佐教堂附近。由于佛罗伦萨以发达的纺织业和海上贸易为主要经济产业，因此拥有当时世界上最为成熟的经济运作方式。银行家们发明了复式簿记法和信用借贷法，这使得佛罗伦萨的银行业在经历了黑死病的冲击之后，仍然顽强地生存下来，而美第奇家族，正是从事这一行业。

1378年，美第奇家族的萨尔维斯特当选为佛罗伦萨的行政长官，这是美第奇家族在佛罗伦萨历史上享有声誉的开端。到乔凡尼·美第奇接收家族产业之后，美第奇银行开始兴旺发达起来。乔凡尼有着极其敏锐的商业眼光，他在慷慨资助红衣主教巴尔瑟萨·科撒当选教皇之后，获得了教皇的财务管理权，这不仅为美第奇银行带来了丰厚的收入，也为家族的未来奠定了财富和权力基础。

1420年，时年31岁的科西莫·美第奇接管家族生意，从这时起，到他的孙子洛伦佐去世，是美第奇家族的辉煌年代，而这一时期，也正是佛罗伦萨文艺复兴最为鼎盛的时期。1434年，科西莫依靠民众的支持驱逐了当权的阿尔比齐家族，成为佛罗伦萨的无冕之王。在他的势力扶持之下，佛罗伦萨持续了很长时间的和平，而科西莫也被称为"国家之父"。

1469年，年仅20岁的洛伦佐·美第奇继承了祖父的产业，尽管他仅43岁之龄就英年早逝，但无可否认，他的一生将美第奇家族推进到最为辉煌

乔凡尼·迪比奇·德·美第奇（Giovanni di Bicci de' Medici，1360—1429 年）是美第奇家族的创始人，他通过创建美第奇银行，增加了家族财富，并成为佛罗伦萨最富有的人之一。他是佛罗伦萨"国父"科西莫·德·美第奇的父亲，也是"豪华者"洛伦佐·德·美第奇的曾祖父。同时，他是美第奇家族中的第一位艺术赞助者。

的时代。他在迎娶一位罗马新娘并有了后代之后，就极有远见地将自己的次子乔万尼送到罗马担任红衣主教，而乔万尼日后成为美第奇家族的第一位教皇。美第奇家族从商人走向贵族的第一步，正是从这时开始的。

1513 年，乔万尼·美第奇当选为教皇，史称利奥十世。与父亲一样，他也极具野心，利用权力将自己的堂兄弟朱利奥任命为红衣主教，又将自己的亲弟弟朱利亚诺任命为"佛罗伦萨共和国"的总督，之后，又将侄子封为乌尔比诺公爵。从这时起，美第奇家族正式成为贵族。乔万尼去世后，他的堂弟朱利奥继任教皇，是为克莱门特七世。

1560 年，已是贵族的美第奇家族入主公爵府邸碧提宫。但这时，庞大的美第奇家族已经不复当年鼎盛时期的景象了。由于与贵族之间的近亲婚姻，造成了遗传疾病，同时由于私生活的糜烂，

致使同性恋、梅毒等丑闻层出不穷，仅存的几名男性继承人似乎也失去了继承家族产业的兴趣。到 17 世纪中叶，美第奇银行业宣告结束。美第奇家族在经历了两个半世纪之后，终于无可避免地走向衰落。1737 年，美第奇家族最后一位男性继承人贾恩·加斯顿·美第奇去世，而他的姐姐安娜·玛利亚·路莎巴拉丁选帝侯夫人继承了家族的大部分藏品。这些物品在安娜去世后，全部捐赠给佛罗伦萨，成了如今乌菲齐博物美术馆的大部分藏品。

文艺复兴教父

美第奇家族史绕不开金钱、权力与政治斗争，但对于这个家族而言，这并不是唯一能让历史记住的地方。其财富更多的是以一种更加恒久的方式流传了下来。由美第奇家族资助修建的建筑、教堂、藏有古老手抄本的图书馆，还有家族所收藏的绘画以及雕塑，被佛罗伦萨完整地保留下来，让今天的我们可以欣赏到文艺复兴这一重要历史时期的作品。

如果说，佛罗伦萨是意大利文艺复兴的源起与辉煌，那美第奇家族则是当之无愧的文艺复兴教父。那些直到今天仍然星光璀璨的诗人、哲学家、艺术

家和文学家们，大多都接受过美第奇家族的资助，其中的很多人曾与美第奇家族建立了深厚的友谊。

美第奇家族的奠基者乔凡尼是著名的建筑家吉贝尔蒂和布鲁内莱斯基的赞助人。他在出资修建圣乔凡尼洗礼堂青铜大门时，选择了吉贝尔蒂的方案。这扇青铜大门历经27年方修建完毕，上面以浮雕的形式呈现了一系列圣经故事，米开朗基罗曾将它称为"通往天堂之门"。1418年，佛罗伦萨市政府公开征集圣母百花大教堂圆顶的设计建造方案，这次被选中主持修建的，是意大利文艺复兴时期最负盛名的建筑家布鲁内莱斯基。他从1421年开始，耗时15年，用了400万块石头，最终修成了这个教堂的圆顶。完工后的圣母百花大教堂圆顶成为佛罗伦萨的地标性建筑。

到了科西莫·美第奇时期，他不仅出资兴建宫殿、教堂和修道院，也修建学校和图书馆，资

皮蒂宫（the Palazzo Pitti）是佛罗伦萨最宏伟的建筑之一，原为美第奇家族的住所。建于1487年，16世纪由阿马纳蒂扩建。正面长205米，高36米，砌以巨大的粗制石块。唯一的装饰是底层窗户支架之间的狮头雕像。从拱形大门穿过中庭就进入阿马纳蒂庭院，庭院的后身是高于它的博博利山丘，山丘与园林组成这座建筑的后身屏障。二楼是王室住宅和帕拉蒂娜画廊（Galleria Palatina），三楼是现代艺术馆，这座建筑还是银器博物馆和马车博物馆。

《三博士朝圣》（Adoration of the Maji）是波提切利于1475—1510年间所创作的画作。这幅画作的构思非常独特，朝圣者是家族的几代人和他们的仆人，而事实上，这些朝圣者描绘的就是美第奇家族的成员，因为美第奇家族是波提切利最大的赞助人之一。在画作中，抱着孩子的脚的最古老的贤士是科西莫·美第奇；而16岁的洛伦佐在画作的左边，那时候的他，正要准备前往米兰。

助的范围也从佛罗伦萨扩大到了法国巴黎。其中最值得一提的，当属由他出资修建的美第奇宫图书馆。这是欧洲第一个全面开放的图书馆，珍藏着超过1万本古希腊语、拉丁语和古希伯来语的原文手稿，其内容涉及哲学、数学、炼金术和占星学。这些古希腊和古罗马作家的经典作品，至今仍产生着深远的影响。

成长于优越环境中的洛伦佐·美第奇，从小就接受人文主义教育，学习奥维德的诗歌、西塞罗的雄辩术、公民的价值观以及柏拉图的理想哲学。因此在洛伦佐时期，波提切利、达·芬奇和米开朗基罗的成长初期是在美第奇宫度过的，日后都成为文艺复兴时期最为杰出的艺术家。

如果说，达·芬奇与米开朗基罗的成长与美第奇家族息息相关，那么与他们并称"文艺复兴

三杰"的拉斐尔，则是出自美第奇家族的教皇利奥十世的宫廷画师。在拉斐尔短暂的 37 年生命中，他为两位教皇完成了大量的绘画作品，将基督教的故事用简朴、自然和恬静的方式呈现。直到今天，梵蒂冈教皇宫里仍然能看到拉斐尔不朽的画作。

美第奇家族对于文艺复兴的支持其实远不止于此，在科学领域，他们资助了哥白尼、伽利略；在时尚领域，两位远嫁法国王室的美第奇家族少女引领了法国的时尚先锋。

知识链接：埃斯特家族

埃斯特家族同样起源于意大利，是费拉拉公国和摩德纳公国的创立者和统治者。在费拉拉公国，文艺复兴时期的商务、学习、印刷、艺术、法庭都在这里蓬勃发展。15 世纪的画家科萨、图拉和 16 世纪的作家阿里奥斯托也居住在这里。

圣乔凡尼洗礼堂青铜大门。圣乔凡尼洗礼堂是佛罗伦萨最为古老的建筑之一，其历史可以追溯到 1400 多年前。圣乔凡尼洗礼堂为世人所熟知的是它的三座青铜大门，其中最有名的是洗礼堂的东门，也就是闻名于世的"天堂之门"。这座青铜门正对圣母百花大教堂，由吉贝尔蒂（Lorenzo Ghiberti）花费了 27 年时间创作完成，他采用透视法，在青铜大门的十个格子雕刻了十个《圣经·旧约》中的故事。另外，洗礼堂的北门也是由吉贝尔蒂设计与雕刻，而南门则由昂得雷阿·皮萨诺设计创作。

逃离中世纪
印刷术引发的文化变革

这是一场尚未被认可的革命，
这是欧洲的近代化进程中最重要的发明。

在欧洲印刷术尚未发明之前，书籍的生产主要依靠着手工誊写，主要形态为手抄本或者手稿。在中世纪，书籍的生产主要集中在修道院中。到 15 世纪时，意大利的手抄书籍已经开始逐渐商业化和规模化。然而这一切，都比不过印刷术这一项发明所带来的革命性影响，文艺复兴、宗教改革、科学革命、启蒙运动无不与这场印刷革命有着千丝万缕的联系。

约翰·古登堡是德国的一名印刷商和出版商。他的机械活字印刷术开启了欧洲的印刷革命，被认为是第二个千年的里程碑。它在文艺复兴、宗教改革、科学革命和启蒙运动的发展中发挥了重要作用。

古登堡与活字印刷术

说到印刷术，大多数人首先想到的仍然是中国。中国最早的印刷术可以追溯到 7 世纪唐朝初期的雕版印刷术，11 世纪时，宋朝的毕昇发明了活字印刷术。4 个世纪之后，德国人约翰·古登堡（Johannes Gutenberg，1398—1468 年）第一次将活字印刷术带到了欧洲人的面前。这一项发明，究竟是从中国辗转传入欧洲，还是古登堡的自主发明，现在已经不得而知。但不可否认的是，这一项重要的技术发明，对欧洲的近代化产生了深远的影响，完全可以称得上是一场"印刷革命"。

约 1398 年，古登堡出生在德国美因茨一个市民家庭，父亲是政府官员，作为家中最小的儿子，他无法继承父亲的职位，只能跟随叔父在一家铸币厂学习金匠技术。成年后，古登堡离开家乡，前往斯特拉斯堡生活，正是在这里，古登堡遇到了合作伙伴安德烈亚斯·德瑞岑和安德烈亚斯·海尔曼。他们合作筹钱开办了一个工厂，秘密进行了一项工艺的尝试，经过后人的证实，他们秘密从事的这一项发明，正是活字印刷术。他们之所以秘密进行这项研究，是看到了这一项发明将会带来的丰厚利润，他们打算摆脱当地行会的控制，创造并独享自己的市场。

1455 年，世界上第一本印刷版的《圣经》问世，这本《四十二行圣经》，也被后世称为《古登堡圣经》。这部圣经在当时大概印刷了 200 余部。那时

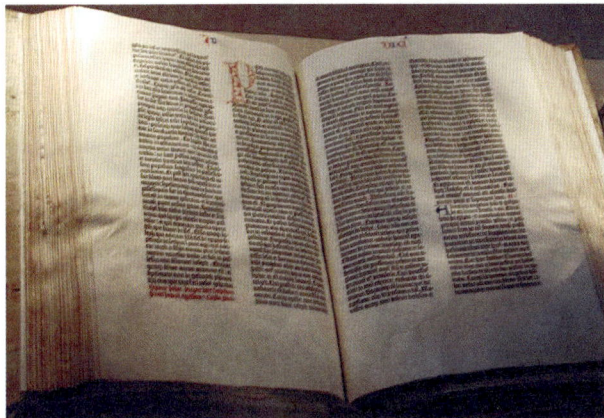

《四十二行圣经》是圣经最著名的古版书之一，它的诞生不仅标志着"古登堡印刷革命"的开始，也标志着西方印刷书籍时代的来临。这本书的设计十分高雅，且具有极高的艺术品质，因此广受赞誉，自出版以来，约有 49 本幸存下来。

的古登堡看到的只是印刷书籍所带来的利润，却完全没有意识到，他的这一项技术，使他成为欧洲活字印刷术的先驱；也更加没有意识到，这一项发明将给后来的欧洲带来翻天覆地的变化。

尽管中国在 400 年前就发明了活字印刷术，但并未使其真正地运用到规模化的生产中，而古登堡所做的，却是将这项技术传播到了整个欧洲乃至世界。几百年后，西方的印刷术又辗转传到中国，在鸦片战争之后，这项沉寂了 800 余年的技术才重新在中国发展起来。

印刷术与文化的传播

1468 年，古登堡在美因茨去世，他的印刷技术却随着印刷工人们开始向外流传。15 世纪后期，罗马和威尼斯相继设立了印刷所；到 15 世纪末，威尼斯超过了罗马，成为全欧洲最大的印刷中心。据统计，在 1500 年以前，全欧洲大约印刷了 3 万册书，仅威尼斯一地，就印刷了 4500 册。

这一时期印刷的书籍，已经不仅仅局限于宗教领域，而是广泛涉及古典著作、文学著作和音

知识链接：威廉·卡克斯顿

威廉·卡克斯顿（William Caxton，1422—1491年）是最早将印刷术引入英国的人，在莎士比亚之前，他可以算得上是对英语影响最大的人。1476 年年底，卡克斯顿在伦敦威斯敏斯特官附近建立了英格兰第一家印刷工厂，到 1491 年他离开人世时，总共出版了近百本书籍。这些书籍大多数都被翻译成了英文，其中有 24 本是他本人亲自翻译的。

乐作品等。已经形成规模的印刷商们长期与知识界保持着密切的关系，以便了解学者们对书籍的需求，并及时出版最新的作品。到 16 世纪，威尼斯大约有 500 名出版商，累计出版了近 2 万种书籍。印刷术的发明与传播，使得人文主义迅速在欧洲传播开来。它不仅拓展了学术思想传播的范围，也扩大了人文主义的视野，甚至可以说，印刷书的大规模生产和流传，将源起于意大利的文艺复兴运动传播到整个欧洲大陆。

在百慕大圣乔治镇，有一个复制古登堡印刷厂的博物馆，它坐落在一所以建筑师沃尔特·米切尔命名的房屋中。这所房子的上层是圣乔治历史社会博物馆，下层则是古登堡印刷厂的复原场景。

造就巨人的时代
文艺复兴
时期的教育

在人类一切有益的事业中，
育人是最首要的一件事。

世界之所以能够走向文明，是因为语言、文字、习俗、制度以及人的创造力在不断积累的经验和取舍中代代相传。中世纪以前，教育已经取得了巨大的成就，文艺复兴的到来，无疑加速了教育的发展。这是一个造就巨人的时代，播撒人文主义思想成为教育的核心，它引导着人们，从关注神到关注人，也是从这一时期开始，人们逐渐意识到，人具有着如此巨人的能量和价值。

跨越中世纪：教育革命

文艺复兴时期的欧洲，人文主义思想不断掀起

意大利锡耶纳城内的民众正在聆听牧师讲道。锡耶纳是早期文艺复兴的中心，对于它的邻邦佛罗伦萨有着巨大的影响。

震撼灵魂的风暴，这进而引发了一场教育革命。

中世纪欧洲的经院哲学强调的是逻辑分析、理性推理，运用亚里士多德的理论体系来解释世界，解释基督教教义。这些抽象的逻辑和推理在当时的一些人看来是与现实生活脱节的，是无用的。而人文主义学者们所宣扬的教育则能够提供有用的新知识。人文教育对道德、修辞和文学的关注可以使得一个人能够成为一个完整的人，能够具有更高的道德敏感性，能够对人类社会的事务有更加清晰的判断力和执行力。从这一点来看，最初出现的人文主义尽管是复古的，但它对于当时的社会来讲确实是一件新鲜的事物，它满足了社会发展的需要。其对人类自身，以及世俗世界的关心使得它不同于经院哲学和宗教神学。

经院哲学家和人文主义者在对古典文献的研究方法上也存在着根本区别。经院哲学家所做的一个重要工作就是解释和阐明某位古典作家的著作，类似于我们中国古代学者对某些作品做注。在经院哲学家看来，经典著作就是由一个个关于事物的结论所组成。这些结论常常被单独拿出来，进行研究和辩论，因此便脱离了其原来的文本，也忽视了该文本所处的独特的历史背景。在这一点上，人文主义者和经院哲学家存在着很大的区别。人文主义者非常重视而且也非常善于发现文本，研究文本。这种技能使得他们能够辨别不同文本之间的区别，以及

现代教育之父夸美纽斯出身于捷克的一个磨坊主家庭。他不仅是哲学家、教育家，同时还是一位神学家，他被认为是波西米亚兄弟会的最后一任主教。他是普及教育最早的拥护者之一，其著述的《大教学论》是近现代教育理论的奠基之作。

知识链接：《母育学校》

《母育学校》是夸美纽斯主要代表著作之一，1628 年用捷克文写成。《母育学校》是一部关于幼儿家庭教育的专著，也是人类史上首次为 6 岁以下儿童制定的详细教育大纲。在书中，夸美纽斯就儿童应学习的各种科目进行了简单的描述，并指出了教授这些科目最合适的时机和应采用的最佳言词与姿态。

文本的真伪。久而久之，人文主义者便养成了对文本的怀疑和批判精神。

随着人文主义的不断发展和壮大，大学也开始渐渐受其影响。越来越多的人文主义者进入大学担任教职。大学的授课内容以及方法也随之出现了改变。比如，在 16 世纪，一位意大利教授便把人文主义的文本研究方法引入了大学法律专业的学习。

教学论》。

夸美纽斯的《大教学论》奠定了教育学科的基础，人们通常认为该书是教育学成为独立学科的开始。这本著作重点阐释了教学理论问题，并第一次提出班级授课制。它是西方近代最早的系统的教育学著作，其中的许多教育理念，一直延续到今天，延绵不息地影响着现代教育理论的发展。

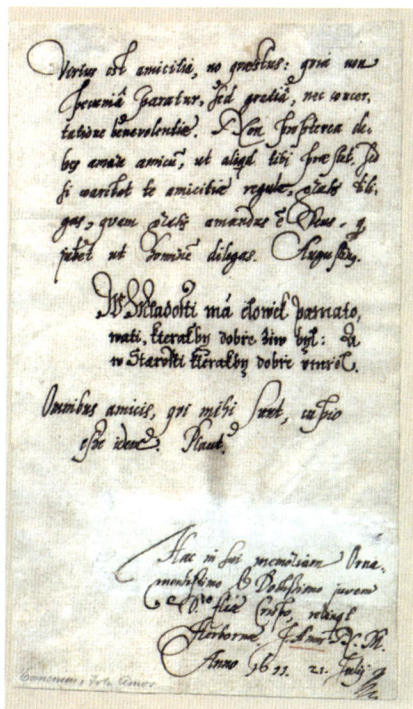

教育学科的奠基人：夸美纽斯

在欧洲文艺复兴如火如荼开展的时候，东欧的捷克诞生了一位伟大的教育家。谁都没有想到，正是这个捷克的教育家，最终成为教育学科的奠基人。今天，学习和研究教育学的学者们，无一不是从夸美纽斯开始，逐渐认识这个深邃的学科领域。

约翰·阿摩司·夸美纽斯（Johann Amos Comenius，1592—1670 年）出生在波希米亚王国时期，他的父亲是"波希米亚兄弟会"的成员，这是一个进步的民主教派。因此，夸美纽斯从小就接受了爱国主义和新教派思想的熏陶，年轻时被选为波希米亚兄弟会的牧师，并主持兄弟会学校。三十年战争（1618—1648 年）爆发后，夸美纽斯被迫流亡波兰数十年。正是在这一段流亡岁月中，夸美纽斯完成了诸多重要著作，其中就包括《母育学校》和《大

图为夸美纽斯的手稿，撰写于 1611 年，是现存夸美纽斯最早的手稿。这份手稿用拉丁语和捷克语写成。

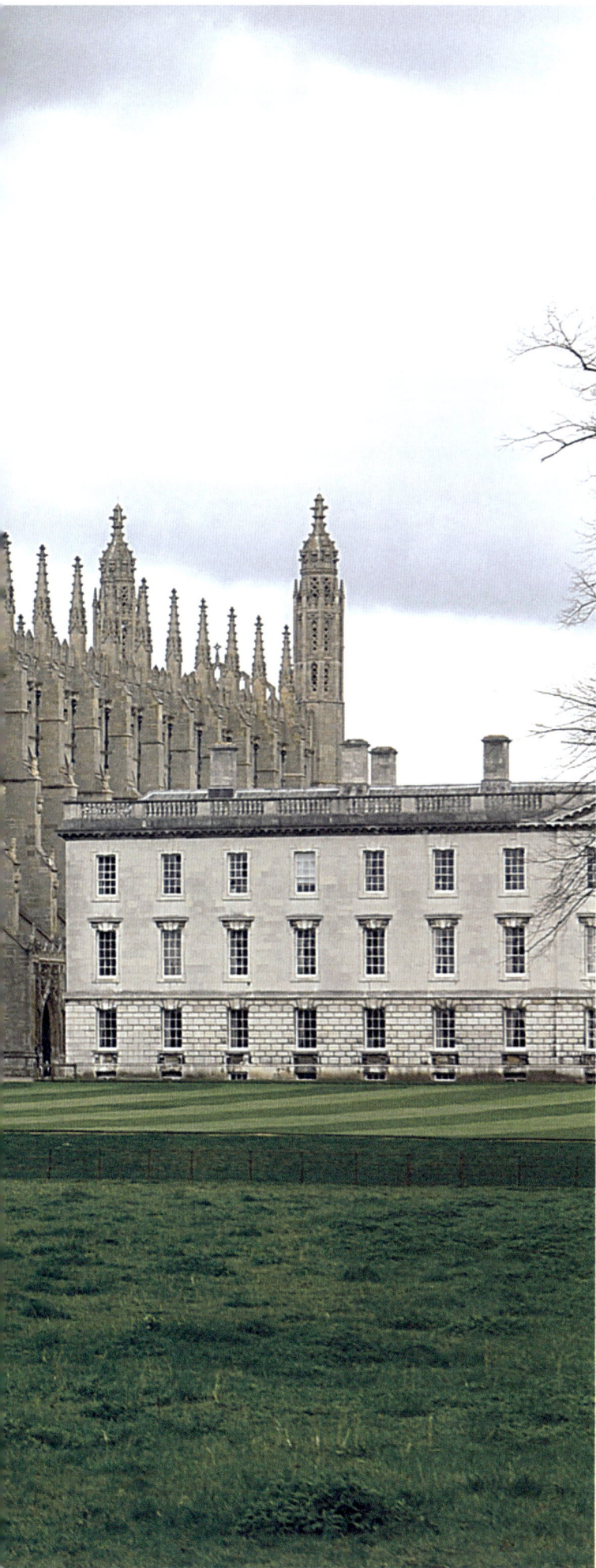

人文主义

一千年以来，欧洲几乎所有的学术与艺术都是以基督教会为中心。早在基督教诞生之前的古希腊、古罗马文明虽未被遗忘，但却所知甚少。不过渐渐地，这些古代的学术又重新被发掘出来，人们开始研读古希腊和古罗马的著作。

这些早已散失的原典都是来自于对人类自身的思考，而且文艺复兴也是各类自然科学知识突飞猛进的时代。早期文艺复兴的思想家被称为"人文主义者"，这是因为他们对人类及其周围世界有着浓厚的兴趣，期望寻找到一个除了教会神学以外的解答。

尼德兰瑰宝
伊拉斯谟与《愚人颂》

它是狂欢而谐谑的烟花，
它是轰开宗教改革之路的炸弹。

赫伊津哈称伊拉斯谟为"圣贤"，声称，他精致纯粹的灵魂，是源于对爱与和谐的向往以及对斗争的憎恶。自古以来的圣贤皆是如此。他们所带来的爱必多于恨，和睦必多于争执，善必多于恶。尽管他们常被世人误解为虚渺天真，但他们超越国界与宗教的思想，仍如瑰宝般熠熠生辉。

"鹿特丹的伊拉斯谟"

他是一个人文主义者，他重新解读被曲解的《圣经》，还其本真；他对路德的宗教改革有开拓之功；他致力于探索真理，传播智慧；他用《愚人颂》嘲讽中世纪宗教遗留的黑暗与堕落；他传递爱，追

求尊严；他的一生都在追求回归真理的源泉。他就是"鹿特丹的伊拉斯谟"。

伊拉斯谟（Erasmus，1466—1536 年）出生于荷兰鹿特丹，他的父亲是一名天主教神父。9 岁时，伊拉斯谟被送进设在文特的圣·利宾教会学校。在此后的 9 年中，他受到人文主义的影响，对文学产生了浓厚的兴趣。1484 年，伊拉斯谟进入一所教会学校，为将来成为传教士做准备。1492年，他在坎伯利主教的任命下，成为主教秘书。从 1495 年起，伊拉斯谟先后进入巴黎大学、牛津大学学习，最后在意大利的都灵大学（University of Turin）获得神学博士学位。

鹿特丹是荷兰的第二大城市，长期以来，它一直是欧洲最大的海港。到 16 世纪，鹿特丹在沼泽地上挖掘了许多港口，为对外交通与贸易奠定了基础。18 世纪以后，鹿特丹的对外贸易兴盛起来，这个城市也逐渐成了欧洲一个重要的港口城市。

"谐谑的烟花"——《愚人颂》

1509 年，伊拉斯谟结束了在意大利的游历，再次前往英国去探望他的挚友托马斯·莫尔爵士。在莫尔家短暂停留的 7 天里，伊拉斯谟完成了被称为"文学史上最为精彩的讽刺体篇章"的《愚人颂》。不可否认，这本书对之后拉开宗教改革序幕的路德产生了深远的影响。

在《愚人颂》里，伊拉斯谟让拟人化了的"愚笨"穿上学者的长袍，却戴着一顶"愚人"的帽子，在自恋、懒惰、享乐、骄纵和疯狂侍从的簇拥下登上讲台，面对着一群假想中来自社会各个阶层的听众演讲。那一场演讲，是横扫一切的讽刺，伊拉斯谟

1514 年，18 岁的汉斯·荷尔拜因前往瑞士巴塞尔，这里是欧洲最大的出版中心，同时也云集了大批的人文主义学者，这其中，就包括伊拉斯谟。由于出版业的兴盛，图书插画行业也随之兴起，这为年轻的荷尔拜因提供了良好的平台。正是如此，他引起了伊拉斯谟的注意，随后，他为伊拉斯谟的《愚人颂》绘制了插图。

就这样借着"愚人"诙谐的语言，酣畅淋漓地对那个时代的制度、风俗、人性与信念进行了冷嘲热讽。这些语言，是狂欢而诙谐的烟花，通俗到使人发笑，更是轰响宗教改革的炮弹，个中深意引人沉思。

伊拉斯谟与路德：碰撞与分歧

马丁·路德（Martin Luther，1483—1546 年）是 16 世纪欧洲宗教改革倡导者，基督教新教路德宗创始人。在推行宗教改革的道路上，伊拉斯谟的思想对马丁·路德产生了深远的影响，他一生都极其尊敬伊拉斯谟，尽管在宗教改革的后期，伊拉斯谟对他指摘颇多。

伊拉斯谟一生都是一个天主教徒，他所期待的宗教改革是内部的、平稳的，并不是分离出一个新的教派。这是在宗教改革之路上，他与路德最大的分歧。但他同情路德，尽管他反对路德进行改革的方式，却不反对他改革的目的。1520 年，教皇利奥十世要开除路德的教籍，伊拉斯谟为他做了辩护。在局势逐渐趋于极端之后，伊拉斯谟仍然在劝告教皇，避免使用极端的手段。但伊拉斯谟最终还是逐渐远离了宗教改革的纷争，1524 年之后，伊拉斯谟重回写作之路。

汉斯·荷尔拜因（Hans Holbein，1497—1543 年）是欧洲北方文艺复兴的代表画家之一，他尤其擅长于人物肖像画，他的肖像人物表现得十分精致，细节合理，个性充分。在这些肖像画中，最杰出的作品莫过于他在 1523 年为伊拉斯谟所作的肖像。伊拉斯谟不仅是荷尔拜因思想上的导师，也是他事业的领路人，因此在荷尔拜因笔下的伊拉斯谟格外的真实。这幅画像中，伊拉斯谟侧身而坐，垂目凝神，神态安详。荷尔拜因的笔触细腻柔和，设色与笔调搭配完美，整幅画作极具表现力。

人文主义的曙光
但丁和他的《神曲》

两个太阳照亮两条路径，
一条是尘世的路径，一条是上帝的路径。

但丁的一生是一场流亡，这场流亡对他来说，是生命在旅行。人的一生要走很多的路，我们走在路上，并不知道远方是什么。我们一生中所经历的一切冒险，都是一场奇想，但丁也不例外。而他的这一场奇想，连同他所有的漂泊，都凝聚在《神曲》之中。

但丁：人生是一场流亡

但丁是欧洲中世纪最后一位诗人，他的诗作为新时代引来了一束曙光。这个新时代，就是文艺复兴。他用一生完成了一场流亡，但正是这一场流亡让他的生命得以重新绽放。他就是但丁，他告诉世界，走自己的路，让别人去说吧。

在乌菲齐美术馆中，收藏着一幅由安德烈亚·德尔·卡斯坦诺（Andrea del Castagno，1421—1457年）绘制的但丁画像。这幅画像完成于1450年，是卡斯坦诺绘制的《名人像》中的一幅。这组画像中还包括有彼特拉克、薄伽丘等在内的一系列名人。

但丁，1265年出生于意大利佛罗伦萨。据但丁本人描述，他出身贵族，但据考证，他应当出生在一个贫穷家庭，即使是贵族，也是没落了的。但丁童年时，有两件事对他的一生起到了决定性的作用。一是8岁那年，他的母亲去世了，在父亲续弦之后，他的生活变得尤为痛苦。二是在9岁的时候，他爱上了女邻居。这种爱，不是纯粹的爱情，而是年幼的但丁把对母亲的爱进行了转移。尽管他在今后的人生中，多次谈及这个女孩，但他自始至终不知道女孩的真实姓名，他把她叫作"比阿特丽斯"（Beatrice）。这个女性的形象，在但丁的很多作品里都频繁出现。

母亲去世后，但丁被送到佛罗伦萨的公立学校读书，在这里，他遇到了对他一生都影响至深的人——他的老师布鲁内托·拉蒂尼（Brunetto Latini，1220—1294年）。这位西塞罗风格的雄辩家，给但丁带来了不同寻常的知识体验，但丁继承了他的风格，于1290年开始参与政治生活。事实证明，这是但丁一生中最大的错误之一。

1290年以后，但丁开始挣扎在严酷的党派斗争中。最终，忠于教会的归尔甫派战胜了忠于帝王的吉伯林派，夺取了佛罗伦萨的政权，吉伯林派遭到放逐。1294年，当选教皇的卜尼法斯八世想要控制佛罗伦萨，一部分富裕市民不愿意受制于教皇，分化成"白党"；而另一部分没落户，希望借助教皇的势力翻身，成为"黑党"。两派重新争斗，但丁的家族原来属于归尔甫派，但丁强烈主张独立自由，因此成为白党的中坚。在两个党派的争斗中，仍旧是黑党的势力占据了上风。1302年，但丁作为"外交使节"被派往罗马教皇处，他刚刚到达罗马，掌控了佛罗伦萨政权的黑党立即宣布驱逐但丁。正是这一场针对但丁的阴谋，使得他终此一生再没有重回佛罗伦萨。

但丁的流亡从此开始。整个佛罗伦萨封杀了他，他的财产被没收，生命也受到了极大威胁。而在中世纪，流亡是对一个人最严厉的惩罚，因为人们认为，一个人价值的体现，是你在这个城市中所

> **知识链接：比阿特丽斯——但丁的《新生》**
>
> 诗集《新生》是但丁的处女作。它属于一部自传式的故事诗集，讲述了诗人爱上比阿特丽斯的过程，并描述了诗人对她的爱。比阿特丽斯是但丁的邻居，也是但丁一生中苦求不得的缪斯女神。在《新生》中，比阿特丽斯在故事的后半段就死去了，这位恋人讲述了他的困惑和比阿特丽斯的死亡给他带来的失落感。在这其中，诗人描绘了奸诈、欺骗和背叛。最终，全诗以一个愿景作为结束，这个愿景告诉世人，新生命大于青春。

QVI COELVM CECINIT MEDIVMQVE IMVMQVE TRIBVNAL LVSTRAVITQVE ANIMO CVNCTA POETA SVO DOCTVS ADEST DANTES SVA QVEM FLORENTIA SAEPE
SENSIT CONSILIIS AC PIETATE PATREM NIL POTVIT TANTO MORS SAEVA NOCERE POETAE QVEM VIVVM VIRTVS CARMEN IMAGO FACIT

在圣母百花大教堂的西墙上，有多米尼克·迪·米凯利诺（Domenico di Michelino，1417—1491年）所画的《但丁与神曲》，这是米凯利诺最为有名的作品之一。在这幅画作中，但丁手持着《神曲》，仿佛在向参观者介绍着他所描述的天堂、地狱和炼狱山。

占有的位置，一旦你失去了位置，那将一无所有。尽管流亡是最严厉的惩罚，但对于但丁而言，这是灾难，也是福分。此后，但丁摒弃了忠诚于党派的任何观念，他从此不再属于任何一个派别，也不再卷入这场两败俱伤的争斗。他浪迹于欧洲的各个城市，并深刻地发现了城市的真正问题。这些独特的观点，正是《神曲》所讲述的故事。

1321 年，但丁在意大利的拉韦纳去世，并被葬在那里，再也没能回到他的故乡。

《神曲》：生命是一场旅行

这部伟大的作品，是但丁在流亡中完成的。但丁的漂泊经历为这部作品提供了重要的素材，他的生命在流浪中重新焕发了光彩。他在《神曲》之中强调了"我"这个概念，他通过世界的反射来了解自己，他脱离了中世纪单纯的对神的颂扬，转而关注"人"，关注世界，关注理性。他希望通过这部

被佛罗伦萨驱逐的诗人但丁来到维罗纳，受到了维罗纳宫廷的欢迎和善待，他在这里完成了《神曲》的最后一卷，并度过了余生。

著作，让所有人共享他这一段生命的旅程，从而发现自己作为"人"的价值。《神曲》是但丁的一生，是但丁逐渐了解世界的过程，是伦理学、神学、玄学和宗教的统一，所以人们更愿意将它称为一部"百科全书"，一部人文主义者寻求知识自由的"百科全书"。

《神曲》（*Divine Comedy*），大约创作于 1307—1321 年之间，它描述了一位生活在 12 世纪的普通人，成功地通过朝圣之路，在天堂觐见了上帝，最后安然返回人间的故事。但丁将这部作品称为《喜剧》，之所以是喜剧，有两个原因：一是因为它尽管是从毁灭中开始，结局却是皆大欢喜的；二是因为它采用了意大利的方言体进行写作，这种文体通常是用来描绘喜剧的。

《神曲》一共分为三个部分：《地狱》《炼狱》和《天堂》。其中，《地狱》34 章，《炼狱》和《天堂》各 33 章。在这 100 章节中，故事以"三"的倍数展开，这是整部作品分区的象征性数字。《神曲》的结构是平衡有序的，它完整地呈现了但丁对超凡神圣的宇宙的一种反思，以及想成为其中一员的渴慕之情。《神曲》采用的是三行诗节押韵法，全诗采用的是线性结构，三部分之间相互呼应，相互联系。

《神曲》的第一章是序曲。在开头，但丁写的是"我走在生命的旅程里"。这是但丁对一个迷途的朝圣者最真实的写照。但丁认为，每个人在行进的路上总是要进行许多的冒险，这些经历于他来说，就是《神曲》最初最基本的构想。《神曲》是一部带有自传性质的诗作。在这部诗作里，除了朝圣者之外，

在《神曲》中，但丁与维吉尔在地狱见到了自己青年时代的老师布鲁内托·拉蒂尼，和布鲁内托同在一起的是牧师、学者、文学家和法学家，他们大多都蔑视上帝，因此被罚沿着红色河流不停前行，永远不能停下。在现实中，布鲁内托是意大利的一位哲学家、学者、公证人和政治家，在但丁的父亲死后，他做了但丁的监护人，之后但丁就拜在他的门下进行学习。

有两个人物也格外重要，一个是维吉尔，一个是比阿特丽斯。维吉尔像父亲，像导师，给予他关怀和谆谆教诲，映射了他最为推崇的古罗马诗人普布留斯·维吉留斯·马罗（Publius Vergilius Maro）。比阿特丽斯像母亲，像恋人，给予他柔情似水和庄重鼓励，映射了他早逝的母亲和他一生中苦求而不得的邻家女孩。这两个人物的形象极其的丰满，又各具特色，在《神曲》里，他们是朝圣者的向导。在真实的生活里，他们亦是但丁的引路人。

《神曲》之所以伟大，是因为它集但丁一生生命之精华。正是因为辗转周折与流离失所，使得但丁能够用一种独特而广阔的视角，反映意大利从中世纪走向近代这一转折时期的现实生活和社会的各个领域。对于但丁而言，他未必知道这已经引领了一个新时代；而对于世界而言，这的确是人文主义最初的一束曙光。

> 🦉 **知识链接：《神曲》的来历**
>
> 　　《神曲》原本不叫《神曲》，但丁只叫它《喜剧》。但丁对后世的两位重要的诗人产生过极大的影响，其中一位叫作薄伽丘。薄伽丘最伟大的成就之一，是写了《但丁传》。在这部传记里，薄伽丘为了表示对但丁的崇敬，给这部作品冠以"神圣的"称谓，因此，之后的版本皆叫作"神圣的喜剧"。这部作品引入中国后，中译本便通称为《神曲》。

在德国马西莫别墅中，有一幅湿壁画，是德国画家菲利普·维特（Philipp Veit，1793—1877 年）的作品。这幅画作描绘的是但丁《神曲》中《天堂》的第三章，即比阿特丽斯和但丁在天堂与两位女先贤交谈的场景。

缪斯的慧命
彼特拉克与薄伽丘

他们仰望着但丁的神光，
走进文艺复兴的人间幸福。

14 世纪到 15 世纪中叶，意大利的佛罗伦萨出现了三颗"文学巨星"：但丁、彼特拉克、薄伽丘。这三人的命运始终环环相扣。但丁死的时候，彼特拉克 17 岁；彼特拉克死的时候，薄伽丘也是垂暮之年，缪斯的慧命如此继继绳绳。

第一个人文主义者——彼特拉克

他自幼酷爱文学，赞颂世间一切的美好；他才华横溢，精力充沛，热爱河海与山川；他将充满爱的人性，倾注成笔端的十四行诗，成就了抒情诗的最高境界。他就是彼特拉克，"文艺复兴之父"、人文主义第一人。

1304 年 7 月 20 日，彼特拉克出生在意大利佛罗伦萨的一个望族之家，他的父亲是一位著名的法律公证人。14 世纪的意大利，政权更迭动荡，最终，代表贵族意志的黑党夺取了佛罗伦萨的政权，残酷镇压了不愿受制于教皇的白党。1302 年，同属白党阵营的但丁和彼特拉克之父被流放到阿雷佐。1311 年，年幼的彼特拉克随父亲再次流亡到法国南部的阿维农城。少年时期动荡的生活，但丁的影响和法国抒情诗歌的熏

彼特拉克的父亲在其年少时曾得到一本复制的维吉尔诗集，这本诗集后来成为彼特拉克图书馆中一个十分独特的存在。为了这本诗集，彼特拉克请他的画家朋友西蒙·马丁尼，为诗集的封面作画。1336 年，画家绘制了这幅《彼特拉克的维吉尔》(Petrarch's Virgil)，现存于米兰的安布罗图书馆。

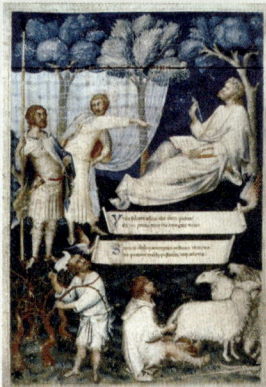

染，使彼特拉克逐渐成长为一位文学青年。

1326 年，彼特拉克成为一名教士，同时开始专注于写作和古典文学的研究。从 1338 年起，彼特拉克断断续续用了四年的时间，写下了著名的叙事史诗《阿非利加》。这首诗仿效古罗马作家维吉尔的笔法，用纯拉丁语写成。它用优美的语言，对第二次布匿战争作了生动的描述。这部史诗巨作立刻使彼特拉克蜚声文坛，巴黎与罗马都争相表示要为诗人加冕桂冠。最终，彼特拉克选择了在罗马加冕。1341 年 4 月 8 日，授予仪式在丘比特神殿进行，彼特拉克接受桂冠，从此获得"桂冠诗人"的荣誉。

在彼特拉克的大半人生中，他一直都对劳拉怀有一种柏拉图式的爱情理想。他从未对劳拉有过任何付诸实践的追求，但从他 23 岁见到劳拉开始，终其一生都对她怀有爱慕之情。在之后漫长的 20 年里，彼特拉克为劳拉写下了 300 余首爱情诗，甚至在劳拉死后，这种爱恋的热情也依旧没有减弱。

七个年轻女郎和三个男青年为躲避黑死病，来到佛罗伦萨郊区的乡间别墅。在每日的午后，他们相约来到室外的草地上席地而坐，每人讲一个故事，以此来消磨夏日乡间百无聊赖的时光。约翰·威廉姆·沃特豪斯（John William Waterhouse）这幅完成于 1916 年的画作，不仅淋漓尽致地描绘了《十日谈》中的这个场景，也很好地体现了沃特豪斯"前拉斐尔画派"的绘画技法。

薄伽丘：幸福在人间

他是一个年少时缺失亲情的私生子；他违背父亲的意愿，执拗地喜爱文学。他在市井中体验世俗平民的生活，在爱情里抓住美的痕迹，在古典文学的探究中与彼特拉克建立了深厚的友谊，他将现实的残酷和爱情的美好写进《十日谈》。他就是薄伽丘，他宣称，幸福在人间。

薄伽丘是佛罗伦萨商人的私生子，由于后母的冷酷和父亲的严厉，他的个性和才华都受到了极大的压制。后来，他被父亲送到那不勒斯学习经商。在那里，他深刻地体会到了市井平民的生活，这段经历为日后《十日谈》的写作提供了现实素材。同时，他获准出入罗伯特国王的宫廷，才华得到了充分的施展。他结识了大批的人文主义诗人，也结识了罗伯特国王的私生女玛利亚，这段充满友谊和爱情的经历，极大地丰富了他的人生阅历。

1348 年，一场被称为"黑死病"的瘟疫开始在佛罗伦萨流行，大批人在束手无策中死去。这是真实的历史事件，也是薄伽丘创作《十日谈》的源

知识链接：劳拉——彼特拉克的爱与死

劳拉是诗人彼特拉克一生苦恋却不得的女子。相传，诗人是在 1327 年的春天遇到了她。劳拉是一名骑士的妻子，有着金黄色的头发、明亮的眼睛和白皙的皮肤。彼特拉克在第一次见到她就一见钟情。在此后漫长的岁月里，这种爱恋没有随时间的流逝而变迁，反而成为《歌集》的创作源泉。1341 年，就在诗人加冕桂冠的前后几天，劳拉死于黑死病。

泉。书中描写了十名贵族青年男女，在乡村的一处别墅躲避瘟疫。他们终日游玩欢宴，每人每天讲一个故事，他们在乡间住了十天，一共讲了一百个故事。薄伽丘借这些青年男女的语言，赞美了爱情，称它是才华和高尚情操的源泉，谴责了禁欲主义，嘲讽了堕落和腐败。这本著作使得人文主义的思想熠熠生辉。

黑死病在短短两年的时间里席卷了整个欧洲，薄伽丘亲历了这场大灾难。在薄伽丘的故乡佛罗伦萨，每天都有大量的人感染黑死病去世，幸存的人们都想方设法逃离这个城市，去往郊区或乡村躲避瘟疫。薄伽丘的《十日谈》，亦是以十个到郊区躲避黑死病的年轻男女作为故事开篇的。

让文献讲述自己的故事
圭恰迪尼

剖析人物的心理与性格，
还原历史细节，
展现一段由个人野心驱动的历史。

弗朗西斯科·圭恰迪尼（Francesco Guicciardini，1483—1540 年）出身于佛罗伦萨的贵族家庭。他身居高位，曾先后服务于多位佛罗伦萨统治者和罗马教皇。然而，世人铭记的却是他的史学贡献。其名著《意大利史》参考了大量的历史档案与文献。在这一点上，他走在了同时代历史学家的前面，是意大利文艺复兴时期最伟大的历史学家。

政治生涯

1483 年 3 月 6 日，圭恰迪尼出生在意大利佛罗伦萨。他的家族在佛罗伦萨地位显赫，属于统治阶层。

圭恰迪尼很小便接受了人文主义教育，学习各种古典课程，通晓拉丁语，略懂希腊语。1498 到 1505 年，他在费拉拉和帕多瓦的大学学习法律。

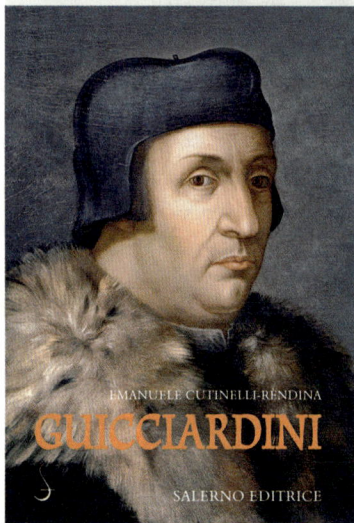

弗朗西斯科·圭恰迪尼是意大利著名的历史学家和政治家，同时，他被认为是意大利文艺复兴时期最主要的政治作家之一。在他的代表作品《意大利史》（The History of Italy）中，他对其所处时代的人物和事件都进行了现实的分析，从而为历史学的新风格铺平了道路。图为 2009 年出版发行的《圭恰迪尼传记》封面。

在叔叔——科尔托纳主教死后，圭恰迪尼曾想进入教会，并希望在将来成为一名红衣主教。然而，他的父亲阻止了他。因为在其父看来，教会意味着堕落和贪婪。

1508 年，圭恰迪尼结婚成家，妻子来自当地另外一个有权势的家族。同年，他开始着手写作《佛罗伦萨史》。

1511 年，圭恰迪尼被任命为驻西班牙国王斐迪南二世宫廷的大使，年纪轻轻便担此重任实属罕见。在西班牙，他得以近距离观察诡计多端的斐迪南二世。

几年后，圭恰迪尼又返回佛罗伦萨，并成功入选执政团。1516 年，他开始为罗马教皇服务。由于工作非常出色，他深得教皇器重。1524 年，他被教皇克莱门特七世任命为罗马涅地区的总督。

此时的意大利面临欧洲两大强权的挤压——法兰西王国和神圣罗马帝国。在与谁结盟的问题上，克莱门特七世举棋不定。圭恰迪尼积极倡导与法国结盟。他的这一建议为教皇所采纳。这一决定最终导致了一个灾难性的后果。1527 年，胜利的神圣罗马帝国军队洗劫了罗马城，并囚禁了教皇。

圭恰迪尼的晚年是在自己的故乡佛罗伦萨度过的。在佛罗伦萨，他依旧积极地参与政治事务。退隐之后，他将生命的最后几年奉献给了《意大利史》的写作。

1533 年，法国国王弗朗索瓦一世与教皇克莱门特七世在马赛会面，商谈关于法国王室与美第奇家族的联姻事宜。这一年，教皇克莱门特七世将走向生命的尽头，但他仍显示出倾向与法国联盟的迹象。最终，这桩联姻成功了，克莱门特七世的侄女，年仅 14 岁的凯瑟琳·美第奇成为弗朗索瓦一世次子——奥尔良公爵的妻子。奥尔良公爵加冕为法国国王后，凯瑟琳也随之成为法国王后。

史学思想

圭恰迪尼承认历史有一定的借鉴意义。他曾说，"事物自身是重复的"，人们可以从历史当中学到经验和教训。但与此同时，他又反对将历史刻板地套用于现在。他明白历史的长河处于不断的变化之中，没有哪个事物会和另外一个事物完全一样。既然如此，完全用以前的经验来指导当前的行动显然是荒谬的。

对于圭恰迪尼来说，历史学的真正使命是为子孙后代保留尽可能多的历史细节，使得后代人能够通过他的眼睛来见证他所生活的时代。

历史当中的"人"是圭恰迪尼关注的焦点。这里的"人"不是普通民众，而是少数精英人物。他认为，正是这些人的野心推动了历史的发展。所以，他无法容忍那些无所事事的政治人物，赞赏勇敢无畏的精神。

圭恰迪尼非常善长对人物的描写，特别是人物心理的描写。所以，在《意大利史》中，人物形象大多非常鲜活。

知识链接：《意大利史》

《意大利史》是圭恰迪尼的代表作。尽管他是佛罗伦萨人，但在这本书当中，他不是站在自己家乡的视角来书写历史，而是将意大利看作一个命运共同体，描绘了这个国家从 1494 年到 1534 年的政治变迁。

尽管圭恰迪尼并不怀疑上帝的存在，但是在书写历史的过程中，他并没有给上帝的力量保留过多的空间。在历史这个大舞台上，人是凭借自己的主观意志来行事的。与此同时，他承认"运气"在历史中扮演了非常重要的角色。

毫无疑问，客观真实是圭恰迪尼书写历史的首要标准。他的著作都是根据大量的原始资料写成，他只是在让文献开口讲话。他的书写语言也直白明了，很少有文学的渲染，甚至连比喻都很少使用。

当然，和所有的历史学家一样，在记述历史时，圭恰迪尼不可能做到完全的客观公正，偏见和错误在所难免。

《意大利史》又称为《意大利全史》，是弗朗西斯科·圭恰迪尼晚年的作品，全书共有二十卷。这本史学著作打破了地域的限制，整体地叙述了意大利所有城邦的历史，是后人了解文艺复兴时期意大利历史的重要途径。图为 1593 年出版的《意大利史》。

骑士传奇
阿里奥斯托与《疯狂的罗兰》

万花筒的纷乱之间，
爱情掠过"疯狂者"。

要想创作一本真正的书，需要曙光与落日、漫长的世纪、武器和连接而又隔开的海洋。阿里奥斯托正是这样构想的，他知道战争和爱情一直是永恒的主题，因此，透过严酷战争的硝烟，他看到了一座尘世间的花园，笼罩在黄金般的薄雾里，花园的主人是安杰丽嘉和罗兰，他们的故事是阿里奥斯托奇妙又羞怯的梦境。

阿里奥斯托：坎坷的一生

阿里奥斯托的一生都在追求平静安宁，却一生坎坷多难；他的一生都在被人阻挠，一生都极其穷困。但就是他，把骑士时代最富有浪漫色彩的传奇故事奉献给意大利。

1474 年 9 月 8 日，阿里奥斯托（Ludovico Ariosto，1474—1533 年）出生在意大利北部艾米利亚

意大利威尼斯画派代表画家提香·韦切利奥于 1510 年左右完成的一幅画作。关于画中男子的身份，直到今天仍然存在争议，有人认为这是一幅提香的自画像，但更多的人倾向于认为这幅画中的男子是意大利文艺复兴时期的著名诗人阿里奥斯托。这幅画目前收藏于伦敦的国家美术馆中。

雷焦一个衰落的贵族家庭。几乎是从他立志要成为一名诗人开始，所有人都在阻挠他。他的父亲一直希望他学习法律，他在不情愿中坚持学习了 5 年。随后，他开始潜心研究意大利文学和诗歌。就在这时，一直指导他的老师却离开了意大利，他的学习又被迫中断。紧接着，他的父亲去世了，弟弟和妹妹只能依靠他来抚养，家庭的重担使他不堪重负。

终于在 1502 年，埃斯特公爵聘请阿里奥斯托任职，他如释重负，也满怀希望，以为从此以后可以堂堂正正地写作。然而令他没有想到的是，埃斯特公爵对诗歌并没有丝毫的兴趣，不仅如此，他还极度自私，将阿里奥斯托当作他的随从和仆役，不仅要陪他到处旅行，还要担任负有危险使命的特使去觐见教皇。这样一来，阿里奥斯托不仅没有时间写作，连平静的生活都完全被打乱。

1518 年，阿里奥斯托与埃斯特公爵分道扬镳，转而投向费拉拉的阿方索公爵，但命运仍然在捉弄他。阿方索公爵虽不需要他随时侍奉，却拒绝给他发放薪酬，不仅如此，公爵还将他派去治理一个山匪横行的山城。在山城的任职期满后，阿里奥斯托回到费拉拉，并建造了一间属于自己的小屋，一直在这里居住，直到 1533 年去世。

史诗般的骑士传奇：《疯狂的罗兰》

这部长诗只有一个主题，那就是爱情——东方

图为意大利画家乔瓦尼·兰弗朗科（Giovanni Lanfran-co，1582—1647 年）于 1624 年绘制的一幅画。这幅画描绘的是《疯狂的罗兰》第 17 章的一个场景：大马色的国王诺兰蒂诺和他的妻子露西娜，在一个食人魔岛上遭遇了海难，并被食人魔带到洞穴中，他们在试图逃跑时，露西娜被食人魔发现了。

公主安杰丽嘉和西方骑士罗兰的爱情。这是传奇与史诗最大的区别之一。史诗刻画战争，爱情是微不足道的。传奇则不然，它既刻画骑士的战功，又刻画了骑士与美人的爱情。《疯狂的罗兰》正是如此，爱情是整部作品最明亮柔软的线索。

　　阿里奥斯托于 1502 年开始写作这部长诗，直到 1532 年才最终定稿，历时 30 年。全诗共计 46 歌，4800 余行。这部巨作取材于法国叙事诗《罗兰之歌》，承接意大利长诗《热恋的罗兰》的结尾，以查理大帝及其基督教骑士同穆罕默德教徒的大战为背景，以骑士罗兰与安杰丽嘉的爱情为主要情节。其中，诗人加入了爱情的描写，刻画了骑士罗兰爱上了美丽的安杰丽嘉，最终因失恋而疯狂。罗兰疯狂发作时，他拔山倒树，杀戮生灵，人们都认为他的理智被月亮之光取走了。罗兰的朋友为了拯救他，飞上了月亮找到了他的理智，最终令他恢复了健康。

　　这是一部奇幻突兀的故事诗，充满了冒险、魔法和奇遇。诗人不仅用优美的语言描绘了自然风

知识链接：骏鹰

　　骏鹰是一种西方神话中的生物。骏鹰是狮鹫和母马的后代，在古希腊的神话中有对骏鹰的刻画，但真正提出这个名字的，是阿里奥斯托。诗人在《疯狂的罗兰》一诗中说它头部、翅膀和前腿一如狮鹫，而后半身却呈马相。并首次提出了河马（hippogriff）这个名号。在《疯狂的罗兰》中，骏鹰是法师亚特兰（Atlantes）赠予英雄路杰罗（Rogero）的礼物，是路杰罗日行千里的坐骑。

光，更用细腻的笔触刻画了不同宗教男女之间的爱情，从而强烈表达了诗人对自由、和平与幸福生活的向往，充满了人文主义的色彩和光芒。

图中所描绘的是《疯狂的罗兰》中的一个场景：东方公主安杰丽嘉的美貌吸引了很多骑士，罗兰和路杰罗都是其中之一。在穆斯林军队攻击巴黎时，安杰丽嘉从关押她的城堡中逃脱，却在途中遇险，赤身裸体被锁在海边的岩石上，作为给海怪的献祭，最终是路杰罗将她救出。这幅画是 19 世纪的法国插图画家古斯塔夫·多雷所绘制。

狂欢的对话
拉伯雷与《巨人传》

在梦幻的森林里，
隐藏着神奇的金枝，
在它的每一片树叶下，
人们看到未来采摘的果实。

对于拉伯雷来说，生活就像一面镜子，你对它笑，它便对你笑；你对它哭，它也对你哭。他就在这样的嬉笑怒骂中，体味出超越世俗的大境界和大智慧。他的谐谑，他的夸张，他对美好世界的合理想象，都隐藏在他的《巨人传》中。直到今天，我们对拉伯雷的了解和研究仍然寥寥，《巨人传》所要表达的，我们仍旧无法全部了解。或许，在将来的某一天，拉伯雷笔下那个理想的世界真正降临时，我们才能完全领悟拉伯雷想要告诉我们的一切。

弗朗索瓦·拉伯雷是法国文艺复兴时期一位重要的作家，他的作品充满了幻想、讽刺和怪诞的元素。他从民间流行方言、俗语、谚语和笑话中汲取灵感，甚至从愚人和傻子的口中采集智慧。通过这些荒诞不经的语言，拉伯雷写就了他最重要的作品《巨人传》。这部作品在历史上有着举足轻重的地位和作用，因此西方文学评论家认为他是世界文学领域最伟大的作家之一。

拉伯雷：自由创造"巨人"

拉伯雷与但丁、塞万提斯齐名，被称为文艺复兴"巨人"。在严肃的但丁之后，他以嬉笑的面孔出现在世人的精神世界里。从此以后，他那些充满人性的、鲜活而欢乐的人物，以超乎寻常的活力逗笑了世人。他和但丁都来自科得科尔式修道院，一如之后来自耶稣会的伏尔泰。但丁是哀伤的，伏尔泰是嘲讽的，只有他是欢快的。他就是拉伯雷，他用狂热而怪诞的语言，创造了一个时代的"巨人"。

弗朗索瓦·拉伯雷（Francois Rabelais, 1494？—1553 年）出生在法国托兰省一个叫作希农的小城。关于他的出生时间，历史上并没有一个确切的说法，有学者认为他出生于 1483 年，但大多数学者认为，他最有可能出生于 1494 年 11 月。关于他的家庭和父亲的职业，也是众说纷纭，乡绅、律师、制药师，还是旅馆商人，并没有一个准确的定论。

拉伯雷的一生极具传奇色彩。他早年的经历有许多空白之处，我们只能从一些只言片语中大约得知，他在很小的时候就被送到了修道院，开始学习希腊语、拉丁语、科学、文字学和法律。约1520年，他成了封德奈勒孔德地区一座圣方济修道院的修道士。他从事神职工作的经历断断续续持续了一生，很多知识也是在修道院里掌握的。在这一时期，随着印刷术的出现和发展，大量经典著作成为可供更多人阅读的印刷品，而拉伯雷正好赶上了这一时机。他阅读了维吉尔、柏拉图的书籍，并对此产生了浓厚的兴趣。但教会却认为，这些异教徒的著作不能够随意阅读，更不能随意流通。而作为教会修士的拉伯雷阅读并推崇这些作品，更是不能被原谅的。于是，拉伯雷遭到教会的拘禁。由于他所钟爱的研究遭到了无情的阻挠和骚扰，拉伯雷不得不向当时的教皇克莱门特七世提出申请，要求脱离方济各会，转而加入本笃会。转会之后，他离开了修道院，前往普瓦捷大学和蒙彼利埃大学学习医学。1532年，拉伯雷移居里昂。

在里昂，拉伯雷担任天主教医院的医师。行医期间，拉伯雷接触了很多人文主义者，并与他们结下了深厚的友谊。他不仅研究神学、医学，也在业余时间翻译希波克拉底的著作，并且学习古典文学，编写和发布一些极具幽默风格的小册子针砭权威，宣扬自由的理念。在一次偶然间，拉伯雷在里昂街头发现了一本描写巨人的通俗读物，这本小册子十分受市民的欢迎。拉伯雷在阅读之后，从文中的"巨人"身上找到了突如其来的灵感，认为这个巨人的形象正是自己寻觅已久的"主角"。他随即以此为主题，开始撰写《巨人传》。这是他一生唯一的一部作品，历时20年之久。但正是这部作品，让他成为文艺复兴时期法国最重要的作家。

1553年4月9日，拉伯雷在巴黎去世。这位幽默荒诞的作家，在临终之前仍然未改他戏剧性的

> ### 🦉 知识链接："庞大固埃"的来历
>
> 《巨人传》原名《卡冈都亚和庞大固埃》，庞大固埃是卡冈都亚的儿子，出生时天逢久旱，因此卡冈都亚为这个新生儿取名为庞大固埃。庞大（Panta）在希腊文中是"极大"的意思，固埃（Gruel）在方言里是"怪渴"的意思，寓意庞大固埃将来要成为渴人国的国王。

一话一说一世一界一

图为法国旺代省的封德奈勒孔德地区的圣方济修道院，这座修道院也被称为圣马丁山修道院。这是一所保守的修道院，有着极其严格的清规戒律。1520年，拉伯雷成为这所修道院的一名修道士，并在此学习了希腊语。但是修道院严格教规的禁锢令拉伯雷十分烦恼，因此他一直在寻求一条新的发展之路。他一方面设法与著名的人文主义学者建立联系，另一方面积极结交当地的思想家。1523年，拉伯雷离开了圣方济修道院，前往圣彼埃尔教堂。

本色。他笑着说："拉幕吧，戏做完了！"他死之后，人们在他不多的遗物中找到了一张卡片，上面写着："我没有财产，我欠人不少，把我留下的送给穷人。"

《巨人传》：一个理想的国度

《巨人传》全书共五部，第二部于 1532 年率先出版，1534 年出版第一部，1546 年、1548 年先后出版第三部和第四部。1552 年，先行出版的四部被巴黎最高法院判定为禁书，因此，《巨人传》的第五部直到拉伯雷去世之后的 1562 年才部分出版。1564 年，整套书全部出齐。

《巨人传》的第一部《卡冈都亚故事》，写的是国王格朗古杰的儿子。卡冈都亚生来便会说话，身材高大，一出生便高声喊叫："喝呀！喝呀！喝

在《巨人传》中，卡冈都亚的童年生活十分舒适惬意，堪称"黄金童年"。这幅画是拉伯雷的作品，目前收藏于法国斯特拉斯堡现代和当代艺术博物馆。

呀！"于是他父亲赶忙吩咐人买了 1.8 万头最好的奶牛，供应儿子每天的牛奶。他的衣服要用 1.2 万多尺布才能制成，是一个名副其实的"巨人"。卡冈都亚最初接受的是中古经院教育，后来被人文主义教育所解救，开始接受人文主义思想。他开始离开家乡，到巴黎去旅行，希望在实际生活中得到锻炼。但这时，他的国家受到邻国国王毕可肖的侵略，他回国后率领若望修士等击退了敌人。为了答谢若望的功劳，他建立了德廉美修道院。

《巨人传》的第二部先于第一部出版，书名具有世俗文学的闹剧色彩，叫作《伟大的巨人卡冈都亚之子，狄波索德王、大名鼎鼎的庞大固埃的恐怖而骇人听闻的事实和业绩》，主人公是卡冈都亚的儿子庞大固埃，受父亲的影响，庞大固埃一开始就接受了人文主义教育。在父亲和老师的指导下，庞大固埃的学识不仅广博，而且精深。他为了检验自己的雄辩能力，曾经广贴告示，招募能言善辩者与自己辩论，竟能够做到无往不胜。

《巨人传》前两部，由于笔触犀利，有悖天主教的利益，加之强烈的讽刺意味，使得拉伯雷不能

卡冈都亚和庞大固埃都是巨人。在图中，上面的人只有庞大固埃的一个脚掌那么大，而在下方的卡冈都亚，几乎是普通人的两个那么大。由此可见他们的身高与体型是多么的巨大。

这幅插图描绘的是《巨人传》第一部的第三十八章里一个场景：五位朝圣者路过卡冈都亚的菜园，打算在园子里的莴苣下歇息过夜。正巧这天晚上卡冈都亚想吃沙拉，就遣仆人到菜园里采摘莴苣，仆人不慎将五位朝圣者连同莴苣一起带回。五人无路可逃，被卡冈都亚连着莴苣一同吃下，幸得其中一位智者用手杖卡住卡冈都亚的牙齿。卡冈都亚牙痛，才将五人从牙缝中取出，五人这才幸免于难。

使用真实姓名出版，而是将弗朗索瓦·拉伯雷的16个字母打乱后重新排列，得到了一个化名：阿尔戈弗里巴·纳齐埃。从第三部开始，拉伯雷历经周折，终于得以用真实姓名出版这部著作，但其笔锋也略有收敛，开始大量使用隐喻。第三部主要描述庞大固埃继承了王位，并在国内推行新政，受到了国民的爱戴，成为一个理想的君主。第四部和第五部则讲述了庞大固埃和朋友巴奴日、约翰等人远涉重洋去寻找"神瓶"的故事。

《巨人传》从动笔开始写作到最终完成期间，多次被教会列为禁书，拉伯雷本人也多次受到教会

的迫害。在他完成《巨人传》第一部之后，曾离开里昂到外地躲避，直到迫害稍微平息之后，他才重新返回里昂。因此，拉伯雷历时20年才完成了这部伟大的作品。在第五部中，"神瓶"最终被找到，而神谕只有仅仅一个字：喝。这个字，被认为是《巨人传》的精髓所在，这一个"喝"字，饱含了拉伯雷呼吁人们到知识的源泉那里畅饮真理，畅饮知识，畅饮爱情的美好愿景。他告诉人们，只有掌握知识，掌握真理，才能掌握世界。

《巨人传》这部16世纪的鸿篇巨制，用最为世俗的语言，最为荒诞戏谑的文字，最为狂欢的情感，为后人讲述了最质朴、最真诚的理想世界。

卡冈都亚（Gargantua）也被译作"高康大"，他是拉伯雷《巨人传》第一部《卡冈都亚故事》中的主人公。他是一个不折不扣的巨人，从一出生就食量惊人，他一天要喝近1.8万头奶牛的奶。他的衣着也十分珠光宝气，他身上的一件锦袍就要用掉1.2万尺布。在他童年的生活中，只有两件事：吃和睡。

怪诞的边饰
蒙田与他的《随笔录》

信手写来的东西更加光辉灿烂，其光芒胜过正午的太阳。

《随笔录》这本书到底写了什么？很难用一个范围来做界定，因为它包罗万象，无所不写，几乎包括世间的一切事物。有些人是以等身的著作闻名于世，有些人却是"一本书作家"。蒙田正是如此。他将一生所有的智慧、思考、灵魂与美德都献给了《随笔录》。

蒙田：生活的哲学

生前，他从不说自己是一位作家，相反，他更愿意说自己是一位乡绅。写作对他来说，只是冬天无所事事时的杂乱思想，只是迈着脚步越过海洋的旅行思考。他的一生只写成了一部看似平凡的作品，然而经过400余年，这部寻常的著作仍然光彩照人。他就是蒙田，他说自己什么也不知道，其实，他什么都知道。

米歇尔·德·蒙田（Michel de Montaigne，1533—1592年）出生在法国波尔多，他的父亲是波尔多市市长，一心想把儿子培养成一位绅士。因此蒙田在很小的时候，就开始接受拉丁文和希腊文的学习。在父亲的引导下，他不满20岁就成为波尔多市议会的一员，随后又进入波尔多最高法院，政治生涯从此风生水起。

1568年，蒙田的父亲去世。蒙田

14世纪时，蒙田家族在其领地上建造了一座城堡，蒙田在35岁时继承了这座城堡。此后，他就一直在城堡中的一座圆形塔楼中隐居读书，最终写成了《随笔录》。1885年，蒙田城堡毁于一场大火。也许冥冥之中自有天意，整座城堡只有蒙田读书写作的圆形塔楼在大火里幸存，让后人借此来凭吊这位伟大哲学家。

继承了父亲的领地。1571年，蒙田正式辞去议会议员的职位。此后，他一头扎进城堡圆塔三楼的一个藏书室，开始了隐居生活。他说，他已经为别人活够了，让他为自己活着吧。1572年，蒙田开始动笔撰写《随笔录》。1580年，这部《随笔录》首先以两卷本的形式出版。随后，蒙田带领家人出行意大利和瑞士，在此期间，蒙田将旅行中的思考补充进了《随笔录》。

1580年，隐居在家的蒙田被推选为波尔多市市长；1583年，他再次连任。这位生性淡泊的作家原本以为，他的政治生涯将在赞誉和美言中顺利结束。然而这一切，在蒙田连任市长的最后一年，被

蒙田是文艺复兴时期最重要的哲学家之一。他的作品将逸闻、自传和严肃的知识结合在一起进行思考，形成了一种新的创作风格，对西方作家产生了十分直接而重要的影响，其中包括弗朗西斯·培根、勒奈·笛卡尔、布莱斯·帕斯卡、让·雅克·卢梭等。

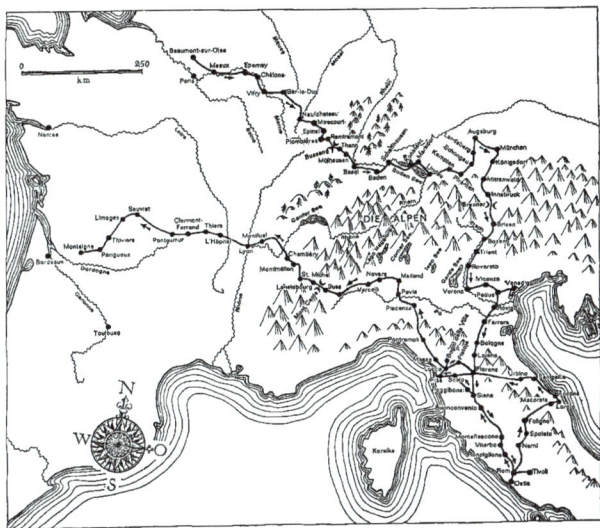

1580 年 9 月 5 日，蒙田离开了城堡中自己隐居多年的圆形塔楼书房，出发前往意大利。这一场旅行持续了一年半左右，他去过不同的国家：瑞士、德意志和意大利，他记录下所经之地的民俗风情、宗教人文等，最终结集成了一本《蒙田意大利游记》。图为蒙田旅行路线图。

一个强大的敌人所毁灭。1585 年，波尔多爆发了黑死病，在瘟疫面前，蒙田退缩了，他放弃了他的城市，选择了出逃。今天，我们已经不能想象这样的疾病会给一个城市造成怎样的伤害，但蒙田的行为，彻底触怒了波尔多。在他 6 个月后结束避难回到波尔多时，他已经错过了他的卸任仪式。

此后，蒙田继续《随笔录》的补充与增订。1592 年，蒙田安然去世。

《随笔录》：正直人的枕边书

世间的浮躁与肤浅没有扰乱蒙田的心智，他将生活中点滴的哲学，汇聚成一注清泉，为饱受宗教战争之苦的法国人民送来了清凉的慰藉。《随笔录》，一本娓娓而谈的"信手之作"，成为许多法国人的"枕边书"。

《随笔录》一共分为三卷，第一卷和第二卷出版于 1580 年，1587 年又出版了第三卷，全书 107 章，共计 103 万余言。蒙田一生追求幸福安定的日子，认为人的一生最为豪迈壮丽的事业，就是让自己生活得舒适惬意。这种精神深深地渗透在他的文

知识链接："蒙田"这一姓氏的来历

蒙田出身贵族，但他原本的姓氏并不是"蒙田"。他原名米歇尔·艾康，蒙田是他的城堡的名字。这座城堡传承自蒙田的曾祖父拉蒙·艾康，城堡其貌不扬，却有一个气势惊人的名字"Montaigne"。蒙田的父亲去世后，作为家族唯一的男性，蒙田继承了蒙田城堡，他在家庭纪事和私人档案中仔细地抹去了"艾康"这个姓氏，从此称自己为米歇尔·德·蒙田。

字里。他从古代举世无双的英雄身上，参悟生命的真谛；也从伟大艺术家那里获取灵感；他阅读贺拉斯、维吉尔、马提亚尔、奥维德的优美诗句，从中探寻哲学的路径。这一切，都自然而然地流淌在他的《随笔录》中，通俗简单，富有生命力。

《随笔录》在蒙田生前曾出版过四稿，他去世的时候，留下了待出版的第五稿。在蒙田夫人的授权下，他的义女德·古内小姐整理出版了《随笔录》第一、二、三卷的定稿。

《随笔录》实际上是蒙田的自我剖析与反省，正因为如此，这本多达百万言的巨著充满了对人性的洞悉。《随笔录》涉及的内容非常广泛，事无巨细，应有尽有。对于这本书，蒙田本人非常谦虚，他没有指望《随笔录》能够广泛流传。然而，这本书最终成为法国乃至世界文学史上的一块瑰宝。

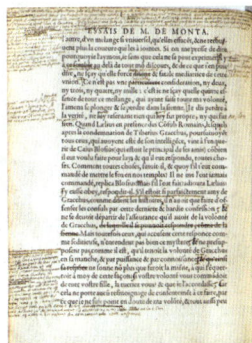

图为蒙田代表作《随笔录》中的一页。

永恒的信念
托马斯·莫尔和《乌托邦》

我们该从哪里找到这样的人？
他予我们惊喜的愉悦，
又予我们庄重的悲伤。

一个水手口中虚拟的世界，在 16 世纪中叶几乎迷住了整个欧洲。这个美好而理想的社会，以"乌托邦"命名。人们心知肚明，这样的美好社会来自想象，这是对现实社会悲惨与真实的提醒，也是一代代人对理想社会的憧憬。经过时间的流逝，"乌托邦"经过社会改革家与学者们头脑的改造，成为世上海市蜃楼的指路灯。

四季之人：托马斯·莫尔

伊拉斯谟说："他的灵魂之纯洁胜过白雪，在英国从来没有过像他这样的天才，而且将来也不可能再有。"罗伯特·惠廷顿也说："他拥有天使的智慧和非凡的才学，他是一位四季之人。"他就是托马斯·莫尔，《乌托邦》的筑梦人。

1478 年 2 月 7 日，托马斯·莫尔（Sir Thomas More，1478—1535 年）出生在英国伦敦一个富裕家庭，他的父亲是一名法官，因此莫尔从小就接受了良好的教育。因为父亲的关系，他从 13 岁开始，就寄居在坎特伯雷大主教、红衣主教莫顿的家中。莫顿是一位知识渊博的人，他对莫尔的一生都有着重要的影响。

1492 年，莫尔进入牛津大学学习，在这里，他非凡卓越的才能得到了极大的发挥，并且他和很多人文主义者成为忘年交。但由于莫尔的父亲希望儿子成为一名法学家，因此在父亲的逼迫下，莫尔离开了牛津大学，到林肯律师会馆攻读法律。很快，他得到了头等律师的称号，但他并没有放弃对古典文学的研究，仍旧继续着早在牛津时期就开始的文学生涯。

1504 年，26 岁的托马斯·莫尔出任议员，他在议院里名声斐然，却得不到国王亨利七世的欢心。他因此远离了政治活动，重新回归法律、文学与音乐领域，结婚生子，安然度日。

1509 年，亨利七世驾崩，莫尔又重返政界。随着他的声名远播，年轻的英国国王亨利八世很快任命他为王室请愿裁判长、枢密顾问官。到 1521 年，莫尔的声望已经极高，受封为爵士，继而又出任下议院议长。1529 年，莫尔出任英国大法官，成为英王之下的第一人。

这是以肖像画见长的汉斯·荷尔拜因在 1527 年为托马斯·莫尔所作的一幅肖像画。彼时的托马斯·莫尔正在任兰开斯特公爵领地大臣，两年后，他受命担任英国大法官，成为仅次于英国国王的第一号要人。

托马斯·莫尔有两任妻子，1505 年，他与第一任妻子珍·考尔结婚。婚后，珍·考尔给托马斯·莫尔生下了四个孩子：玛格丽特、伊丽莎白、茜茜和约翰，前三个是女儿，最后一个是儿子。在生下约翰后不久，珍在 1511 年突然去世了。为了不使孩子们缺失母亲，莫尔很快再婚了。他的第二任妻子爱丽丝比他大 7 岁，是个寡妇，她很好地照顾了珍留下的四个孩子，也得到了莫尔的爱和尊重。图为《托马斯爵士的家庭》是绘于 1597 年的托马斯·莫尔一家。

空想的《乌托邦》

公元前 400 年，柏拉图写出了《理想国》；公元 1500 年莫尔构想了《乌托邦》，人们追求幸福国度的美好愿望从未间断。

1515 年，莫尔受命出访欧洲大陆，此后两年间，他用拉丁语写成了不朽的传世名作《乌托邦》。"乌托邦"（Utopia）一词来源于希腊语，意为"空想的国家"。《乌托邦》一书分为两部分。在书中，莫尔转述了航行者拉斐尔·希斯拉德（Raphael Hythloday）对南半球岛国乌托邦的旅行见闻。拉斐尔叙述，在这个岛国上，人人平等，宗教自由，财产公有，按需分配。这里的人们穿着统一的服装，在公共餐厅里就餐；他们都要到农村劳动，但两年以后就可以轮换他人；他们的住所并不完全固

🦉 **知识链接：莫尔之死——忠于上帝还是忠于国王**

1527 年，英王亨利八世爱上了宫廷女官安妮·博林，企图与结发妻子凯瑟琳离婚，但这一请求，迟迟未能得到罗马教廷的批准。任性的亨利八世决定脱离教廷，与教皇决裂。全体成年臣民都必须宣誓认可国王的决定，但作为虔诚天主教徒的托马斯·莫尔却拒绝宣誓。国王恼羞成怒，以叛国罪判处莫尔死刑。1535 年 7 月 6 日上午 9 点，莫尔从伦敦塔前往刑场。他的遗言只有一句："我作为陛下的忠实仆人而死，但我首先是上帝的忠实仆人。"这一年，托马斯·莫尔 57 岁。

定，大约每十年相互调换。这里实行一夫一妻制，官员也由匿名选举产生，而且从不世袭。如果遇到战争，他们就从邻国借兵，从不动用本国的公民。这里没有货币，没有酒店，居民们每天工作六个小时，剩余的时间就可以从事科学、艺术等活动。

总之，这是一个完全理想的国家，这里没有私有制，是莫尔构想的空想社会主义雏形。

图为 1890—1900 年在法国出现的乌托邦式飞行器图片。采用彩色平板印刷技术制成，这样的飞行器是 19 世纪末期科学与技术领域的乌托邦式的构想。人们认为，未来先进的科学和技术将影响人类的生活方式。

诗人中的诗人
斯宾塞与《仙后》

死亡虽能把全世界征服，
我们的爱情却会使生命不枯。

如果说，英国文学中诗歌是一顶璀璨的皇冠，无数的诗人组成了它光辉的荣耀，那我们可以肯定地说，斯宾塞和他的《仙后》一定是那最为耀眼的冠顶钻石。尽管《仙后》只是一部未完成的诗作，但斯宾塞却因为这一部诗作，成为英国诗歌史上的一座里程碑。

斯宾塞——永远的诗人

斯宾塞生活在一个不拘格套的时代，他的诗句热情恣意，无羁无绊；他的想象绚丽奇幻，汪洋恣肆；他的情感真挚纯粹，干净炽烈。他自由地出入真实与虚幻，现实与浪漫；他用诗笔描绘真爱。斯宾塞说，他的诗作叙述了激烈的战争与忠贞的爱情。

埃德蒙·斯宾塞（Edmund Spenser，1552？—1599年）出生在英国伦敦一个布商家庭。年幼时，他的父亲曾送他进入麦钱特·泰勒斯学校接受教育。1569年，斯宾塞被剑桥大学录取为公费生，在这里，他开始系统学习人文、哲学和部分的自然科学。读书期间，他结识了加布里埃尔·哈维，尽管他们在诗歌研究上有不同的见解，但斯宾塞还是常常向他请教。1578年，斯宾塞为罗彻斯特主教做了短时间的秘书。随后的1579年，他就创作并发表了诗歌《牧人月历》（*The Shepheardes Calendar*）。1580年，斯宾塞前往爱尔兰，受命为新任爱尔兰总督格雷爵士的秘书，他的代表作《仙后》（*The Faerie Queene*）于1590—1596年诞生于此。

1594—1603年，正值爱尔兰九年战争期间，局势很不稳定。1598年，斯宾塞在爱尔兰居住的房舍被爱尔兰军烧毁，仓皇之间，斯宾塞逃回了伦敦。次年，在伦敦郁郁而终。

斯宾塞去世后被葬在威斯敏斯特大教堂的"诗

埃德蒙·斯宾塞是英国文艺复兴时期伟大的诗人，他是介于杰弗雷·乔叟和威廉·莎士比亚之间最杰出的诗人。其代表作有长篇史诗《仙后》，田园诗集《牧人月历》，组诗《情诗小唱十四行诗集》《婚前曲》《祝婚曲》等。

埃德蒙·斯宾塞毕业于剑桥大学，英国许多诗人都有在剑桥学习的经历。图为剑桥大学。

知识链接：斯宾塞与伊丽莎白一世

在《仙后》中，略对政治敏感的有识之士都不难发现，仙后象征着当时的英国女王伊丽莎白一世。在《仙后》问世之前，斯宾塞就通过其他的诗作赞颂过女王。1590年，《仙后》的前三卷付梓问世后，伊丽莎白一世赐予他每年50镑的酬劳。尽管他为伊丽莎白女王效忠的愿望依然落空，也没有任何证据表明伊丽莎白曾经读过这首长诗，但这部巨著却是由于王室资助才得以出版。

人角"，他的旁边，埋葬着英国中世纪最伟大的诗人——杰弗雷·乔叟。

《仙后》——诗使爱永恒

《仙后》是一部未完成的史诗。它的前三卷付梓于1590年，当后三卷出版时，已时隔六年。这部长篇史诗，斯宾塞预计要写十二卷，但他完成第七卷的一部分时，就离开了人世。尽管如此，《仙后》仍是英语诗歌中篇幅较长的，更为重要的是，这首诗的诗韵自成一体，被称作"斯宾塞体"。

在英国诗坛上，很少有这样的长篇巨著，更难能可贵的是，在如此长的诗体中，没有出现任何表现手法的失误和诗韵的破绽，无论哪一章节的音韵节律都完美无瑕，经得起任何检验。斯宾塞的诗作和格律，对后世包括弥尔顿、雪莱、济慈等诗人都产生了极大的影响。

《仙后》这部长诗以亚瑟王（King Authur）追求仙后格罗丽亚娜（Gloriana）为引子，讲述了仙后每年在宫中举行12天宴会，每天派一名骑士去解除灾难，而亚瑟王会参与每个骑士的冒险的故事。尽管这是一部鸿篇巨著，但它是寓言式的。斯宾塞在"作者的信"中曾经提到，整部史诗"充满隐晦的寓意"，而出版它的目的，则是为了塑造"品德高尚、温和有良知的绅士"。

斯宾塞的长诗《仙后》是以亚瑟王追求仙后格罗丽亚娜为线索。年轻的王子亚瑟在睡梦中遇见了美丽的仙后格罗丽亚娜，对她一见钟情。醒来后，王子就开始寻找她。这幅名为《亚瑟王子与仙后》的画作是亨利·福塞利（Henry Fuseli，1741—1825年）绘于1788年的作品。

毁誉参半
马基雅维利
与《君主论》

生前，命运跌宕起伏；
死后，思想备受争议。

马基雅维利（Niccolò Machiavelli，1469—1527年），意大利文艺复兴时期著名的政治家、思想家、历史学家和剧作家，近代政治学的奠基者。其主要代表作包括《君主论》《论李维》《佛罗伦萨史》等。其中，《君主论》是最为世人所知，也是最饱受争议的一部著作。

跌宕的一生

1469年5月3日，马基雅维利出生于佛罗伦萨。他曾说自己"出身贫寒"。这个说法多少有点夸张。他的家境算不上富有，但也并不贫寒。由于父亲的关系，马基雅维利很小就开始学习各类人文主义科目。他似乎特别喜欢卢克莱修的《物性论》，从中得知人应当排除宗教迷信的影响，用理性来认识这个世界。

1494年，美第奇家族被赶走，佛罗伦萨成立

这幅画创作于16世纪后期，描绘了波斯帝国末代君主大流士三世及其家人在战败之后拜见胜利者亚历山大大帝时的情景。文艺复兴时期的一些意大利人，包括马基雅维利在内，都认为当时统治近东的奥斯曼帝国不过又是一次历史重演。

共和国。年近30岁时，马基雅维利开始为共和国服务，开启了他人生中最忙碌同时也最得志的时期。作为不可多得的外交人才，他代表共和国四处出访，拜会法国国王、罗马教皇、雇佣兵队长等重要人物。

在这个过程中，马基雅维利目睹了种种丑恶的政治罪行，也认识了不少杰出的政治人物。他开始思考是什么因素决定着一个政治人物的成败。他敬佩那些勇敢果断、不计手段取得胜利的行动家，并感叹命运女神的喜怒无常。

一直以来，佛罗伦萨都是依靠雇佣兵来保卫自己的领土。经验告诉马基雅维利，这些雇佣兵完全不可靠，因为金钱是他们参战的唯一理由。他建议从民众中募集士兵，成立一支国民军。他的这一建议最终被共和国采纳。于是，他开始招兵买马，军

这幅马基雅维利的画像绘制于16世纪下半叶，创作者是16世纪意大利画家塞迪·第·提托（Sandi di Tito，1536—1603年）。提托是16世纪后期意大利反矫饰主义绘画的代表人物。他的绘画以宗教题材为主，此外还有一些人物肖像画。

图为 1550 年版本《君主论》的封面。最早一个版本的《君主论》出版于 1532 年，当时马基雅维利已经去世五年。这本书在西方政治思想史上非常重要，影响深远。一经出版，便饱受争议。由于违背了当时占主导地位的道德和宗教准则，所以这本书很快便被列为禁书。

队逐渐成型。

对于马基雅维利来说，命运的转折点出现在 1512 年。这一年夏天，8000 名西班牙士兵前来进犯，目的是推翻共和国，恢复美第奇家族的统治。马基雅维利和他所率领的国民军成为共和国最后的希望。

然而，多少有点让人想不到的是，国民军在与侵略者的交战中毫无战斗力，最终惨败。共和国灭亡了，美第奇家族又回来了。

不久，马基雅维利遭到美第奇家族的迫害。他被逮捕，但最终被无罪释放。他使尽全力想要获得美第奇家族的信任，但没有成功。无奈的他只好归隐乡间。其间，他写出了《君主论》和《论李维》。此外，他还创作了几部喜剧，没想到竟然大受欢迎。

1520 年，马基雅维利似乎开始时来运转。美第奇家族最终接纳了他。赋闲在家多年，马基雅维利终于又走马上任了。然而在 1527 年，美第奇家族的统治再次被推翻，佛罗伦萨重新成为共和国。命运似乎又对马基雅维利开了个玩笑。好不容易与美第奇家族建立的友谊一夜之间付诸东流。就在同一年，马基雅维利病逝。

《君主论》

在这部备受争议的著作中，马基雅维利主要论述了一个君主应当如何征服和保有一个国家。其中有大量篇幅是关于征服新的领土和国家的，这非常契合当时的意大利现状——征战不已，起伏不定。

对于那些想要成就一番伟业的新君主，马基雅维利的建议是妥善地使用暴力，即为了自己的安全和国民的幸福偶尔施暴，并且暴行应当一次性实施，恩惠则需一点一点赐予。

他还指出，为了避免亡国，君主不仅需要祛除一些恶行，而且需要保留一些恶行。在他眼中，私德和公德不是一回事。因为有些善行会导致国家的灭亡，而有些恶行却会带来福祉。

《君主论》出版后没多久便引发了人们对该书的普遍敌意和憎恶，不久便被教会列入禁书名单。马基雅维利也逐渐成为邪恶的代名词。与此同时，也有不少人为他辩护。时至今日，我们应当明白，对于一个非常复杂的思想家，不能用正义或邪恶来定义他。

画中是意大利文艺复兴时期的著名人物——教皇利奥十世。他出身于佛罗伦萨美第奇家族，1513 年，他被推举为罗马教皇。他继承了美第奇家族的优良传统，大力赞助当时的著名艺术家，如拉斐尔。此外，他大力推动圣彼得大教堂的重建工作，为了筹措重建资金，他滥发赎罪券，大肆敛财，引发了基督教世界的普遍不满，宗教改革的大幕也由此拉开。

灿若星辰的艺术家

当意大利的艺术家与雕刻家开始模仿古代的巨作时，此举便象征了他们与过去中世纪的决裂。自从与古典文化第一次接触之后，艺术家们就学习到要以写实、自然的手法来表现人物与物体的技巧。透视法的发明就是一项重大的突破。从佛罗伦萨画派之父乔托到威尼斯最伟大的艺术家提香，文艺复兴艺术时期持续了两个世纪之久。他们的风格迥然不同。而在他们两人之间也串起了一条文艺复兴时期画家伟大的长廊，其间涵盖了各种不同风格的作品。

所谓文艺复兴与艺术的高潮就是指1500—1527年的这一段时期。此时，一流的画家已将他们的技法臻至完美，所以他们能绘出完美精确的画作。也就是在这个时期，罗马成为文艺复兴的画家大本营，几乎所有的一流画家都在此创作。

神性的完美
重新发现透视法

在此之前的宗教故事，
从未如此真实地展现给世人。

我们不能想象，在中世纪之前，那些写在《圣经》里的故事，从来没有以一个真实的景象展示在世人面前。我们也不能想象，当达·芬奇的《最后的晚餐》呈现在米兰的圣玛丽亚慈悲修道院的修士们面前时他们会是怎样的反应与表情。在此之前，宗教故事的画面只存在于人们的想象里，而从这时开始，它如此接近而逼真地出现在现实之中。

图为文艺复兴时期意大利著名画家马萨乔的作品《献金》（也称为《纳税银》）的局部图，是马萨乔的自画像，他将自己描绘成一位在角落里的虔诚教徒。

从已有到再生：透视法的重现于世

在古希腊时期，透视法已然存在，那时的艺术家将其称为"缩短法"。尽管希腊人通晓缩短法，希腊化时期的画家精于造成景深的错觉感，但是连他们也不知道物体在离我们远去时体积看起来缩小是遵循什么数学法则。

到 15 世纪时，"透视"一词又开始被人们重新发现。在文艺复兴时期，第一个系统阐释透视法的，是利昂纳·巴蒂斯塔·阿尔贝蒂（Leine Battista Alberti，1404—1472 年）。他是一位建筑家，同时又是画家和雕塑家，他在著作《论绘画》中对透视学理论进行了较为完备的论述。但事实上，发现并创建"透视"理论的，并非阿尔贝蒂，而是与他同时期的布鲁内莱斯基（Fillippo Brunelleschi，1377—1446 年）。真正将透视法运用于绘画领域的，是与前二者同一时期的马萨乔（Masaccio，1401—1428 年）。

马萨乔只是一个笔名，更严格来说，这是一个绰号，他原名托马索·迪乔瓦尼·迪西莫内·圭迪，1401 年 12 月 21 日出生在意大利的圣乔瓦尼·瓦尔达诺。马萨乔的师承关系已不可考，他的早期作品注重写实，画作极富雕塑感；盛期时的作品引入了透视画法的原理，通过平实质朴的手法描绘人物形象。其作品完美地体现出文艺复兴人文精神和现实主义表现方式的高度统一。

1427 年，马萨乔为佛罗伦萨圣玛丽亚诺韦拉教堂绘制了祭坛画《三位一体》，这幅画作所采用的手法就是盛行于建筑界的焦点透视法。马萨乔与建筑家布鲁内莱斯基保持着亲密的友谊。由布鲁内莱斯基重新发现并重新运用的透视法，经由马萨乔之手，从建筑界扩展到绘画领域。

可惜的是，天妒英才。1428 年，马萨乔在离开佛罗伦萨前往罗马后不久就离开了人世。这位年轻的画家用他短暂的一生带来了一场绘画革命。

安东尼奥·科雷乔绘制的《圣母升天》。这幅画作宁静淡泊，画中的人物都飞翔在充满光辉的巨大空间中，他们轻松自在地飘浮在天空中，享受着失重行走所带来的乐趣。这幅湿壁画是运用透视画法创造错觉的一幅杰作。

知识链接：科雷乔与《圣母升天》

帕尔马画家安东尼奥·科雷乔（Antonio Correggio，1489—1534 年）把透视法用到了极致。他深受达·芬奇的影响，又兼具佛罗伦萨画派和威尼斯画派的特点，画风宁静甜美，用色柔和明亮。更为重要的是，他将透视画法运用到了极致，他为帕尔马教堂穹顶绘制的湿壁画《圣母升天》，通过对透视画法娴熟的运用和对色彩的控制，给每一个抬头仰望的人一种幻觉，好像天花板已经打开，一直向上可以看到天堂的荣耀。

薄雾蒙蒙：透视法的新高度

在马萨乔之后，沉迷于透视法的画家并不在少数，佛罗伦萨画家保罗·乌切洛（Paolo Uccello，1397—1475 年）就是其中代表。他崇尚技术，尤其专注于对透视画法的研究。他为美第奇家族所作的《圣罗马诺之战》就可以看到明显的炫技，他利用透视法，构建了一个立体的画面。之后的皮耶罗·德拉·弗兰切斯卡（Piero della Francesca，1416—1492 年）受到阿尔贝蒂《绘画论》的影响，也写了一本《绘画透视学》。与前人不同的是，佛兰切斯卡的透视理论是由科学的数学观念推导出来的，因此他的画作给人一种过度理性的秩序感。

到了达·芬奇时代，透视画法走入了一个新的高度。达·芬奇运用科学的方法，将透视法从直线透视发展到了空间透视，同时，他还发明了一种空气透视法，并称它为"薄雾法"。以这种方法所绘制的作品，给人一种神奇朦胧的感觉，好像整个画面都笼罩着一层薄薄的雾气，《蒙娜丽莎》采用的就是这种空气透视法。而达·芬奇的名作《最后的晚餐》则将透视画法发挥到了极致，其巧妙的构思，卓越的布局，细部的写实和严格的技法，使这部作品成为一幅空前绝后的名作。

《圣罗马诺之战》是意大利佛罗伦萨画家保罗·乌切洛（Paolo Uccello，1397—1475 年）1455 年所绘的作品。图中的这幅画是其三幅《圣罗马诺之战》中的一幅，也是这套组画的中心画。画中充分利用了透视法。这幅画描述的是佛罗伦萨军队逐渐处于劣势，首领尼科洛·达·托伦蒂诺被锡耶纳军队首领贝纳迪诺·德拉·恰尔达挑落于马下。这幅作品目前存于佛罗伦萨乌菲兹美术馆，组画中的另外两幅作品则分别存于伦敦国家美术馆和巴黎卢浮宫。

新艺术的创造
佛罗伦萨画派

解开保守主义符咒的束缚，
勇往直前到新世界去探索。

佛罗伦萨画派形成于13世纪末，兴起于意大利中部的佛罗伦萨，因此被称为佛罗伦萨画派。画派中的艺术家挣脱传统的桎梏，反抗宗教神权文化，用画笔蘸满人文主义思想，勇敢地探索，画出了一个新的世界。

先驱：乔托的时代

可以这样说，乔托揭开了艺术史新的一章。直到今天，意大利人仍然相信，一个崭新的艺术时代是从乔托开始的。这位横空出世的绘画天才解开了拜占庭保守主义符咒的束缚，将哥特式雕刻家们那些富有生命的形象转化到绘画中。

乔托·迪·邦多纳（Giotto di Bondone，1266—1337年）出生在意大利佛罗伦萨的一个铁匠家庭，年幼时，乔托可能做过牧童。有一次，佛罗伦萨的

乔托是佛罗伦萨画派的创始人，也是文艺复兴的先驱者之一。乔托的艺术是中世纪与文艺复兴的分界线，他不仅表现出卓越的绘画技巧，同时也奠定了文艺复兴艺术的现实主义基础。

知识链接：湿壁画

湿壁画又叫"鲜画"，是一种刷底壁画。画家是趁泥灰土潮湿时就用颜料进行描绘，等泥灰土干透后，这些壁画就能经久不坏。湿壁画有不易剥落、不易龟裂、色彩鲜明而保持长久的优点，更有肌理的细腻、色彩层次丰富透明的特点，适用于光泽焕发、色调辉煌的画作。

大画家契马布埃在经过村庄时，看到了乔托正在岩石上画他放牧的羊群。那些羊在乔托的画笔下是如此的生动传神，一下就吸引了契马布埃的注意。他询问少年，是否愿意拜他为师，就这样，年幼的乔托开始跟随契马布埃学画。后来，他的技艺和成就都超过了老师。青年时期，乔托曾到过罗马，师承过罗马画派的大师。1302年，乔托移居帕多瓦，在那里，他为阿雷纳教堂创作了一系列著名的湿壁画。几乎所有的壁画都贯穿着统一的天蓝色，塑造了一系列象征善与恶的具有寓意性的人物形象。这些壁画，称得上是乔托最著名的作品。

乔托的盛名开始在意大利到处流传，贵族们争相请他为自己服务，但乔托却依旧我行我素，在意大利各地留下了自己极具人文主义特点的作品。他的画作，开启了自然主义绘画风格的先河，其塑造

乔托从构图上尽量采用活的人物和真实的世界，体现出了一种人文主义精神。图为乔托的作品《犹大之吻》。

的人物形象开始接近世俗，有血有肉且鲜活生动。他的构图开始具有了空间感，在视觉上，更具吸引力。

因此，不可否认，乔托开创了一个新的时代。

拓荒：马萨乔的时代

如果说乔托改变了整个绘画的观念，那么，马萨乔则创造了一个新的艺术。马萨乔不仅通晓有关绘画的古典文献，受到古代文化精神的熏陶。更重要的，是他从密友布鲁内莱斯基和多那太罗的作品里学习到了透视法，并将它运用到绘画艺术之中。

马萨乔英年早逝，留下了为数不多的作品，但这些作品，每一件都值得传世。之所以我们认为马萨乔是"现实主义的拓荒者"，在于他做了两件乔托做不到的事情。

第一件，是他对透视法的运用。其实在乔托的时代，空间感与时间感已经重新回到画家的视野，但运用何种技法将空间感表现得自然完美，在透视法重现之前，这个问题一直都没有得到很好的

解决。马萨乔在研究了布鲁内莱斯基的建筑透视图板之后，将透视法首次运用在绘画领域。使用了这种技法之后，画作的背景看起来就十分自然了。自此，绘画在写实主义的道路上迈出了十分重要的一步。第二件，则是他令人信服地表现了人物的体积，也就是对人体结构的进一步探索。马萨乔有两位挚友，一位是建筑家布鲁内莱斯基，另一位是多那太罗。之所以再次强调这两位卓越的艺术家，是因为他们与马萨乔的艺术成就息息相关。如果说，透视法得益于布鲁内莱斯基，那人物体积的完美表现则借鉴了多那太罗。马萨乔的艺术，不像人们司空见惯的那样赏心悦目，却更为真实动人，这在很大程度上得益于马萨乔对圆雕和人体雕塑的研究。他用透视法安装了绘画的框架，用雕塑感塑造了人物的形象。因此，我们今天看到的马萨乔的画作，给人以强烈的触摸感和真实感，直抵心灵，触动灵魂。

《三位一体》（1427年）是由佛罗伦萨画派的马萨乔所绘制的湿壁画，这是该画派最伟大的杰作之一。对透视法的巧妙运用使得拱顶看上去更加真实，更让人有身临其境之感。

马萨乔只在世间停留了 27 年，但这并不影响他作为一个天才，打开了佛罗伦萨画派一扇新的大门，他是拓荒者，也是里程碑式的人物。

承启：波提切利的时代

新的技术带来了新的挑战。越来越多的艺术家发现，当他们真正开始使用透视法真实地描绘这个世界的时候，那犹如镜子一般的绘画背景中，人物却不能和谐地组织在一起了。精确的素描与和谐的构图，似乎成了一对不可调和的矛盾，禁锢了艺术家们珍贵的天赋，也几乎就要断送佛罗伦萨画派的未来。还好，波提切利出现了。

桑德罗·波提切利（Sandro Botticelli，1445—1510 年）出生在佛罗伦萨一个中产阶级家庭。他

桑德罗·波提切利是 15 世纪末佛罗伦萨的著名画家，也是欧洲文艺复兴早期佛罗伦萨画派的最后一位画家。受尼德兰肖像画的影响，波提切利又是意大利肖像画的先驱者。图为波提切利自画像。

起先是跟随马索·非尼古埃拉学习制造金银首饰，后又成为菲力浦·利皮的学生，开始进入绘画领域。到 15 世纪 80 年代，他已经成为佛罗伦萨最有名的画家，经常受雇于美第奇家族及其朋友。而正是他为美第奇家族创作的一幅画作，尝试性地解决了精准与和谐的矛盾。

这幅画叫作《维纳斯的诞生》，取材于美第奇

波提切利创作于 1485 年的《维纳斯的诞生》，画面所表现的是西西里岛的一个美丽的传说：一片漂亮的大贝壳漂浮在碧波荡漾的海面上，上面站着纯洁美丽的维纳斯，翱翔于天上的风神轻轻地将贝壳吹到岸边，等候在岸边的春之女神正张开红色绣花斗篷，准备为维纳斯换上新装。

宫廷御用诗人波利齐阿诺的长诗。诗中描述了维纳斯从爱琴海中诞生，风神把她送到幽静冷落的岸边，而春神芙罗娜用繁星织成的锦衣在岸边迎接她。我们不难想象，波提切利是如何怀着毕恭毕敬的心情去完成这幅画作。他绞尽脑汁，力图使画面免受不和谐感的侵扰，幸运的是，他成功了。尽管画作中的维纳斯，身体的立体感和精准度并不如意，但这一点牺牲确实是值得的。因为画面中的维纳斯是如此之美，以至于我们忽略了这些缺陷，只看到了它的美与和谐。

这似乎为后来的艺术家们打开了一扇新的大门，精准与和谐的矛盾因为相互妥协而得到了解决。之后的艺术家们就这样沿着这条道路一直前行，走向了佛罗伦萨画派的盛世。

盛世：达·芬奇的时代

波提切利是早期佛罗伦萨画派的最后一位艺术家，到这时，中世纪在真正意义上迎来了它"正式"的终结。此后，艺术就不再仅仅是一个服务于宗教的工具，而是逐渐在现实生活中展现出它增添美好和愉悦的作用。也正是这样的环境，使得各个艺术领域的天才之花得以灿然绽放。

在这些赫赫有名的大艺术家中，我们选取达·芬奇作为这一时代的引领者，只因他的天赋在这一时期最为闪光。达·芬奇是文艺复兴时期人文主义理想的缩影，他的成就几乎涵盖了人文与科学的方方面面。艺术历史学家海伦·加德纳（Helen Gardner）认为，他兴趣的广度和深度在有记录的历史中是没有先例的。在绘画领域，他有传世之作《蒙娜丽莎》《最后的晚餐》和《岩间圣母》；在制造领域，他发明了自动绕线机，构思了飞行器；另外，他在解剖学、土木工程、地质学、光学和流体力学方面也都有重大发现。

知识链接：素描

在表现手法上，佛罗伦萨画派注重使用素描造型。所谓素描，广义上是指一切单色的绘画，15世纪时，画家们发现了素描独特的表现魅力。他们运用透视学、解剖学和构图学原理，为素描表现的立体感和空间感提供了科学的依据，逐步完善了素描。从此，素描便作为一种近乎完美的绘画形式在全世界画坛独树一帜。

与达·芬奇同时期的艺术家，几乎都有着不俗的声望，其中最有名望的，当属"艺术三杰"中的另外两人——米开朗基罗和拉斐尔。从乔托到拉斐尔，佛罗伦萨画派几经转折，而到了拉斐尔的时期，佛罗伦萨画派的精髓已经体现得淋漓尽致。他画作里的爱与美，自然与和谐，使佛罗伦萨画派达到了一个新的境界。

《维特鲁威人》是达·芬奇在1490年创作的一幅人体素描。这幅素描由钢笔绘制，是达·芬奇根据约1500年前维特鲁威人在《建筑十书》中的描述而画出的完美比例人体。这幅素描表现了一个男人在同一位置上呈现的"十"字型和"火"字型的姿态，这两种姿态又分别被嵌入一个矩形和一个圆形当中。这幅画作目前收藏在意大利威尼斯学院美术馆中。

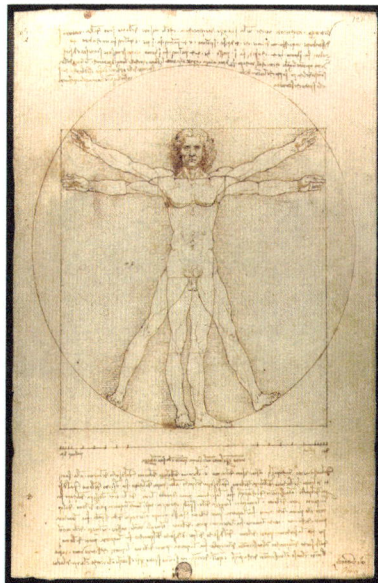

科学与艺术的完美结合
达·芬奇

师法自然，表达灵魂；
无尽的好奇，全能的天才。

达·芬奇堪称文艺复兴时期的天降奇才。他是艺术史上最伟大的画家之一，《蒙娜丽莎》和《最后的晚餐》等画作是值得世代相传的珍宝。他还是雕刻家、工程师、发明家和科学家，等等。在文艺复兴时期，没有谁像他那样展现了人类无尽的好奇心、求知欲和无限的潜能。

天才的诞生与成长

1452 年 4 月 15 日，一个新的生命降临在佛罗伦萨附近的芬奇镇，他就是达·芬奇。他是私生子，父亲是雄心勃勃的公证人，而母亲则是普通农妇。

达·芬奇的童年，我们所知甚少。可以确定的是，其童年大部分时光都是和祖父母在乡间度过的。大自然成了他最亲密的玩伴。可能正是这段经历塑造了达·芬奇对自然的热爱与尊重。终其一生，他都以自然为师。

达·芬奇是欧洲文艺复兴时期的天才科学家、发明家、画家、生物学家。现代学者称他为"文艺复兴时期最完美的代表"，是人类历史上绝无仅有的全才。他最大的成就是绘画，他的杰作《蒙娜丽莎》《最后的晚餐》《岩间圣母》等作品，体现了他精湛的艺术造诣。图为达·芬奇自画像。

14 岁时，达·芬奇来到佛罗伦萨，进入韦罗基奥工作室，成为一名艺术学徒。在这里，他跟随韦罗基奥学习绘画、雕塑等技能。

在韦罗基奥工作室，达·芬奇迅速成长，艺术上逐渐成熟，参与了多个作品的创作。据说，在《基督受洗》这幅画作中，达·芬奇绘制了基督左侧的天使，韦罗基奥看到弟子的水平已经超过自己，自惭形秽，以至于不愿再提起画笔。

从 1478 年开始，达·芬奇离开工作室，进入了独立创作阶段。最初几年并不顺利。他所接到的最重要的委托是为一个修道院画一幅祭坛画，即《博士来拜》。该画最终还没有完成，不久，他便离开了佛罗伦萨。

功成名就

1482 年，达·芬奇来到米兰。在准备写给米兰大公的自荐信上，他详细列举了自己所能制造的各种攻城武器。实际上，他本人非常痛恨战争，并称其为"禽兽般的愚行"。但在风云诡谲的意大利半岛，米兰大公显然更需要军事人才而不是画家。为了快速赢得大公的注意，达·芬奇只能投其所好。

达·芬奇先后完成了《岩间圣母》和《音乐家肖像》两幅画。他作为画家已经声名远播，也引起了米兰宫廷的注意，不久便得到了米兰大公的委托，为大公的情妇绘制肖像。达·芬奇为此创作了《抱银鼠的女子》。这幅画美感十足，并被认为革新了肖像画。

知识链接：《蒙娜丽莎》

《蒙娜丽莎》是全世界最有名的画作之一，同时也是最扑朔迷离的一幅画作。关于画中露出神秘微笑女子的真实身份，曾出现过很多说法。根据16世纪意大利艺术史专家的记载，《蒙娜丽莎》的原型是一位佛罗伦萨丝绸商人的妻子。这一说法也为目前的主流观点所采纳。

1472年，达·芬奇的名字已被佛罗伦萨的画家公会列在会员名单上了，其时他才20岁。4年以后，他虽然名扬全市，却仍和老师在一起工作，并于是年合作完成了他的第一幅名作《基督受洗》。

1498年，达·芬奇完成了杰作《最后的晚餐》。当时的一名目击者描述了达·芬奇在创作这幅画过程中的状态：有时一直画，忘记了吃饭、休息；有时连续几天不动笔，在画前陷入了沉思；有时突然跑来添上一两笔便又离去。

达·芬奇留给后世的作品非常有限。他经常与委托人发生冲突，因为创作不是进度滞后，就是无法完成。究其原因，他注重细节，追求完美，更重要的是，太多的事情分散了他的注意力。

达·芬奇留下了大量的笔记，从中我们得知他在历史上的辉煌成就。他仔细研究各种光学现象，认识到光可能是靠波传导；他所绘制的人体解剖图非常精美准确；他还试图发明飞行机器等。十分遗憾的是，这些惊人成果在他死后很长一段时间内都不为人知。

1516年，在法国国王弗朗索瓦一世的召唤下，达·芬奇来到法国，并一直待到去世。在这里，他最终完成了另一幅让他名垂青史的名画《蒙娜丽莎》。

达·芬奇终身未娶，但他死时并不孤独，有忠心的弟子陪在身边，更有法国国王为他的离去而落泪。

《岩间圣母》是达·芬奇应一宗教团体之请而为米兰的圣弗朗切斯科教堂的一间礼拜堂作的祭坛画。此画以圣母居图中央，她右手扶婴孩圣约翰，左手下坐婴孩耶稣，一天使在耶稣身后，构成三角形构图，并以手势彼此呼应。

艺术赏析：《蒙娜丽莎》

在所有时期的艺术史上，有哪个女人的面孔像她这样举世闻名？

这张美丽面孔的主人是谁？这个问题曾引起了很长一段时间的争论，直到1500年才由瓦萨里指出：这是丽莎·基拉迪利的面孔，她是佛罗伦萨一个举足轻重的商人——弗朗斯西科·达·乔康多的妻子，这个显赫的商人和美第奇家族之间有所往来，同样的，他和达·芬奇的父亲也相识。

从19世纪开始，人们才对这幅作品产生了浓厚的兴趣；然而缔造了《蒙娜丽莎》神话的并不是艺术史学家，而是充分发挥想象力从不同的方面、角度来诠释它的文学家、诗人和精神分析学家。

在这幅作品中，达·芬奇放弃了使用像以前大师那样的传统方法，而是通过直接的观察，依照真实的面孔来绘画：真正的大师是遵循自然。达·芬奇认为只有遵循自然，才能给这张面孔赋予灵魂，才能表现出生命的气息，然后再通过绘画技巧来呈现。蒙娜丽莎鲜活有真实感的目光和富有表现力的双手都让我们觉得仿佛面对的是一个实实在在的女人。

蒙娜丽莎的肖像和谐地与自然景色融合在一起，远处渐渐暗淡的色彩使得画面富有立体感，同时也是现实的反映。这幅作品很有可能是在1503年，也就是达·芬奇住在佛罗伦萨的时候就开始着手创作了，但是由于实际上画家只在1510年到1513年间将精力集中在画作上，所以这幅作品从开始到完成持续了相当长的一段时间。

对自然的仔细观察，也是画家遵循自然的又一例证。

达·芬奇特别青睐通过明暗对照法和柔和的色调来表现画作的和谐。这幅画作的背景表现的就是黄昏时分，当光线变得柔和，明暗之间没有清晰界限时的景色。

智慧里的诗意
多那太罗与《大卫像》

我们所赞美的不仅是他那超然的创造力，而且是他对于雕刻艺术新颖出世的思想。

如果没有布鲁内莱斯基与多那太罗的友谊，恐怕文艺复兴并不见得会有如此光辉灿烂的起点。多那太罗，一位绝对朴素单纯的雕刻大师，从中世纪传统的窠臼中走出来，带着世人无法想象的创造力和如此新颖的雕刻思想，照亮了文艺复兴初期的雕刻领域。他的《大卫像》，是自古典时代之后，第一件独立式的裸体男性雕像。这座雕像流芳百世，诠释着多那太罗自然主义风格的一切特征。

多那太罗是意大利文艺复兴时期的雕塑家。他师从著名的雕塑家吉贝尔蒂学习雕塑，受过极其严格而专业的训练。多那太罗还曾与建筑家布鲁内莱斯基一同前往罗马，对古代艺术作深入地考察研究。他的雕塑作品庄重典雅、生趣盎然，充满了古典艺术的美感。他最重要也是最著名的作品是创作于 1435—1440 年的《大卫像》。图为创作于 16 世纪的多那太罗肖像。

神一样的多那太罗

当布鲁内莱斯基与吉贝尔蒂争夺佛罗伦萨洗礼堂铜门时，多那太罗还只是一个孩子。谁也未曾想到，正是这个孩子，在将来的岁月里，将雕刻艺术发挥得淋漓尽致，使文艺复兴从最初的起点开始就熠熠生辉。

多那太罗（Donatello，1386—1466 年），1386 年出生于佛罗伦萨，曾师从著名青铜雕塑大师吉贝尔蒂学习雕刻。但吉贝尔蒂是一位十分严守哥特传统的雕刻家，这让桀骜独立且希望追求自然风格的多那太罗极为不适。

尽管跟随吉贝尔蒂学习的过程中，多那太罗多少受到了一些掣肘，但也正是在这一时期，他与建筑大师布鲁内莱斯基结下了深厚的友谊。他从布鲁内莱斯基那里学习到了透视法，并于 1404—1407 年与布鲁内莱斯基一起旅居罗马，发掘、测绘并研

究了许多古罗马建筑。这一段经历奠定了他们作为一代建筑大师和雕塑大师的坚实基础。

1415 年，29 岁的多那太罗开始独立完成雕塑《圣乔治像》。《圣乔治像》的问世，让多那太罗脱颖而出，名盖佛罗伦萨。紧接着，他的大量传世名作陆续问世，如 1423 年的《希律王的宴会》、1440 年的《大卫像》等。

1443 年，57 岁的多那太罗来到帕多瓦城，在那里塑造了名作《加塔梅拉塔骑马像》。10 年后他又返回佛罗伦萨，完成了他晚年的名作《抹大拉

图为 1445 年多那太罗为威尼斯雇佣军司令官加塔梅拉塔（Gattamelata，1370—1443 年）所作的一座纪念雕像。这座雕像历时 5 年才完成，被安放在帕都亚（Padua）圣安东尼教堂正门前。多那太罗塑造的加塔梅拉塔戎装佩剑，雄姿英发地骑于战马之上，神情坚毅果敢，充满英雄气概。《加塔梅拉塔骑马像》是当时首次出现的以世俗人物为题材的雕像。

的玛利亚》。1466 年，多那太罗以 80 岁高龄谢世，成就了他神一样的传奇一生。

自然之美：《大卫像》

1440 年，多那太罗创作了《大卫像》，这座裸体圆雕，在漫长的中世纪，是绝无可能诞生的，所以它具有里程碑式的意义。同时，这也是世人公认的第一件没有使用任何支撑的青铜雕像，因此更加使它流芳百世。

多那太罗的《大卫像》表达的是《圣经》里的一个故事。公元前 10 世纪以色列希律王在位时，腓力斯丁人举兵入侵。在入侵军队中，有一名武士名叫歌利亚，他身高 8 尺，又手持巨型利戟，以色列人都畏惧他，不敢迎战。有一天，少年大卫前往军营探亲，偶然听闻士兵们惧怕歌利亚，不敢与之一战。少年心中极为忿恨，他向希律王提出由自己出阵迎战歌利亚，希律王同意了。大卫十分勇敢，他首先运用投石器投出石头击中歌利亚的头，把巨人打晕，然后拔出利剑，割下了歌利亚的头颅。经

知识链接：《抹大拉的玛利亚》

这是多那太罗晚期的一幅作品，与他早期与成熟期平和庄重的作品风格不同，这一时期他的作品呈现出形式上的夸张与变形，充分体现了人物丑陋和痛苦的一面。《抹大拉的玛利亚》所体现的正是这一风格特点。她赤脚站立、双手合十，衣衫褴褛、形容枯槁，充分展现了一个毫无生气与美感的中老年妇女形象。

此一战，大卫成了以色列的英雄。

在多那太罗的作品中，大卫被表现得活灵活现、有血有肉，被塑造成了一个可爱的牧童形象。头戴牧人帽子，右手握剑，脚下踩着被割下的歌利亚的头颅，脸上的表情是那样悠闲，似乎还有一点儿得意。他的身体形态几乎完全是古希腊风格的，身体各部分的比例也符合古典主义理想美的标志，仿佛让人又回到了崇尚人体美的古希腊时代。

《大卫像》是多那太罗成熟时期的代表作品，充分地体现了他追求自然美的风格特点，这座雕像现在仍存于佛罗伦萨巴杰罗国立美术馆。

青铜雕像大卫是多那太罗最为有名的代表作之一。它是文艺复兴时期第一座独立的、无支撑的裸体男子像，它与真人一般大小，多那太罗将它塑造得有血有肉，自然放松，其身体各部分的比例均符合古典艺术的理想标准，堪称多那太罗艺术成熟期的重要作品。这座雕像目前藏于佛罗伦萨巴杰罗国立美术馆。

话　说　世　界

诠释永恒与完美
米开朗基罗

依据完美的理念，
表达崇高与庄严。

米开朗基罗被认为是有史以来最伟大的艺术家之一。他在雕塑、绘画和建筑等领域都有很深的造诣，尤其是他的雕塑代表了文艺复兴时期的最高水平。他仿佛像清教徒一般，兢兢业业地工作，将其一生都奉献给了艺术。

巨人大卫

1475 年 3 月 6 日，米开朗基罗出生于意大利卡普雷塞。父亲是当地的地方长官。他 6 岁时，母亲去世了，一个石匠的妻子成了他的乳母。后来，他开玩笑似地说道，自己对雕塑的热爱便源自石匠之妻的乳汁。

米开朗基罗在很小的时候就立志成为艺术家，这让他的家人非常恼火，因为他们痛恨艺术，以从事艺术为耻。然而，米开朗基罗决心已定。

13 岁时，米开朗基罗进入吉兰达约的画室，成为一名学徒。据说，吉兰达约非常嫉妒米开朗基罗的天赋和才华。一年后，米开朗基罗便离开画室，去了贝托尔多的雕塑学校。在这里，他的才华得到了佛罗伦萨的统治者洛伦佐·德·美第奇的赏识。此时，

《大卫》雕像是米开朗基罗的杰作，同时也是意大利文艺复兴时期最有名的艺术作品之一。大卫原本是《圣经·旧约》中的人物，是以色列王国的第二任国王。他是犹太人的民族英雄，因为他建立了一个统一而强大的国家。在《圣经·旧约》中，大卫击败了巨人歌利亚，米开朗基罗的这尊雕像便描绘了大卫出击之前的那一瞬间。

米开朗基罗已经开始创作雕塑，早期的作品包括《阶梯旁的圣母》和《拉庇泰人和马人之战》等。

洛伦佐死后，佛罗伦萨陷入内忧外患之中。米开朗基罗曾经一度外出避难，后来回到佛罗伦萨，没多久便又去了罗马。在罗马，他完成了《酒神巴库斯》和《哀悼基督》这两座雕塑。

1501 年春，米开朗基罗又回到了佛罗伦萨。他接到了一个新委托，将一块高达 6 米的大理石制作成一尊雕像，即现在众所周知的《大卫》雕像。由于雕像身材高大，当时人人都称其为巨人。

这幅米开朗基罗画像的创作者是达尼埃莱·里恰莱利（Daniele Ricciarelli，1509—1566 年）。作为意大利文艺复兴晚期的一名艺术家，达尼埃莱的作品一般被归在矫饰主义的范畴。他与晚年的米开朗基罗是挚友。这段友谊让达尼埃莱受益终身。米开朗基罗不仅为他提供工作机会，而且将自己的一部分素描赠送给他，达尼埃莱的一些绘画作品正是基于米开朗基罗的这些素描。

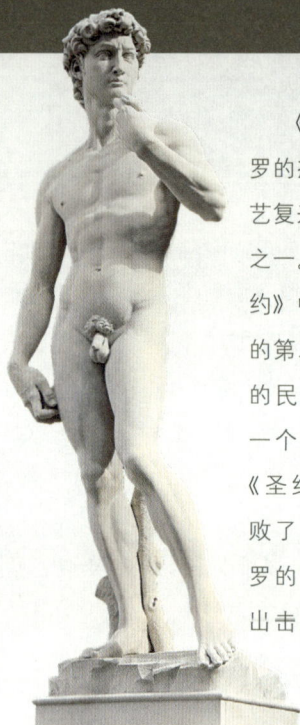

话说世界

这块石料在运输的时候被碰坏，搁置了很久。另外，由于难度太大，一直没有人敢尝试用这块石料制作雕像。米开朗基罗接到任务后，用18个月的时间便完成了雕刻。雕像散发着英俊与活力，魅力四射，是米开朗基罗最有名的作品之一。

雕像完成后，人们对放置位置产生了争议。据说，达·芬奇和米开朗基罗这两位大师也因此结怨。最后，达·芬奇所在的艺术委员会还是尊重了米开朗基罗的意见，将这个雕像放在了执政宫前面。

1504年，一项委托将两位老对手放在了同一个竞技场上。达·芬奇和米开朗基罗要分别为佛罗伦萨执政宫议会厅绘制一幅表现战争场景的画。遗憾的是，两人都只是完成了草图，并且没能流传下来。

《创世纪》

年仅30岁的米开朗基罗已经名扬天下。1505年，他来到罗马，开始为教皇尤利西斯二世服务。

教皇本来是想让米开朗基罗建造自己的陵墓，但不久又放弃了这个想法。1508年，教皇给他安排了一个新的繁重任务——在西斯廷教堂的天顶绘制壁画。据说这是建筑家布拉曼特的阴谋，目的是将他从教皇的身边赶走。

对于这个新任务，米开朗基罗一开始是拒绝的。他认为自己是一个雕塑家，而不是画家。然而，教皇的命令无法违背。他只能迎难而上。

壁画《创世纪》共耗费了4年多的时间。在此期间，米开朗基罗没日没夜地工作，有时就在脚手架上吃饭睡觉。他承受着巨大的痛苦，甚至是绝望。他还得

> **知识链接：大师的简朴生活**
>
> 米开朗基罗的生活非常简朴，吃饭对他来说只是一种需要，而不是享受。只要有块面包，他便已经满足，有时甚至一边嚼着面包一边工作。他曾说："虽然我可能很有钱，但是，我生活得一直像一个穷人。"

忍受教皇不断的催促。由于长时间抬头作画，等到整个工作完成时，他已经不适应低头看东西了，以至于看信时都要伸直双臂将信高高举起仰头去看。

此后，米开朗基罗基本上一直在为历届教皇服务。所以，他绝大部分时间都待在罗马。只有在1527年，美第奇家族从佛罗伦萨被赶走时，他才回到佛罗伦萨，参与了这个城市的防御工作。1541年，他完成了壁画《最后的审判》，这占用了他6年的时间。在1547年，他被教皇任命为圣彼得大教堂的总建筑师。一直到死，他都在为这项工作忙碌着。

1564年2月18日，大师离开了人世。

《最后的审判》尺寸巨大，占满了西斯廷天主堂祭台后方的整面墙壁，描绘有400多个人物。他们是以现实和历史中的人物为原型。

重回历史现场

教皇的天花板
米开朗基罗与《创世纪》

从一排排木制长椅上抬头仰望，
先知在凝视着你的眼睛。

1508年5月，敏感易怒的米开朗基罗在逃离罗马两年之后，重新回到了同样敏感易怒的教皇尤利乌斯二世身边。这一次，米开朗基罗接受的任务非同小可，他将在西斯廷礼拜堂的顶棚上绘制一幅湿壁画。从这一天开始，米开朗基罗花了四年零一个月的时间，在教堂的天花板上，画下了流传至今的《创世纪》。

湿壁上的画

1508年春，教皇尤利乌斯二世将西斯廷礼拜堂顶棚的构思图交给了米开朗基罗，希望他在礼拜堂窗户上方画上十二名使徒，顶棚的剩余部分则画上由方形、圆形交织而成的几何图案。米开朗基罗从内心而言是十分重视这项任务的。尽管他一直认为这个任务是他的对手兼敌人布拉曼特的阴谋，其目的是想让他出丑，但其实他十分希望通过这个任务，重新获取教皇的宠信。

米开朗基罗努力画了一些素描，希望能够画出能让教皇满意的人物，几经周折之后，米开朗基罗仍然不满意。到1508年初夏，教皇似乎已经厌倦了米开朗基罗无休无止的抱怨和纠结，决定不再拘泥于之前的构图，而是放手让他自己去设计。新设计图在夏天即将结束的时候完成了。这个设计经过了圣宫官的严格审查，并重新选定了《圣经·旧约》中的十二先知和《创世纪》的几个事件作为主题。新的设计图涵盖了150余个独立的绘画单元，包括300多个人物，是有史以来刻画人物形象最多的构图之一。

作画之前有很多的准备工作，助手、草图夹杂着其他的琐事，让米开朗基罗几乎焦头烂额，直到1508年10月的第一个星期，他终于完成了作画前的所有准备。米开朗基罗让制绳匠马尼尼将提前制作好的帆布悬铺在脚手架的下方，这样做不仅是为了防止颜料滴落，最重要的是严防他人偷窥。

《创世纪》由"上帝创造世界""人间的堕落""不应有的牺牲"三部分组成，每幅场景都围绕着巨大的、各种形态坐着的裸体青年，壁画的两侧是生动的女巫、预言者和奴隶。整个画面气势磅礴，力度非凡。图为《创世纪》作品全貌。

《创造亚当》是整个天顶画中最动人心弦的一幕，静动相对、神人相顾的两组造型，一与多、灵与肉的视觉照应，创世的记载集中到了这一时刻。

每天上工时，米开朗基罗和他的助手们必须爬上 40 英尺高的梯子，抵达窗子的上端，然后跨上悬臂最低的支撑板，再走 20 英尺的阶梯，到脚手架最顶端。脚手架有一定的保护措施，防止他们从 60 英尺的高处坠落。拱状工作台上散落着镘刀、颜料罐、刷笔，以及已先用绞车拉上脚手架的水桶、沙袋、石灰袋。在他们头上几英尺处，就是礼拜堂弧状的拱顶，等着他们动笔挥洒的一大片灰白色空间。

众神的语言

米开朗基罗作画的大体顺序是由东向西，从入口附近开始，向至圣所移动。在入口西边约 15 英尺处的顶棚部分，是米开朗基罗的第一幅画，其主题选自《创世纪》中的《大洪水》。这幅画的进展十分缓慢，米开朗基罗在 1509 年夏天到来时才基本完成，教皇对此极不满意。完成《大洪水》之后，米开朗基罗开始着手第二幅更难且面积更大的《诺亚醉酒》。在整个《创世纪》中，米开朗基罗以诺亚生平为主题创作了三幅湿壁画，最后一幅是《诺亚献祭》。这三幅画作在 1509 年秋天全部完成，米开朗基罗的进度开始趋于稳定。

1510 年的最初几个月，米开朗基罗在《诺亚献祭》旁边开始绘制《亚当与夏娃的堕落与放逐》，这幅画完成得比较快。紧接着，米开朗基罗又以比较快的速度完成了《创造夏娃》，但之后这项工作就陷入了长久的停顿。直到 1511 年末，第六幅画作《创造亚当》才得以完成。

1512 年的头几个月，米开朗基罗完成了《神分水陆》，这时候他的创作已经渐入佳境。到 1512 年 7 月，他完成了九幅《创世纪》的最后两幅《创造日、月、草木》和《神分光暗》。

1512 年 10 月 31 日，经过四年零一个月的努力，米开朗基罗的心血终于全部呈现在世人的面前。

🦉 **知识链接：尤利乌斯二世**

尤利乌斯二世（Julius Ⅱ，1443—1513 年），也被称为"战神教皇"，1503 年即位，是教皇史上第 218 位教皇，被教廷认为是历史上最有作为的 25 位教皇之一。在他的统治之下，罗马教皇的政治权力达到了顶峰，他的最终目的，是要在罗马教皇的旗帜下，建立统一的意大利。

光辉使者
拉斐尔

你安睡在万神殿里与神共居，
自然之母也缅怀你的光辉。

罗马的万神殿，是奥林匹亚的众神在人间的代言，这个长久以来用以奉神的场所，只有一位凡人与神共居。拉斐尔，这个拥有天使名字的美男子，总是以他光彩照人的样子出现在世人的印象中。他的出生与死亡都与上帝有着冥冥的关联，他的作品如同他的容颜一般，安静、美丽、平和而完美。在他死后，红衣主教本博（Cardinal Bembo）为他镌写了墓志铭："自然之母当其在世时，深恐被其征服；当其谢世时，又恐随之云亡。"

天使在人间

1504 年，佛罗伦萨正进行着一场"大师之战"。这是达·芬奇和米开朗基罗一生中唯一一次正面的交锋。他们同时受聘在同一面墙壁上绘制巨幅战争场景，展开了一场面对面的公开竞争。也是在这一年，年轻的拉斐尔也来到了这座城市，他用崇拜的目光看着米开朗基罗。那时，米开朗基罗并没有想到，短短数年之后，这位苍白俊美的男子，会成为他在梵蒂冈最大的对手。

拉斐尔在耶稣受难日出生于意大利中部的小镇乌尔比诺（Urbino），他的父亲乔万尼是乌尔比诺公爵的宫廷画师，因此拉斐尔从小就受到父亲艺术思想的影响。童年时，拉斐尔就显现出了卓越的绘画天赋。1494 年，拉斐尔进入了提摩提奥·维蒂的画坊学艺。14 岁时又拜彼得·佩鲁吉诺（Pietro Perugino，1445—1523 年）为师，接受严格的训练。拉斐尔受佩鲁吉诺的影响很深，在每一个细节上都能将佩鲁吉诺的风格模仿得十分逼真，以至于他的很多早期作品都被人误认为出自佩鲁吉诺之手。

1509 年，经布拉曼特的引荐，教皇尤里乌斯二世邀请拉斐尔到罗马，自此之后，拉斐尔一直服务于教皇，直至去世。这一时期，也是拉斐尔一生中最辉煌的时期。初到罗马教廷的时候，拉斐尔是在梵蒂冈宫的签字厅绘制壁画。尽管他从未有过壁画的经验，但他善于学习，又有一些创新的想法，加之罗马的艺术氛围给了他很多的灵感，他以文化的四大领域在大厅的四壁上创作了寓意神学、哲学、诗学和法学的壁画，取得了巨大的成功。随后他又创作了第二大厅和第三大厅的壁画，同时还创作了一系列人物肖像画和圣母像。

1520 年的耶稣受难日，一场疾病夺去了拉斐

拉斐尔是意大利文艺复兴艺术三杰中最为年轻的一位。这位以人物像著称的年轻画家，也给自己画了一幅自画像。这幅作品据说完成于 1504—1506 年，直到 17 世纪 70 年代才第一次出现在人们的视线中。17 世纪末，它被移至乌菲兹宫保存，直到今天。

《雅典学院》（Athens Academy）是拉斐尔创作的一幅湿壁画，这是拉斐尔的重要代表作之一。这幅画以古希腊哲学家柏拉图创建的雅典学院为题，以语法、修辞、逻辑、数学、几何、音乐和天文等为基础元素进行创作，表现出画家对智慧和真理的向往。这幅湿壁画现存于梵蒂冈的教皇宫中。

尔年仅 37 岁的生命，在此前一年，达·芬奇已经离开人世，佛罗伦萨艺术三杰，至此仅剩米开朗基罗孤独前行。

《雅典学院》与《西斯廷圣母》

拉斐尔的作品被称为是"人文主义和文艺复兴世界的顶峰"，他的作品充满着恬静的秩序对称的协调，他柏拉图式的理想以及他人性中的温情，都在他的作品中完美展现。

《雅典学院》是拉斐尔壁画的代表作，于1510—1511 年间绘制在教皇宫的签字厅墙壁上，

《西斯廷圣母》（Sistine Madonna）是拉斐尔众多圣母像中的代表作品，这是一幅布面油画，用于装饰西斯廷教堂。拉斐尔十分擅长绘制圣母像，他的作品安宁、平和、恬静、完美，充满了母性的光辉。这幅作品中的圣母被塑造成一位人类的救世主，她决意牺牲自己的孩子来拯救世界。她的形象秀丽端庄，安详文静，堪称圣母画中的绝品。这幅作品在 1547 年之前，被放置在西斯廷教堂的神龛之上，现收藏于德国萨克森州立艺术博物馆。

这幅壁画是四壁之中最为有名的一幅，寓意为哲学。画作以古希腊哲学家柏拉图所建的雅典学院为题，以古典自由艺术为基础，以柏拉图和亚里士多德为中心，通过透视的手法，使画作中的 50 余位人物有一种由外步入大厅的动态感。整幅画作彰显了人类对智慧和真理的追求，也寄托了拉斐尔对理想世界的向往。

拉斐尔尤以画圣母像著名，他一生中所作众多圣母像中，又以《西斯廷圣母》为代表。这幅作品是拉斐尔于 1512—1513 年间为西斯廷教堂绘制。画中的圣母一扫中世纪以来圣母冰冷的形象，而是被塑造成一位温柔而充满母爱的人间女性，她决心将自己心爱的儿子奉献给世人，来拯救苦难深重的世界。整幅画作温情秀美，是拉斐尔圣母像中的精品。

文艺复兴艺术的晚霞
威尼斯画派

你是亚得里亚海的晴空晚照，
你是黑夜里光彩照人的星辰。

威尼斯的风情延续了好几个世纪，她的灵动在于水，水的风情在于绮丽与明透。在威尼斯的水里，多个世纪的许多人，做了许多清波荡漾的梦。青红晚霞从天际倒映在水里，光与色彩水乳交融。从15世纪开始，一群年轻的画家敏感于这样的颜色，他们用画笔捕捉光影交织的瞬间，用色彩填充梦境的边缘。他们就是威尼斯画派，他们用自然的笔触，描绘了一个诗情画意的人间情景。

文艺复兴最后的旗帜：威尼斯画派的诞生

威尼斯成为文艺复兴繁盛时期的中心之一并不是偶然。早在15世纪的时候，威尼斯就已经是一个商业重镇，它的富庶远远超过欧洲很多重要城市。在政治上，威尼斯也一直保持着独立共和国的地位。16世纪中叶，意大利的很多城市逐渐成为法国和西班牙的附庸，经济式微；而威尼斯却依旧以其稳定的政治和繁荣的经济独立于世。安定舒适的生活，宽松开放的环境，是威尼斯艺术发展和兴盛的最大保障。在威尼斯，绘画不仅是装饰美化生活的物品，也是一种可以出口的特殊货物。几个世纪以来，威尼斯人对于商机的敏感，远远超出许多其他城市。他们让绘画作品脱离了墙壁，也间接地让绘画脱离了拘泥、呆板与束缚。随着架上绘画的兴起，画家们开始拥有了天马行空的自由。他们色彩明快，笔触细腻，尽显人世的欢乐祥和，即使是在宗教作品中，人物也极大程度地被世俗化，充满了人性光辉和生之愉悦。

威尼斯的贝利尼家族是威尼斯画派的早期代表，父子三人均是画家，其中，父亲雅各布·贝利尼是画派的开创者，长子贞提尔·贝利尼是威尼斯共和国的公职画家，具有"骑士"的封号。三人中集大成者，却是雅各布的次子乔凡尼·贝利尼。

乔凡尼·贝利尼（Giovanni Bellini，1430—1516年）十分善于运用色彩，他的风格大大有别于佛罗伦萨画派，后者更注重的是"线条"。乔凡尼的

威尼斯曾经是威尼斯共和国的中心，被称作"亚得里亚海明珠"。城市的富有和安定，使威尼斯在文艺复兴时期成为意大利艺术重镇。

ITALIA
I.P.S.·ROMA·1974

乔凡尼·贝利尼可以算作是威尼斯绘画世家贝利尼家族中最为知名的一位。他的父亲、哥哥和妹夫都是画家。乔凡尼被认为是威尼斯绘画的革新者，他将威尼斯画派推向了一种更加感性、色彩更为丰富的风格。他华丽的色彩和流畅的构图对威尼斯画派产生了巨大的影响，也深刻地影响了他的两位学生——乔尔乔内和提香，而这二人几乎可以算作是威尼斯画派最为有名的代表人物。

作品，正如同他生活的城市一样，天光水影里，旖旎碧波与灿烂天色交相辉映，是流动的色彩和温暖的视觉。乔凡尼正是吸收了油彩的技法，用涂绘式的手法来渲染大自然。在乔凡尼笔下，海天相接没有明显的界线，物体的轮廓也是柔和模糊的，正如水面上升腾而起的雾气，笼罩在光晕里的感觉。

乔凡尼开创了一个新的绘画时代，我们能够从他毕生的作品里参透威尼斯画派的成长脉络。当然他还有一个了不起的贡献：他的两位大弟子——乔尔乔内和提香将这个画派发展到了一个新的高度。

短命天才与画派泰斗：威尼斯画派的繁盛期

乔尔乔内和提香是乔凡尼的两大弟子，两位画家不仅继承了老师的画风，也吸收了佛罗伦萨画派的一些新风格。在文艺复兴的影响下，乔尔乔内开创了威尼斯画派繁盛期文艺复兴的风格，提香则进一步促进了威尼斯绘画艺术的繁荣。

乔尔乔内（Giorgione，1477—1510年）出生在距离威尼斯不远的卡斯特弗兰科城。他的家庭并不富裕，因此他受的教育也并不多，但他兴趣广泛又能够刻苦自学。1500年初，乔尔乔内结识了绘画大师达·芬奇，他虚心地向达·芬奇求教，学习到了明暗转移的技法。此外，他还与威尼斯人文主

乔尔乔内是威尼斯画派的重要代表人物，关于他的文字记载十分有限，这些记载大多集中在他生命的最后几年，而他得以传世的作品也十分稀少。目前，他的作品能被公认为真迹的只有寥寥数件。图为乔尔乔内的自画像。

义社团以及帕多瓦大学的哲学家们关系密切，深受文艺复兴人文主义思想的影响。

据传，乔尔乔内拥有 16 世纪典型威尼斯人贪杯放纵的气质，精通琴棋书画，尤其擅吹横笛，还是一流的歌唱家。乔尔乔内还是一位让姑娘们怦然心动的美男子，拥有众多爱慕者，人也放荡不羁，符合人们对艺术家的一切风流想象。在他短暂的一生中，究竟留下了多少真迹一直是一个谜，他的作品大部分都是与师弟提香一同完成的。经考证和检验，目前存世的乔尔乔内代表作主要有：《牧人来拜》《宝座上的圣母和圣利贝拉里斯以及圣方济各》《暴风雨》《田园合奏》和《入睡的维纳斯》。这五

提香是威尼斯画派最为杰出的艺术家，他的艺术成就使威尼斯画派走向了顶峰，他本人也被称为威尼斯画派的泰斗。图中这幅画像是提香的自画像，绘制于1562 年，是提香艺术成熟期的作品。提香这幅自画像曾经被印制在意大利的货币上。这幅画像目前收藏于德国柏林国家美术馆。

《暴风雨》是被公认的乔尔乔内真迹，它绘制于 1508 年，是一幅风景画。在画作中，画家描绘的景色十分独特，天边的暴风雨已经降临，眼前的溪水树木在山雨欲来的光影里，显出湿润奇妙的色彩，烘托出一种丰富又协调的气氛。溪畔描绘有两个人物，持矛的士兵和哺乳的妇女，然而画家想要通过这两个人物表达什么含义，至今也没有人能够猜透。

幅作品中，最有名的是《暴风雨》。

1510 年，这位闪耀一时的天才画家死于威尼斯爆发的一场黑死病，终年 33 岁。

乔尔乔内的师弟提香则是威尼斯画派的另一位领军人物。如果说乔尔乔内是短命天才，那么提香就是名副其实的画派泰斗。

提香·韦切利奥（Tiziano Vecelli，约 1488/1490—1576 年）出生在意大利威尼斯北部风景秀丽山区小镇卡多莱一个军人家庭。他从小就对绘画表现出浓厚的兴趣和非凡的才华，9 岁时开始接受绘画启蒙教育，12 岁时被送到乔凡尼的画坊系统学习绘画，成为乔尔乔内的师弟。提香特别崇拜自己的师兄，处处服从他，反而不太听从老师乔凡尼的教导，乔凡尼一怒之下将师兄弟二人赶出了画坊，乔尔乔内和提香只好租了一间画室，以绘画为生。1510 年，乔尔乔内早逝，提香帮助师兄完成了最后两幅作品《田园合奏》和《入睡的维纳斯》。之后，开始了自己独立创作的艺术生涯。

提香的绘画风格与乔尔乔内不同，如果说乔尔乔内是一位抒情画家，那么提香所表现的，则是明快活泼的画风。提香在色彩上的造诣很高，堪称一代色彩大师。他为威尼斯圣玛利亚教堂创作祭坛画的《圣母升天》可谓是"近代第一杰作"，而他盛

《圣母升天》是提香最为有名的画作之一，创作于1516—1518年间。这是一幅教堂壁画，取材于《圣经》。这幅作品风格浪漫、色彩瑰丽、构图庄严，人物描绘的生动细腻，主题设计也颇为大胆，是提香的早期作品。这幅画作目前收藏于威尼斯的弗拉里荣耀的圣母堂。

乔尔乔内与提香的友谊并没有维持很久，两人在共同生活中渐渐产生了矛盾。乔尔乔内开始嫉妒提香日益成熟的色彩风格，也因提香大有超越自己的势头而感到不快。1505年，乔尔乔内和提香共同为一所交易所外墙绘制壁画。1508年，壁画《正义的胜利》问世，市民们蜂拥而至，纷纷赞赏画作。乔尔乔内发现，他们赞赏的大多是由提香完成的部分，由此既沮丧又生气，闭门不出好几天。提香因此只得搬离威尼斯自立门户。

期到晚期的作品，更是将色彩表现得淋漓尽致。

提香是位高产且长寿的画家，其艺术生涯几乎贯穿了整个16世纪。他的一生中创作了大约500—1000幅绘画，正是因为他的高产，使得威尼斯画派进入一个光辉灿烂的繁盛期。在他之后，威尼斯画派进入了晚期。

余晖晚照：威尼斯画派的晚期

提香之后的威尼斯画家，都直接或间接受到他的影响，晚期威尼斯画派的代表人物丁托列托（Tintoretto，1518—1594年）和委罗内塞（Veronese，1528—1588年）都是提香的学生，他们二人与提香一起被称为"威尼斯画派三杰"。

丁托列托是染匠的儿子，学画粗心又不服管教，被提香赶出了画室。但他并没有因此放弃，而是开始刻苦钻研，几乎算是自学成才。丁托列托继承了提香的色彩感和米开朗基罗的设计感，既研究色彩的变化，也研究光的透视，可谓是集威尼斯画派和佛罗伦萨画派双重技法于一身的艺术家。

出生在祖传石匠家庭的委罗内塞，则终生喜爱建筑，其作品中常有宏伟的建筑风景，成为他的特色之一。委罗内塞是威尼斯画派中反宗教最彻底的画家，1573年因《最后的晚餐》一画遭到

宗教裁判所的审判。委罗内塞擅长使用明净闪亮的银色作画，画作中通常会出现渲染富丽堂皇的场景。他个人也更偏重于为画作添加装饰，因此他也被称作"银色委罗内塞"，与"金色提香"相对。

《圣马可的奇迹》是提香的弟子丁托列托的作品。这幅作品描绘的是一个信仰基督教的奴隶被一群异教徒抓住，正待被虐杀时，威尼斯城的守护神圣马可从天而降拯救了奴隶信徒的故事。这幅画绘制于1548年，目前存于威尼斯美术学院。

他看见的是圣徒的影子
丢勒和他的时代

他与爱共筑祈祷之手，
人性光辉照耀欧洲大地。

15世纪的纽伦堡，保留着中世纪的建筑，盛行着中世纪的习俗，思想与信仰的混乱，黑死病的横行，饥荒的肆虐，使人们为死亡、原罪和对上帝诅咒的恐惧所萦绕。文艺复兴是一道光，它照进德国的时间虽略晚，但依旧耀眼。德国画家们从中世纪的哥特式走出来，剥落其暗淡生硬的色彩，逐渐显出其光辉的特性，这是一个属于德国画派的时代。

丢勒：诗与幻想在远方

他的作品，充满着对生活的不安和对死亡的恐惧，他说，明天可能被安葬。他的作品又如此充满人性的光辉，寻找着原罪的救赎之路，他将自己投入上帝的仁慈里，他就是阿尔布雷特·丢勒，一位忧郁的诗人画家。

丢勒祖籍匈牙利，出生在德国的纽伦堡。他的父

亲是一个金银匠，毕生致力于制作金银工艺品。丢勒自小跟随父亲学艺，但他对绘画有着浓厚的兴趣。13岁时，他画了一幅自画像，让人们首次感受到他惊才绝艳的天赋。15岁时，丢勒开始跟随著名画家米歇尔·沃尔格穆特学习，并在他的画坊中做学徒。

1489年，丢勒的实习期结束了，他决定离开家乡，到欧洲的其他地方旅行采风。1490年，他开始了在德意志其他地区和瑞士的游历，四年后他又去了文艺复兴的中心——意大利。在游历途中，他结识了很多画家，也临摹了乔凡尼·贝利尼、曼特尼亚等人的画作。他观察自然，了解社会，更学习和研究了新的画技。在意大利，他学习了达·芬奇的绘画理论，并对透视法和比例学产生了浓厚的兴趣。当然，作为文艺复兴圣地的意大利，也在思想上给了丢勒极大的冲击。

1500年左右，丢勒的创作逐渐进入了成熟期，这时他已经返回了德国，并创立了一个自己的画坊。在这一时期他完成了木刻组画《启示录》和铜版画《基督的诞生》《亚当与夏娃》等。但是，探索的精神使他无法长时间待在同一个地方。1505年，他再一次踏上前往意大利的旅途。这一次，他拜见了达·芬奇，与拉斐尔建立了深厚的友谊。他将自己与大师交流学习的心得完全融入创作中，完成了大量不朽的名作，例如《博士来拜》（*Adoration of the Magi*）和祭坛画《玫瑰花冠的祭礼》（*Feast*

丢勒一生中画过许多自画像，图中这一幅绘于1500年。这幅自画像呈半身像式构图，线条细致写实，情绪真挚饱满。画面中丢勒表情严肃，略带忧郁，真实地体现了其人文主义艺术家的形象和气质。这幅画作目前收藏于慕尼黑画廊。

1498 年，丢勒创作了著名的《启示录》版画，在这其中，又以《四骑士》最具代表性。四骑士是有象征意义的，他们分别代表了战争、饥饿、瘟疫和死亡。丢勒正是有感于 15 世纪德意志人民受战乱的深重苦难而创作了这幅画，而这幅画作，后来成为文艺复兴版画的典范。

of the Rosary）都是这一时期的代表作品。

1521 年 7 月，丢勒返回了纽伦堡。此后，他一直笔耕不辍直到去世。

《祈祷之手》：爱与希望在人间

《祈祷之手》是丢勒最为著名的作品之一。这是一幅素描，灰色的背景上，只画着一双正在向上帝祈祷的手，画上的手掌微微合拢伸向天空，安静祥和的手势与粗糙僵硬的关节形成了鲜明的对比，饱含着奉献、希望、虔诚与爱。

相传，这幅画的背后有一个关于丢勒的故事。丢勒在童年时，家里有 18 个孩子，生活十分窘迫。这 18 个孩子中，有两个有着相同的绘画梦想，丢

勒和他的哥哥。他们两人都十分清楚，作为一名普通金匠的父亲，无法负担二人同时学习绘画的费用，因此他们决定掷铜币来决定谁可以继续学习。丢勒赢得了这个机会，他的哥哥则去了危险的金矿工作，赚钱来供弟弟读书。多年后，丢勒学成归来，希望能够由自己为哥哥提供一个继续学画的机会，然而已经太迟了。哥哥的双手因为长久的劳作，关节僵硬，肌肉劳损，无法再拾起画笔。丢勒看到哥哥的手，十分感慨哥哥的牺牲与奉献，于是他把哥哥的手画下来，以纪念哥哥为他的付出。

今天，我们已经无法考证这个故事的真实性，但这幅画的确完整地体现了丢勒的典型风格，其细节精致细腻，结构丰满合理，线条细腻柔和，整幅画作充满了诗意与爱。

《祈祷之手》（Praying Hands）是丢勒最具代表性的作品之一，这是丢勒于 1508 年为法兰克福的多米尼加教堂所绘制的三联祭坛画草图中的一个细部图。

光影里的真实
"油画之父"
扬·凡·艾克

你在透明无瑕里寻找自然的光影，
你用灵感与心描绘真实的世界。

文艺复兴时期的尼德兰，位置优越，商业繁荣，与南方的意大利相似，也是经济发达、文化兴盛的地区。生活的舒适与安定，是艺术发展重要的土壤，尼德兰的绘画正是在这样的环境中孕育诞生的。尼德兰画派脱胎于中世纪哥特式艺术，受到意大利人文主义思想的影响，尤其在祭坛画和独幅木版画上成就最高，其笔触清新自然，细腻真实，而开创这一画派的，扬·凡·艾克是其中之一。

尼德兰画派的奠基者

扬·凡·艾克被称作尼德兰画派最伟大的画家，他用细腻逼真的笔触描绘自然，他调试色彩的变化，他粉碎宫廷画派华而不实的装饰，他置人物于真实的环境，他被誉为"油画之父"，他就是扬·凡·艾克，光影里的第一人。

扬·凡·艾克（Jan van Eyck，1385—1441 年）出生在荷兰马斯特里赫特附近的马塞克城，与同时

《包着红头巾的男子》是扬·凡·艾克在 1433 年所作的一幅肖像画。关于这幅肖像中人物的猜测，一直都未有定论。在这幅画作的边框上有画家精心制作的题词。根据画家的题词，大多数人推测是扬·凡·艾克的自画像，但也有人认为，这是扬·凡·艾克的岳父或是当时一位权贵。

期另一位著名的尼德兰画派画家胡伯特·凡·艾克是亲兄弟。关于其早年的经历，包括他确切的出生日期，都鲜有资料可证，也没有证据显示，他早年是否接受过正规的教育，但从他的拉丁文知识和他在许多铭文上使用的希伯来文字，表明他曾经接受过学校的经典教育。从他墓碑上的纹章，似乎也能够证明他出身贵族阶层。

1422 年，扬·凡·艾克成为一名独立画家，他的师承关系已不可考，从现有的资料来看，他最先服务的对象是巴伐利亚公爵、荷兰的统治者约翰。在他服务于约翰的这一时期，他组建了一个小画坊，并且参与了海牙宾内霍夫宫的修缮工作。1425 年约翰去世后，他搬到了布鲁日，进入勃艮第宫廷作画。他周游过英国、西班牙和葡萄牙，也参加了 1427 年在图尔内举行的画家行会庆典活动。广泛的交游使扬·凡·艾克充分地接触了尼德兰艺术界的名流，和康宾、维登、林堡兄弟切磋过艺术。他也曾南下到达意大利，感受和学习意大利的绘画风格和技法。这为他创立尼德兰画派创造了条件。

扬·凡·艾克集合了各种画派的技法，开创了自己独立的风格。他的画作细腻逼真，色彩多变，既有透视画法的写实动感，又兼具光影变化和油画技法，具有一种绝佳的艺术视觉。由他所作的《根特祭坛画》和《乔凡尼·阿尔诺芬尼夫妇像》是他

《根特祭坛画》是凡·艾克兄弟所作的一幅教堂祭坛画。这是尼德兰文艺复兴初期的鸿篇巨制，是尼德兰民间传统细密画的集大成者，也是当时最负盛名的教堂艺术品之一。此画现存于比利时的圣巴夫大教堂。

两种不同类别的画作代表，分别代表了他集大成的画技。

《根特祭坛画》和《乔凡尼·阿尔诺芬尼夫妇像》

祭坛画和肖像画是扬·凡·艾克较为擅长的两种绘画类型，这二者的集大成代表作就是《根特祭坛画》和《乔凡尼·阿尔诺芬尼夫妇像》。

《根特祭坛画》是扬·凡·艾克最有名的一幅画作，这是为根特城的圣贝文大教堂所作的一副祭坛画。根据画作下框的一段拉丁文字所记，这幅画最先是由扬·凡·艾克的哥哥胡伯特动笔，后来由扬·凡·艾克完成。这是一幅三叠屏式两层祭坛组画，始作于1415年，1432年完成，历时18年，可谓鸿篇巨制。祭坛画全部完成后，共有20个画

《乔凡尼·阿尔诺芬尼夫妇像》是扬·凡·艾克的又一件代表作品，这幅肖像画在美术史上的地位是卓越超凡的。乔凡尼·阿尔诺芬尼是一个真实存在的人物，他于1420年被册封为骑士。在画中，画家真实地描绘出了一个资产阶级家庭的典型形象，不仅夫妇二人的外貌与个性栩栩如生，就连室内的环境摆设也被描绘得极其逼真。这幅画目前收藏于伦敦的国家美术馆。

知识链接：祭坛画

所谓祭坛画，是一种类似中国屏风式的立在祭坛上的宗教画。它一般绘制在木板上，安置在教堂圣坛之前，有的祭坛画是可以折叠的，《根特祭坛画》就是一幅可折叠的屏风画。除了《根特祭坛画》之外，另一幅有名的祭坛画是由米开朗基罗为西斯廷教堂所作的《最后的审判》。

面，是当时最负盛名的一件教堂艺术品。

《乔凡尼·阿尔诺芬尼夫妇像》作于1434年，这幅画被认为是西方肖像艺术史上最为超凡卓越的作品之一。乔凡尼·阿尔诺芬尼是一位威尼斯商人，是佛罗伦萨美第奇银行在布鲁日的代理人。他请画家作为他在异乡举行婚礼的见证人，于是扬·凡·艾克用最为真实的笔触记录了这场婚礼的情景。画家不仅真实地描绘了阿尔诺芬尼夫妇的外貌和个性特征，而且对室内的环境做了极其逼真的描绘，是一幅写实主义的佳作。

建筑

文艺复兴的建筑师们对于古代的经典建筑不仅推崇备至，甚至于纷纷起而效仿。他们着迷于各式各样的几何形状，将这些长方形、正方形、圆形等几何图案视为完美的典型，与上帝的完美相互呼应（这点不同于他们非基督教的前人们）。

在这些因素的影响下，他们仍然保有自己的特质，拥有足够的技术能力来解决建筑上的难题。布拉曼特无处不将这份能力展现得淋漓尽致，他的成就远远高于其他文艺复兴高潮时期的伟大建筑家之上。

透视的穹顶
布鲁内莱斯基和圣母百花大教堂

圣母百花大教堂的穹顶，使他成为佛罗伦萨永恒的"鲁班"。

在这个世界上，有很多身材矮小、其貌不扬的人，却有着伟大的气魄和坚强的性格。正是因为他们完成了别人几乎不可能完成的任务，正是因为他们有着常人难以企及的智慧和信念，使他们成为永载史册的人物。谁也不能随意轻视任何一个长相微不足道的人物，因为他们往往具有善良的品质和高尚的精神。布鲁内莱斯基，正是这样一个"丑八怪"。

从金匠到建筑大师：少年布鲁内莱斯基

在文艺复兴之前，人们尽管耗费了很多财富，所建的房舍却是蹩脚而丑陋的，样子古怪，装饰糟糕，矫揉造作。这是因为没有一个出类拔萃的天才建筑家来改变这样的现状，幸而上天赐予了布鲁内莱斯基建筑方面的天赋。这个性格温和、心地仁慈、宽厚善良的人，在世上留下了最高大、最美丽的建筑物。

1377年，菲利波·布鲁内莱斯基出生在意大利佛罗伦萨一个公证人家庭。从小，他的父亲就对他寄予厚望，给了他很好的教育。少年时期的布鲁内莱斯基就表现出其聪慧异常的一面，拥有清晰准确的理解力，学习文学知识毫不费力，但他的兴趣点却在更为实用的领域。很快，布鲁内莱斯基的父亲就发现，儿子经常专注于艺术和机械方面的一些巧妙的问题，于是他决定将儿子送到金匠行会，让他能够有更多的机会学习算术和设计。

布鲁内莱斯基很快就成长为一个出色的金匠，然而他并不满足于此。他渴望学习雕塑艺术，并很快和雕塑家多那太罗建立了深厚的友谊。接着，他又开始进军建筑业，并很快成为一名优秀的建筑家。也就是在这个时候，布鲁内莱斯基开始着手研究透视法。尽管这项技艺在当时并不成熟，人们也多有误解，但他在花费了大量时间之后，终于找到了一种完全正确的方法。这种极具独创性的方法，十分适合用来绘制设计图。布鲁内莱斯基也在研究

布鲁内莱斯基是文艺复兴早期一位十分重要的建筑家，他被公认为是第一位近代工程师、规划师和建筑设计家。布鲁内莱斯基重新发现并在建筑学中使用了透视法，对19世纪晚期近代科学的发展产生了深刻的影响。他的成就涉及建筑、雕塑、数学、工程和船舶设计等领域，其作品主要存于意大利的佛罗伦萨。

从1428年开始，布鲁内莱斯基就开始设计圣灵教堂（Santo Spirito）。这座建筑的第一根柱子是在1446年布鲁内莱斯基去世前10天完成的。在布鲁内莱斯基去世后，这座建筑由他的追随者继续建造，直到1481年才完全建成。这座建筑的设计忠实地体现了布鲁内莱斯基的想法。

过程中获得了极大的启发。

圣母百花的穹顶："无法完成的任务"

1401年，布鲁内莱斯基在圣乔瓦尼教堂的两扇门和洗礼堂的设计竞争中失利，输给了同龄的吉贝尔蒂。失败之后，布鲁内莱斯基决定离开佛罗伦萨到罗马学习建筑。罗马的宏伟建筑和完美的教堂让布鲁内莱斯基惊叹不已。在罗马城的几年时间里，布鲁内莱斯基几乎跑遍了罗马的城区和郊外，只要有建筑的地方，他都认真进行过测量。

在罗马，布鲁内莱斯基的研究和学习几乎达到了废寝忘食的地步。他心里有一个宏大的愿望，他希望发现一种能够建造佛罗伦萨圣母百花大教堂穹顶的方法，而这一项工程的难度之大，几

布鲁内莱斯基设计的圆顶采用一个从尖拱（用来支撑中世纪沉重的屋顶）中受启发所得出的方案。哥特式的建筑师对此种方式知之甚详，但古罗马人却未曾了解。

乎是一个"不可能完成的任务"。

圣母百花大教堂的大圆顶一直以来都困扰着每一个试图解决它的建筑师们，这个空前巨大的圆顶，在没有庞大脚手架支撑的情况下很难完成。布鲁内莱斯基在考察古罗马建筑时，受到了罗马万神殿圆屋顶的启发。在经过一系列精确的测量，并通过严格的数学、力学和建筑学的运算试验之后，他最终为圣母百花大教堂的穹顶提出了既符合科学原理、又满足艺术需要的完美设计。

1436年，圣母百花大教堂穹顶建造完成，这个高达百米的建筑，成为佛罗伦萨的中心。站在穹顶的下方抬头仰望，那高达百米的穹形圆顶，给人一种透视的、心旷神怡的感觉。它成就了布鲁内莱斯基的天才，也成为这位托斯卡纳"鲁班"留给世间最杰出的礼物。

第106—107页：圣彼得大教堂

由米开朗基罗设计，位于梵蒂冈的一座天主教宗座圣殿，建于1506—1626年，是天主教会重要的象征之一。

建筑之春
布拉曼特与帕拉第奥

他建起了圣彼得大教堂的影子，
他是智慧女神的人间象征。

在文艺复兴的繁盛期，不仅是文学绘画的巅峰，也是建筑的春天。圣彼得大教堂、圣母百花大教堂、米兰大教堂、圣乔治大教堂，今天，我们从罗马一路北上到威尼斯，仍能看见这些建筑史上不朽的奇迹。这些历经了600余年的建筑，与它们的设计者一起流芳百世。布拉曼特、帕拉第奥正是其中两颗璀璨的建筑之星。

坦比哀多礼拜堂位于罗马金山圣伯多禄堂的庭院中，是意大利文艺复兴时期的著名建筑，也是耶稣门徒之一的圣彼得的殉教之处。这座礼拜堂由布拉曼特设计，是一座集中式的圆顶建筑。

安放万神殿的人：布拉曼特

他是文艺复兴时期最杰出的建筑家，他设计的圣彼得大教堂，在他死后由拉斐尔主持修建，由米开朗基罗最后完工，他"要把万神殿安放在君士坦丁大帝的巴西利卡之上"。他就是布拉曼特，他是与文艺复兴"艺术三杰"齐名的建筑师。

布拉曼特（Danato Bramante，1444—1514年）出生在意大利中部杜兰特城的一个平民家庭。幼年时的布拉曼特对绘画颇有兴趣，在学画之余，他也花大量的时间学习数学知识，这为他之后从事建筑设计起到了很大的作用。青年时代的布拉曼特开始对透视和建筑产生了浓厚的兴趣，不久他离开了家乡，前往米兰。

在米兰，他结识了建筑家切萨里亚诺、特雷维奥，又学习了布鲁内莱斯基和阿尔贝蒂的新型建筑学，日益浓厚的兴趣使他下定决心投身于建筑设计领域。布拉曼特在米兰一共生活了18年，这期间，他设计建造了米兰大教堂和帕维亚大教堂。

1500年前后，布拉曼特离开了米兰，前往罗马，在这里，他获得了更多的发展机会。最初的几年，他几乎游遍了罗马周围所有的古代建筑和遗迹，也研究了当时罗马有名的建筑师们的杰作，这一切都使他收益颇丰。此后，他设计出了著名的坦比哀多礼拜堂，又称圣彼得教堂小神殿。这座小神殿一问世就获得了巨大的成功，而这项成功为他带来的是新教皇尤里乌斯二世的青睐。布拉曼特很快成为教皇的首席建筑家，主持重建圣彼得大教堂。

布拉曼特为圣彼得大教堂设计的是一种结合了希腊十字形构图和布鲁内莱斯基圆顶结构的新型建筑。建成后，整座建筑将浑然一体，天衣无缝。可惜的是，在圣彼得大教堂动工近八年后，布拉曼特

安德烈亚·帕拉第奥是文艺复兴时期威尼斯共和国的建筑家。这位深受罗马与希腊建筑影响的建筑家，被广泛认为是建筑史上最有影响力的人物之一。他所有的建筑都位于威尼斯共和国，其设计作品以邸宅和别墅为主，其中最为著名的是位于维琴察的圆顶别墅（Villa Rotonda）。另外，帕拉第奥还著有《建筑四书》（1570年）。

知识链接：帕拉第奥母题

帕拉第奥母题（Palladian motive）是指对已建大厅进行改造，增建楼厅并加固回廊设计。原厅层高、开间和拱结构决定了外廊立面不适合传统构图，因此建筑师只能创造性解决立面柱式构图，这种构图法被称为帕拉第奥母题。帕拉第奥母题又常指处于两个壁之间的三个窗洞的处理，因此也称为帕拉第奥式窗。

就去世了。之后，这座教堂历经布拉曼特的弟子和拉斐尔，最终完工于米开朗基罗之手。最终建成的圣彼得大教堂，与布拉曼特最初的设计，已是相去甚远。

以智慧女神为名：帕拉第奥

从国家议会建筑到隐没乡郊的士绅家宅，都可找到列柱式的门廊和装饰繁复的山墙，这种建筑在全世界无处不在。这种古典主义式的建筑远可上溯到古罗马，近可下承至今日。在这漫长的岁月里，有一位建筑家功不可没，他叫帕拉第奥，他以智慧女神为名。

安德烈亚·帕拉第奥（Andrea Palladio，1508—1580年）是意大利帕多瓦一个磨坊主的儿子。年少时，他学习的是雕刻，之后进入泥瓦匠公会，师从特里西诺·贡德拉。之后，帕拉第奥随特里西诺来到了罗马。在这里，他被古典主义建筑深深吸引，又受布拉曼特和米开朗基罗等人的影响，逐渐形成了自己独特的风格。他的恩师特里西诺专门为爱徒改了一个名字，帕拉第奥——这个出自智慧女神的名字从此散发出永久的光辉。

帕拉第奥在意大利北部小城维琴察（Vicenza）留下了许多经典的作品，这些建筑的灵感来自罗马神庙，结合了帕拉第奥单纯、完美，至臻至善的风格特点。除此之外，帕拉第奥还修建了弗朗切斯科·德拉·维尼亚教堂、雷登托雷教堂和圣乔治-马焦雷教堂等充满古典主义风格的建筑。其中，以威尼斯圣乔治-马焦雷教堂最为有名。

同时，帕拉第奥还是一位建筑学家，他所撰写的《建筑四书》成为古典主义建筑学的经典之作。

位于意大利威尼斯的圣乔治-马焦雷教堂是安德烈亚·帕拉第奥建筑成就的最高代表作。这座教堂修建于1559—1580年间，与圣马可广场隔水相望，是典型的帕拉第奥式建筑。圣乔治-马焦雷教堂的神殿和内殿均体现出了完美的比例。

文化与娱乐

　　人文主义思想与书籍提升了教育水平。滚滚而来的财富为那些享有特权的人带来了更多的闲暇时光。人文主义教育所打下的基础，使人们对于学问与艺术的热爱愈见普及。

　　新形态的音乐出现了，大多数受过教育的人们都能弹奏一种乐器。剧院安排华丽的节目，音乐、舞蹈与舞台效果一应俱全。公共剧院已经设立，但却节目贫乏。乡村里的平民百姓也许会踢某种形式的足球，但却毫无规则可言。而宫廷内则以网球为盛。

古典的复兴
人文主义
喜剧与悲剧

古往今来有多少离合悲欢，
有谁见过这样的哀怨辛酸。

"上天赋予你一种坚忍，当我把热泪向大海挥洒，因心头的怨苦而呻吟的时候，你却向我微笑；为了这我才生出忍耐的力量，准备抵御一切接踵而来的祸患。"这是莎士比亚著名传奇剧《暴风雨》中最有名的一句话。当我们把它与《仲夏夜之梦》和《哈姆雷特》对照阅读、感受悲喜交加的相互碰撞时，才能真正窥见戏剧的奥秘。文艺复兴时期，这样的优秀戏剧实在不胜枚举，直到今天，它们仍是戏剧文学史上最璀璨的明珠。

《阿明塔》男女主人公

假面喜剧：意大利戏剧

说起意大利的戏剧，可能很多人都觉得它不像意大利的文学和艺术那样光彩照人，但在细观之下，意大利的戏剧也很有特点。

文艺复兴早期，意大利最主要的戏剧类型是学士喜剧和田园剧。所谓学士喜剧，就是由学者所创作的戏剧。它们大多受到古典戏剧的影响，又兼具世俗生活的特点，但它的流传范围比较有限，一般只在宫廷、私人寓所进行表演，对下层民众的影响甚微，也无法迎合各个阶层的观众。另外，它还具有一定的反宗教色彩，因此受到教会的排挤。最具代表性的学士喜剧是马基雅维利的《曼陀罗华》。与学士喜剧同时期的，还有田园剧。田园剧是专供宫廷娱乐而创作的，它的主题主要集中在爱情、田园等素材上，同时注重音乐、服装与布景的配合。田园剧优雅而华丽，适宜于在宫廷中演出。其代表作家是生活在费拉拉宫廷的诗人塔索，他创作的

托尔夸托·塔索（Torquato Tasso，1544—1595年）是16世纪著名的意大利诗人，是文艺复兴晚期的代表人物之一。他在大学期间就对古典文化和哲学十分感兴趣，并且和人文主义者也交往甚密，深受诗人阿里奥斯托的影响。他的代表作品是《被解放的耶路撒冷》（Jerusalem Delivered）。他于1595年4月25日去世，而他去世后不久就被教皇加冕成诗人之王。

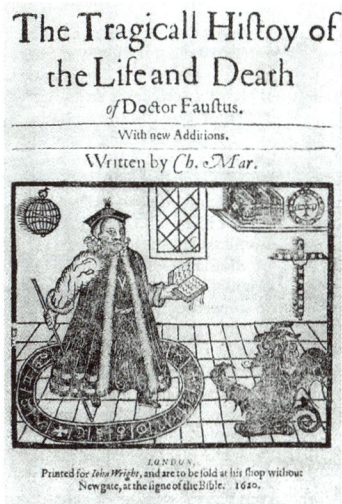

The Tragicall Hiftoy of the Life and Death of Doctor Faustus.

With new Additions.

Written by Ch. Mar.

LONDON,
Printed for John Wright, and are to be fold at his fhop without Newgate, at the figne of the Bible. 1620.

1620 年版《浮士德博士的悲剧》木刻插画，一个魔鬼从地下进来。

《阿明塔》是田园剧的代表作品。

在学士喜剧和田园剧之外，意大利产生了一种十分重要的戏剧类型——假面喜剧。假面喜剧又称为即兴戏剧，既在宫廷表演，也在民间流传。在宫廷演出的时候，通常由宫廷乐师创作音乐，由宫廷诗人创作舞剧，宫廷画师则负责布景。它的情节简单明快，但却拥有着雍容华贵的排场；它的演员除了职业演员外，也由皇亲国戚或者贵族朝臣来客串。而在民间，假面喜剧的表现形式有所不同，它常常以即兴表演为特征，没有固定的台词和剧本，只有一个故事梗概。另外，它的角色是固定的，一个演员几乎一辈子只演一个角色，但每次演出的台词却由演员即兴发挥，这样既能使演员有充分的时间锤炼一个角色，又能让每一次的戏剧演出富有变化。假面喜剧流行了很长时间，直到 18 世纪才被正剧所代替。

"大学才子派"与英国戏剧

在莎士比亚之前，英国的戏剧就已经开始商业化和世俗化了，这一时期的职业剧作家一般出身于剑桥或者牛津大学，因此他们被称为"大学才子派"。这是英国文艺复兴时期戏剧发展的一个重要阶段，他们为莎士比亚的创作铺设了道路，也对剧院的发展产生了重要的影响。

大学才子派涌现了很多著名的人物，他们所创作的戏剧又各具风格特色。约翰·李利（John Lyly，1554—1606 年）以创作宫廷戏剧而闻名，他的戏剧保留了将严肃情节和滑稽情节交叉糅合的民间传统，其作品也大多为私人剧院所创作。而托马斯·基德（Thomas Kyd，1558—1594 年）则是将爱情、阴谋、谋杀和复仇融为一体，创造了浪漫悲剧和复仇剧。大学才子派最著名的剧作家当属克里斯托弗·马洛（Christopher Marlowe，1564—1593 年），这位英年早逝的剧作家所创作的悲剧，很好地呈现了当时混乱的社会状态，他的写作技巧对莎士比亚产生了重要的影响。莎士比亚也同时借鉴了以上三位剧作家的创作题材，从而将英国的戏剧推向了高潮。

知识链接：《浮士德博士的悲剧》

《浮士德博士的悲剧》（Dr.Faustus）是马洛最杰出的代表作品。这部写于 1592—1593 年的作品主要描述了浮士德将灵魂出卖给魔鬼，从而换来了对魔鬼 24 年的驱使权，但最终他的灵魂被魔鬼带往地狱的故事。在这部作品里，作者肯定知识的力量，但他同时提出，要获得知识，就需要同宗教蒙昧主义抗争。浮士德的悲剧恰恰反映了人文主义者最终未能从宗教中解放出来的历史真实情况。

克里斯托弗·马洛，英国诗人、伊丽莎白时期最伟大的剧作家。马洛革新了中世纪的戏剧，在舞台上创造了反映时代精神的巨人性格和"雄伟的诗行"。有学者质疑莎士比亚的剧作实际上是由马洛代笔。

琴弦上的艺术
文艺复兴
时期的乐器

羽管键琴弹奏着赋格的艺术，
大提琴的弓弦吟唱弥赛亚的旋律。

乐器的产生，可以追溯到古希腊时期，在漫长的历史发展过程中，音乐一直是经久不衰的，因此用来表现音乐的乐器一直都在悄然发展和变化。在文艺复兴之前漫长的中世纪里，音乐一直作为宗教的表现形式之一，乐器的发展也极为缓慢，教堂的唱诗班一度只被允许使用管风琴作为伴奏的乐器。但随着文艺复兴的到来，音乐开始逐渐打破宗教的藩篱，走向世俗，乐器也随之有了新的发展和变化。

键盘艺术：管风琴与羽管键琴

在羽管键琴产生之前，最主要的键盘乐器是管风琴，管风琴有着十分悠久的历史，它最早可以追溯到古罗马时期。管风琴是气鸣式键盘乐器，主要通过铜制或木制音管来发声。管风琴一般体积较大，大多安放于教堂之中，作为演奏宗教音乐和为唱诗班伴奏所用。在文艺复兴时期，它的样式并没有发生较大的变化。然而，随着世俗音乐的出现，管风琴这种体积庞大的乐器已经不能满足人们日常演奏的需要，这时候，羽管键琴就诞生了。

羽管键琴也被称为大键琴或拨弦古钢琴，它与现代钢琴的构造原理完全不同，不像现代钢琴是通过敲击琴键带动榔头击打琴弦而发出声音，而是通过琴键末端木制支柱上的一个羽毛管拨动琴弦而发声。羽管键琴产生于 15 世纪末期的意大利，在 16—18 世纪盛行于整个欧洲，并迅速成为当时最主流的键盘乐器。

羽管键琴是不能人为通过手指的力量来改变音量的，这是由于其特殊的构造原理所导致的。当人们的手指触动琴键，其末端上的支柱就会抬起，羽毛管钩动琴弦而发出声音；当手指离开琴键时，支柱就会回落，羽毛管也随之回落，转由制音器接触琴弦，阻止其发声。所以，羽管键琴只有在实际按下时才会发出声音，其声音大小也不由手指的力量和压力决定。但在音乐中，声音的起伏变化是十分重要的组成部分，因此羽管键琴一般有两排琴键，下排琴键在演奏时会联动上

图中这一台羽管键琴是两位著名制造者的作品，安特卫普的安德烈亚斯·鲁克斯（Andreas Ruckers）和巴黎的帕斯卡·塔斯金（Pascal Taskin）。前者于 1646 年制造了这台琴，后者则于 1780 年对其进行了改造。这台琴目前存放于法国巴黎音乐博物馆。

安东尼奥·斯特拉迪瓦里（Antonio Stradivari，1644—1737 年）是著名的意大利小提琴制作大师，由他制造的小提琴、大提琴和中提琴等乐器，大多都是传世之作。斯特拉迪瓦里被认为是提琴制作领域最伟大也是最重要的大师。

知识链接：斯特拉迪瓦里与他的传世名琴

安东尼奥·斯特拉迪瓦里对小提琴几何学的诠释和设计，被后世的小提琴制造家尊为概念模型。他一生共制作了大约 1100 件乐器，其中流传至今的约有 650 件左右，包括 450—512 把小提琴。他的每把琴都有名号，流传至今的均价值连城。几百年来的音乐家都使用过斯特拉迪瓦里的提琴，著名的小提琴家海菲兹使用的就是一把名为"海豚"的斯特拉迪瓦里琴。

排琴键共同发声，从而达到增强音量的目的；而单独演奏上层键盘时，则不会联动下层键盘，从而保持了原有的音量，这样，就形成了强弱的对比。

羽管键琴十分轻巧，也极易损坏，因此人们多把它放在一个翅膀形状的精美盒子里加以保护。18 世纪后半叶，羽管键琴逐渐被现代钢琴所替代。

弓弦艺术：古大提琴与小提琴

文艺复兴时期，最具有代表性的弓弦乐器是古大提琴和小提琴。在小提琴还没有盛行起来之前，古大提琴是最主要的弓弦乐器。古大提琴是传统乐器，与现代大提琴不同，古大提琴有六根琴弦，指板类似于现代的吉他，演奏方式与现代大提琴类似，声音清脆明快。一般而言，四把大提琴的合奏最为世人推崇，其合奏出来的声音温润典雅，悦耳动听。

与古大提琴不同，小提琴产生于文艺复兴时期，它的琴弦一般使用羊肠制成，能够拉出热烈奔放的声音。它的造型十分优美，琴身通体采用纯木质材料，木材优良的振动频率和对弦震动的反应，能够使小提琴的每一个基音和泛音都灵敏地传播出去，同时琴身的面板和背板稍有弧度，可以使琴产生良好的共鸣。优质小提琴的声音带有木头的质感，闭目聆听，仿佛能嗅出松香的味道。

对小提琴最早的明确记载是在 1550 年出版的《音乐摘要》（*Epitome Musical*）一书中，但其实在那时，小提琴已经传遍了欧洲。

意大利的北部城市克雷莫纳被称为"提琴之乡"，在这里，曾经诞生了以斯特拉迪瓦里和瓜内里为代表的五大提琴制作家族。在城内的广场上，塑有一座斯特拉迪瓦里的铜像，铜像旁是斯特拉迪瓦里小提琴博物馆，这是克雷莫纳最为珍贵的财产之一。图为该博物馆收藏的斯特拉迪瓦里小提琴。

半音幻想
前巴洛克时期
的新音乐

与爱情不尽相同的是，
音乐是每个人心灵的慰藉。

我们很难为文艺复兴时期的音乐划分一个开端，它从中世纪走来，从宗教走向世俗，从单声部走向多声部，从圆润和谐的中古调式逐渐变化成一粒粒不规则的珍珠。我们很难从其中划出一条新旧的分界线，但它的变化却日益显现出来，人们逐渐接受、适应并爱上了这些简短而舒适轻灵的新音乐。

从宗教到世俗：尼德兰乐派

与其他艺术形式不同，文艺复兴时期的音乐并不是以意大利为中心向四周辐射，而是由北方的尼德兰和法国先行兴盛起来，进而促进了意大利的新音乐发展。新音乐在不同的区域呈现出不同的特点，又由于音乐家们相互流动，各个音乐流派之间相互浸润，最终形成了五色交辉、相得益彰的格局。

文艺复兴时期，最有名的两个乐派当属尼德兰

勃艮第乐派兴起于15世纪，活跃于法国的北部、东部，比利时以及荷兰等地。勃艮第乐派的作曲家也大多来自北方，他们为勃艮第的公爵们进行音乐创作。图为勃艮第乐派作曲家纪尧姆·迪费（左）和吉尔·班舒瓦（右）。

乐派和意大利乐派。尼德兰乐派是一个将宗教音乐和世俗音乐的写作技巧都发展到高度专业水平的乐派，它包括勃艮第乐派（Burgundian School）和佛莱芒乐派（Flemish School）。勃艮第乐派兴起于勃艮第公爵的领地，最主要的代表人物是杜费（Guillaume Dufay，1397—1474年）。杜费被认为是15世纪最主要的作曲家之一，他对低音假声的发展作出了极大的贡献，同时也创作了大量的弥撒曲、圣歌和赞美诗。他在15世纪前就开始使用四声部结构，并一直致力于清晰界定音调和创作功能和谐的结构。尽管他的作品并不具有变革意义，但这并不妨碍他为下一世纪最重要的风格——巴洛克风格奠定基础。勃艮第乐派还有一个代表人物，他在作曲技巧上被誉为15世纪最优秀的音乐家，他是吉尔·班舒瓦（Gilles de Binchois，约1400—1460年）。班舒瓦的作品在几十年后仍被人传抄，很多作曲家将他的曲目用作弥撒创作的素材，他的作品简洁清晰，他还为宫廷创作了大量世俗爱情歌曲，深受勃艮第公爵们的喜爱。

尼德兰乐派的另一流派是佛莱芒乐派，这个乐派活跃于15世纪后期的尼德兰南部和法国北部，代表音乐家是约翰内斯·奥克冈（Johannes Ockeghem，1410—1497年）。奥克冈的音乐风格与杜费和班舒瓦相比，有许多不同，奥克冈更加注重旋律而不是和声，同时他还通过复杂的声部来展示复调技巧。在奥克冈的作品里，经文歌和多声部世俗歌谣

约翰内斯·奥克冈是法国佛莱芒乐派最为著名的作曲家，同时他还是一位受尊敬的歌手、唱诗班老师和教师。佛莱芒乐派兴起于15世纪的后半期，是勃艮第乐派的继承与发展。奥克冈有可能就师承勃艮第乐派的重要作曲家班舒瓦。图为约翰内斯·奥克冈作曲的乐谱。

已经没有太大的区别，而是趋向了统一。佛莱芒乐派的另一个重要代表人物是约斯坎·德普雷（Josquin Des Pres，1440?—1521年）。

真正的艺术性：意大利乐派

文艺复兴时期的意大利音乐最初不如尼德兰乐派那样光彩夺目，但由于教皇宫廷地处意大利，加之意大利贵族对音乐也极为推崇，这使得意大利成为当时欧洲最重要的音乐舞台。

在意大利，最有名的乐派是威尼斯乐派和罗马乐派。威尼斯乐派的创始人是阿德里亚安·维拉尔特（Adriaan Willaert，1490—1562年）。维拉尔特是尼德兰人，他将尼德兰的复调音乐传统融合了威尼斯的本土音乐特点，加以发展，逐渐形成了威尼斯乐派。维拉尔特的作品注重和声对旋律的支配，他尝试将唱诗班分为两个声部进行轮唱或分声部合唱，这个新发明迅速取得了成功。维拉尔特培养了众多门徒，他和这些门徒共同构成了威尼斯乐派。

除了威尼斯乐派之外，罗马也逐渐形成了重要的音乐流派，由于这里是基督教中心，因此罗马

乐派的音乐主要以宗教音乐为主。该乐派的主要代表人物是乔瓦尼·帕莱斯特里那（Giovanni Palestrina，1525—1594年），他善于把神学的精神用复调音乐表现出来，使得新型音乐和教会音乐有机地融合起来，形成了极具特色的罗马乐派。

乔瓦尼·帕莱斯特里那是意大利文艺复兴时期的作曲家，他是16世纪罗马乐派的著名代表人物。他对教会音乐的发展有着极其深远的影响，他的作品也被认为将文艺复兴时期的复调作品推向了高潮。图为帕莱斯特里那曾担任音乐指挥的罗马圣约翰拉坦音乐厅。

上流社会的雅趣

文艺复兴盛期的舞蹈形式

跳舞对于年轻人来说，是一种多么迷人的娱乐啊。

在录音和电影时代来临之前，我们无法想象那时候的舞蹈究竟是什么样子，即使我们从一些静态的舞谱或图片中窥见端倪，但终究证据不足。一千个人眼中有一千个哈姆雷特，当我们面对这些记述舞蹈的文字、图像和乐谱时，每个人都有自己的理解。我们依靠推测、韵味和连接，大致可以了解到文艺复兴时期流行于英国和法国的舞蹈形式。

安静的慢板舞：帕凡

帕凡（Pavane）这个词汇，最早应该来源于意大利语的"Padovana"，意思是"典型的帕多瓦"，是一种类似于贝加莫（Bergamask）的舞蹈形式。

1508 年，最早的一首帕凡舞曲在意大利出现，这是一种类似于 15 世纪巴塞舞曲（Basse Danse）的音乐形式，通常用于宫廷舞会之中，用于展示宫廷华丽的服装，适配于庄重而慢节奏的情侣舞蹈。

Fig. 187 —The Dance called "La Gaillarde."—Fac-simile of Wood Engravings from "Orchésographie" of Thoinot Arbeau (Jehan Tabourot): 4to (Langres, 1588).

加亚尔德是文艺复兴时期的一种舞蹈和音乐形式，曾在 15—16 世纪风靡整个欧洲。它与帕凡舞曲成对出现。在意大利，帕凡与加亚尔德又被称作帕萨梅佐和萨尔塔雷洛。图为 15 世纪流行于意大利的加亚尔德舞。

在文艺复兴繁盛期，帕凡是一种非常重要的慢节奏舞蹈，它流行于 16 世纪的英国和法国，是文艺复兴盛期最主要的舞蹈形式之一。帕凡舞是一种两拍子慢步舞，在 20 世纪的狐步舞出现之前，它是主流舞蹈中唯一的两拍子舞蹈，始终保持着镇静而迟缓的形态，舞步优雅而简洁，仿佛有着天鹅绒般柔软的质感。

帕凡大约盛行于 1530—1676 年间，其音乐形式曾被广泛地用于所有的庆典活动、国事场面、婚礼和葬礼。而舞蹈形式则被皇室所钟爱，他们通常使用这个舞蹈来展示皇家华贵典雅的服装，据说伊丽莎白一世尤其喜欢帕凡舞。帕凡舞大约消失于 16 世纪末期，而音乐形式则幸存了下来，直到巴洛克时期才完全被阿勒芒德舞曲所取代。

118

宫廷独舞：加亚尔德

加亚尔德（Galliard）是文艺复兴时期流行于整个欧洲的一种舞蹈和音乐形式，这是一种独特的舞蹈，它的独特之处在于它是一种宫廷独舞。在这个舞蹈中，女性角色几乎是可以被忽略掉的，而男子则有大量的舞蹈图形，所以也可以说，这是宫廷男贵族的独舞。加亚尔德舞的节奏是欢快的六拍子，其中四拍是均衡的跳步，两拍则是停顿。

加亚尔德中的跳跃很有特点，它腿部的摆动并不像芭蕾里的快板组合，而是完全随着地心引力进行自然摆动。跳加亚尔德是一个体力活，但英国人尤其擅长这种舞蹈，甚至可以说，加亚尔德是英国文艺复兴时期的缩影，在英国舞蹈史上有着不可取代的地位。

日耳曼舞蹈：阿勒芒德

阿勒芒德（Allemande）是一种起源于德国的舞曲，这是一种古老的舞蹈形式，但它起源于何时，目前已经无证可考。阿勒芒德是一种慢节奏的舞蹈，有的是四拍子，有的是两拍子，舞蹈的动作简单而朴实，一般由四个舞步组成，前三拍为跳步，后一拍为停顿。阿勒芒德在16世纪时传入英国和法国，并迅速流行起来，成为义艺复兴时期主要的舞蹈形式之一。

和其他舞蹈形式一样，阿勒芒德也逐渐分化出了音乐形式，即作曲家将舞蹈的伴奏音乐独立出来，写成单独的器乐作品。与帕凡和加亚尔德不同的是，阿勒芒德到了巴洛克时期并没有消亡，而是逐渐演变成为巴洛克时期古舞蹈组曲的主要乐曲之一。

跳脱的舞步：库朗特

"库朗特"（Courante）一词的意思就是"流动"，

知识链接：古舞蹈组曲

文艺复兴晚期和巴洛克时期，许多舞曲逐渐脱离了伴奏形式，被单独谱写成器乐作品，随之慢慢演变成了组曲形式。舞蹈组曲一般由4—5首风格迥异且节奏对比明显的舞曲组成。17世纪时，舞蹈组曲的结构基本固定下来，以阿勒芒德为首曲，之后依次为库朗特、萨拉班德和吉格。

它是源于意大利和法国的一种快速活泼的三拍子舞曲。它诞生于文艺复兴晚期，到巴洛克时期，通常被用在舞蹈组曲之中。这是一种拥有快速跳步的舞蹈，欢快跳脱是库朗特的典型特征，主要用来表现舞者热情、甜美的心情，音乐旋律明快而充满希望。

到17世纪，库朗特逐渐出现了分化，形成了意大利式库朗特和法国式库朗特，前者欢趣流畅，节奏较快，后者情调高雅，节奏稳重。两种形式的库朗特相映成趣，各具特色。

阿勒芒德起源于德国，是一种中等节奏的二拍子舞曲，兴起于文艺复兴时期，其音乐风格在巴洛克时期达到了顶峰。在16世纪，法国舞蹈大师索诺特·阿博（Thoinot Arbeau）曾保留了第一张阿勒芒德舞曲的唱片。阿勒芒德舞曲通常被用作古舞蹈组曲的首曲，一直流行到古典音乐时期。

地理大发现

在地理大发现之前，世界历史总的来讲是割裂的。

欧洲就仿佛一个由许多半岛（伊比利亚半岛、意大利半岛、巴尔干半岛、日德兰半岛、斯堪的纳维亚半岛、布列塔尼半岛……）组成的一个大半岛，偏居欧亚大陆的一个角落。欧洲人被困在了这个角落里，动弹不得。以至于在中世纪，一些欧洲人甚至感叹自己仿佛已经被上帝遗忘。

到15世纪，西班牙人和葡萄牙人率先向海洋深处进发，寻找传说中的东方文明。葡萄牙人沿着非洲海岸不断向南航行，翻过好望角，越过印度洋，来到了位于东南亚的香料群岛。西班牙人则反其道而行之，横穿大西洋，"发现"了美洲新大陆。

在西班牙和葡萄牙之后，荷兰、英国和法国等国也纷纷加入海外探险和殖民的热潮当中。这二个国家凭借更加强大的实力，后来居上，击败西班牙和葡萄牙，成为海上强国。之后，英国人又先后击败荷兰人和法国人，成为毋庸置疑的海上霸主。

欧洲人通过地理大发现实现了自身势力的扩张，这既给一些土著居民带来了巨大的灾难，同时也促进了世界各文明之间的交流，使得世界开始连为一个整体。

黑暗破晓
中世纪欧洲人对世界的认知

人类的理智仍处于迷雾当中，但破晓即将来临。

人们喜欢将中世纪冠以"黑暗"二字。因为人们慨叹罗马文明衰落之后，欧洲大陆陷入了蛮族的统治，文明的指针仿佛向后拨动了一大截。当然对于这种感叹，很多人并不认同。然而仅就对世界的认知而言，"黑暗"一词则的确名副其实。

宗教

中世纪，欧洲人从刚降生的那一刻起便浸入浓厚的宗教氛围中。父亲教育自己的儿子耶稣如何被钉在十字架上，母亲的祷告声伴随着孩童的成长。宗教的虔诚和热忱已经深入很多人的骨髓。人们的思想和言行无不受到宗教的左右。

基督教以及基督教所认可的经典作家对世界的解释成为不可争议的权威。托勒密的地心说因此成

为真理，直到哥白尼将支撑这个神殿的第一根支柱打碎。地心说不仅得到基督教的支持，而且也符合人们的直观感受，难道太阳不是每天围绕着我们上升又降落吗？

不仅人们的思想受到宗教的影响，人们的行为也被赋予宗教上的动机和意义。在中世纪，欧洲人将自己定义为基督教世界，并对其邻居伊斯兰文明充满了敌意。为了夺回耶路撒冷，欧洲人多次发动十字军东征。尽管十字军东征的动机有很多，但它首先被赋予了宗教意义。而多年之后的地理大发现则被不少人看作是十字军东征的延续。

地理

在"黑暗"的中世纪，还没有开始大航海的欧洲人便对这个世界展开了种种臆想。那时欧洲流行一种所谓的 T-O 地图。顾名思义，这种地图由大写的字母 O 和字母 T 组成。T 位于 O 的中间，从而将 O 分成了三个部分，分别代表当时欧洲人已知的三个大洲——亚洲、非洲和欧洲，耶路撒冷被认为是整个世界的中心。这个所谓的 T-O 地图尽管反映了一定的事实，但更多的是基于宗教和想象。耶路撒冷被置于世界的中心很明显是因为它是基督教的圣城。

当然，中世纪的欧洲人对于这个世界并不是一无所知。他们从阿拉伯人那里获得了关于外部世界

图为马萨乔在1425—1426 年间绘制的一幅壁画《圣彼得为皈依者受洗》。这幅壁画位于佛罗伦萨圣母圣衣教堂的布兰卡其礼拜堂中。他描绘了圣徒彼得为一群年轻人施洗礼的场景。

顿河与尼罗河构成了字母T的顶部。

地中海是欧洲与非洲的分界线。

大洋洲绕着整个世界。

从 7 世纪起，基督教僧侣用象征性的示意图来绘制世界地图。他们制作了所谓的"T-O地图"，用字母 T 将整个世界分为三块已知的大陆，周围为大海所环绕（形似字母 O）。图中包括四个罗盘方向。基督徒相信字母 T 也可以代表十字架，耶路撒冷就位于地图的中心位置。

知识链接：圣城耶路撒冷

知识链接：圣城耶路撒冷

耶路撒冷位于中东地区，处于地中海和死海之间。耶路撒冷是世界上最古老的城市之一，是犹太教、基督教和伊斯兰教的圣城。历史上围绕它所展开的斗争持续不断，至今，这种斗争仍在持续。

的一些传闻。这些传闻中有事实，也有谬误。此外，在蒙古帝国统治期间，一些欧洲人本着经商、传教等种种目的来到亚洲，他们回国后将自己在东方的见闻写成游记，从而让不少欧洲人获得了关于亚洲的第一手信息。在蒙古帝国灭亡后，这种交流就此中断。

谈到地图，欧洲中世纪还有一个非常有名的地图——卡塔兰地图。它是中世纪欧洲最为准确、精美的世界地图，据说是由一位名叫亚伯拉罕·克列斯克（Abraham Cresques，1325—1387 年）的西班牙犹太人绘制。相比之前提到的 T-O 地图，卡塔兰地图明显更加符合现实，其亚洲部分基本上是依照《马可·波罗游记》的描述绘制的。这种做法在当时的欧洲可谓非常罕见，因为中世纪的欧洲人在绘制世界地图时一般更倾向于接受奇特的幻想，而不是相对真实的第一手材料。

当时的欧洲还流传着一个广为人知的传说：在遥远的东方有一个信仰基督教的祭司王约翰，于是一些欧洲人便想和这位信仰基督教的东方君主取得联系，从而联手夹击伊斯兰文明，打败这个一直以来欧洲人的宿敌。一开始，在欧洲人的想象中，祭司王约翰居住在印度。随着蒙古人的入侵，祭司王约翰的所在地转而变为中亚。最后，欧洲人发现非洲东北部的埃塞俄比亚才是祭司王约翰的真正故乡。不管怎么说，这个传说是促使欧洲人进行地理大发现的动机之一。

图为卡塔兰地图的一部分，上面显示的是地中海东部地区。自从法国国王查理五世（Charles V，1338—1380 年）之后，这幅地图一直存放于法国国家图书馆。地图共有六页，其中前两页用加泰罗尼亚语以图文并茂的形式介绍了当时的天文学和占星学，后四页便是地图。

征服海洋
航海技术的发展

汇聚东西南北的智慧，
远洋航海成为可能。

地理大发现能够出现和完成的一个必不可少的前提条件是欧洲航海技术自 15 世纪以来的迅速发展。这涉及一系列的技术性革命，包括造船术、制图术和航海术等。航海技术的发展使得欧洲人的海外探险和殖民成为可能，而大规模的海外探险反过来又极大地促进了航海技术的进一步发展。

造船技术

地理大发现初期所采用的探险船只并不是当时欧洲最先进的舰艇，而是普通的商船。这说明到地理大发现前夕，普通的欧洲商船便足以应付远洋航海，这无疑标志着欧洲造船技术的发展与成熟。

欧洲造船技术的飞跃出现在 15 世纪，这是欧洲内部长期的技术积累以及东西方交流的结果。在欧洲，航海技术变革的中心舞台是地中海。地中海仿佛一个庞大的内陆湖，将地中海沿岸的各个地区连接起来。这里的居民在很早的时候便通过水路进行贸易。

阿拉伯的三角帆船，通常航行于印度洋上。

这幅 15 世纪的葡萄牙绘画作品，显示造船工人在快帆船上工作。

地中海的传统船只是桨帆船。这种船将方形的横帆和人力操纵的桨结合起来。横帆只有在顺风时才能使用，风不顺时便只能落帆划桨。桨帆船无法进行远洋航行，因为桨帆船需要大量的人力来驱动，给养便成了难以解决的问题。况且，人力很难在长时间内不间断地使用。

中世纪时，阿拉伯的三角帆被引入地中海，到 11 世纪时，这种帆已经基本取代了原来的横帆。三角帆有诸多好处，其中最明显的就是大大提高了船的机动性和灵活性。与横帆不同的是，三角帆使船只在逆风的条件下依然可以行驶。

当时，北欧有一种船名为柯克船。这种船也使用横帆，因此机动性比较差，但是其优点也十分突

罗盘在地里大发现中得到了广泛的使用。图中的罗盘是历史上第一个出现在地图中的罗盘。这张地图就是非常有名的卡塔兰地图。卡塔兰地图绘制于1375年，绘制者是西班牙绘图师亚伯拉罕·克列斯克。

出：船体坚固宽敞、设计简单，并且只需要很少的人就可以操控它。因此，它在地中海地区也得到了广泛的使用，一般被用来运输大宗商品。

正是在阿拉伯的三角帆船和北欧的柯克船的影响下，地中海地区逐渐发明了新型帆船，其中最具有代表性的是卡拉维尔帆船和卡瑞克帆船。新式帆船迅速被欧洲各国广泛采用，并成为大航海时代的主角。

航海术和制图术

中世纪的船只一般都是沿岸航行，这样做虽然有搁浅的危险，但好处是有各种参照物辅助航行，以至于能够减少迷失方向的风险。当时，欧洲一些地区，特别是地中海地区已经出现了内容非常翔实的航行手册。然而，这种手册对于远洋航行毫无帮助，因此人们不得不开发新的工具来确定船只的航向、速度以及位置。

最重要的变革是指南针的使用。指南针是中国的四大发明之一，后来通过阿拉伯人传到欧洲，到13世纪后期，已经被广泛应用于航海活动。

有了指南针，水手们就不至于在茫茫大海中迷失方向。然而，只知道方向是远远不够的，水手们还需要知道自己所处的准确位置。空旷的大海，四周并没有什么参照物，所以水手们只好仰望星空，将天体特别是太阳作为航行的参照物，即通过观测太阳角度的变化来推测船只位置的移动。为此，人

知识链接：荷兰飞船

16世纪，伴随着探险、殖民和贸易活动的日益频繁，欧洲的造船业出现了两个新的变化：一个是大型战舰的出现，另一个是荷兰飞船的出现。荷兰飞船是专门的商船。它的船底几乎是平的，载货容量大，并且不装备任何武器。荷兰飞船有很多优点，如造价低廉、运行成本低等。相比当时其他的商船，荷兰飞船所需的水手更少。正是凭借这些优势，荷兰人垄断了大西洋沿岸的运输业，成为海上马车夫。

们采用了各种仪器，如十字测角器、四分仪和星盘等。据说，麦哲伦的船队携带了21个四分仪和37个指南针。

伴随着远洋航海的日益频繁，到16世纪，制图技术也出现了革命性的发展。1569年，佛兰德斯地图制作家墨卡托发明了投影法。这一方法后来经过英国人爱德华·赖特的进一步改进，成为迄今为止最主要的地图绘制方法。

这是一幅15世纪的图画，描绘了水手在海上使用罗盘的情景。

涓涓细流
东西方交流

在地理大发现之前，
东西方之间的交流，
就仿佛涓涓细流，时隐时现。

在地理大发现以前，世界各个主要文明地区总的来看处于相互隔绝的状态，但是这并不意味着它们之间毫无交流。历史上的亚、非、欧三大洲一直被各种各样的纽带联系在一起，尽管这些纽带还很脆弱，不时中断。少数勇敢的先行者用脚步丈量了欧亚大陆的各个角落，用自己的眼睛和纸笔见证了地理大发现前的缤纷世界。

文明的中介

欧洲仿佛一个巨大的半岛，背靠庞大的欧亚大陆，面向汹涌的大西洋。在中世纪，欧洲人便蜷缩在欧亚大陆的这个边缘的角落里，一边是难以逾越的天堑大西洋，另一边是伊斯兰文明，只能无奈地发出一声被上帝抛弃了的慨叹。

与欧洲截然不同的是，中世纪的伊斯兰文明正

在伊德里斯于 1154 年绘制的世界地图中，南方位于地图的顶部。

处在辉煌和巅峰时刻。欧洲和东亚之间的广阔地带基本上成了伊斯兰文明的天下。

伊斯兰文明处于东西要冲之地，很自然地成了东西方文明交流的中介。我们都知道，阿拉伯数字其实是印度人的发明，后来经过阿拉伯人传入了欧洲。除了阿拉伯数字之外，中国人引以为豪的"四大发明"——指南针、造纸术、火药和印刷术很可能也是通过穆斯林人之手为欧洲人所习得。

在中世纪，欧洲人关于外部世界的一些地理知识也是来自阿拉伯人。伊斯兰文明横跨东西，幅员辽阔，一些阿拉伯旅行家走南闯北，见多识广。其中，最为有名的一位是伊本·白图泰（Ibn Battuta）。1304 年 2 月 24 日，白图泰出生于摩洛哥的

骆驼是旅行者在亚洲、非洲的沙漠地区中最理想的交通工具。

1253 年，第七次十字军东征的领袖法王路易九世派遣修道士前往蒙古传教。图为修道士带回的外形似骷髅头的蒙古金属杯。

丹吉尔。他的祖先是柏柏尔人。在 21 岁的时候，伊本离开家乡，前往麦加朝圣，从此开始了其漫长的旅程。他的足迹几乎遍布伊斯兰世界。此外，他也去了不少不属于伊斯兰文明的国家和地区，甚至曾经到过中国。经过 29 年的漫长旅行，伊本最终于 1354 年回到家乡。他的旅行经历经他本人口述编成了一部名著——《伊本·白图泰游记》。

走出欧洲

在中世纪，伊斯兰文明和基督教文明互为仇敌。二者可以说都是罗马帝国衰亡后的产物。为了填补后罗马时代的权力真空，两个新生文明展开了漫长的竞赛。先是阿拉伯人发起进攻，成功地进入欧洲本土，但在 732 年，入侵欧洲的阿拉伯人在法国的普瓦提埃被法兰克人击败，被迫止步于比利牛斯山脉。

从 11 世纪末开始，欧洲人连续发动了多次反攻，试图击败阿拉伯人，夺取圣城耶路撒冷，但最终以失败告终。战争是残酷的，但并不是没有意义的。这场战争促进了东西方文化的交流，阿拉伯世界的优秀文明成果得以流入欧洲。

欧洲人凭借自己的力量无法击败伊斯兰文明，于是幻想与遥远东方的强大君主结盟，共同夹击阿拉伯人。在 13 世纪，这个想法真的以某种方式实现了。蒙古骑兵在欧亚大草原上纵横驰骋，所向披靡，建立了一个前所未有的庞大帝国。蒙古帝国的崛起重创了伊斯兰帝国，对于欧洲人而言，从欧洲到亚洲的陆路通道就此打开了。于是，一些欧洲人纷纷来到亚洲游历。其中最为有名的一位旅行家便是马可·波罗。

马可·波罗是意大利人。1271 年，17 岁的他跟随父亲和叔叔前往中国，在亚洲游历多年之后，最终于 1295 年返回意大利。他在东方各国的见闻记录在《马可·波罗游记》这本书当中。

马可·波罗不是第一个到达东方的欧洲人，却是第一个详细介绍东方见闻的欧洲人。他眼中的东方是一个拥有巨大财富、繁荣富庶的世界，这极大地激发了欧洲人对东方的向往。

马可·波罗（Marco Polo，1254—1324 年）出生于意大利东北部的威尼斯。17 岁的时候，他跟随父亲和叔叔前往东方国家游历。他的足迹遍布中国、日本和印度等国。他在东方的经历和见闻最终被写进了《马可·波罗游记》这部脍炙人口的著作中，这本书在欧洲产生了极大的影响。

财富的味道
香料贸易

跨越万水千山走过了大半个欧亚大陆，一把香料折射了多少人类历史的兴衰。

很久以来，香料一直是东西方贸易的重要物品之一。西方需要香料，东方出产香料。这些香料从原产地出发，跨越万水千山，经过无数次倒手，等到欧洲时，已经变成可以媲美金银的奢侈品。所以，香料所散发的不仅是诱人的香气，还有财富的味道。自从君士坦丁堡陷落后，欧洲人便试图寻找一条直达香料产地的贸易航道。他们最终如愿以偿。

香料群岛

伦岛（Pulau Run）是印度尼西亚的一个几乎与世隔绝的小岛。如今，岛上只有1000多名居民。没有手机信号，没有汽车，电力供应也是时断时续。很难想象，就在400年前，英荷两国曾为了它大动干戈。1667年两国签订的《布雷达和约》中，荷兰人同意英国人用伦岛来换取曼哈顿岛。后来，曼哈顿岛从新阿姆斯特丹改名为纽约，也就是今天这个众所周知的国际大都市。

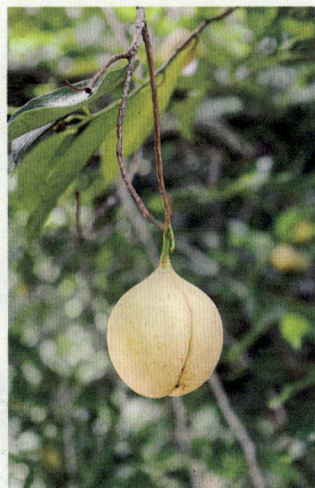

班达群岛位于今天的印度尼西亚，由一连串小的火山岛所组成。岛上土壤肥沃，在历史上的很长一段时间里都是香料肉豆蔻的唯一产地。作为香料群岛的核心组成部分，地理大发现以后，班达群岛成为欧洲国家激烈争夺的对象。

英荷两国千里迢迢跑到东南亚争夺一个小岛，不为别的，正是为了香料。伦岛所在的班达群岛（Banda Islands）共有十个火山岛，群岛上的火山土非常肥沃，在当时是唯一的肉豆蔻产区。

由班达群岛和其他众多岛屿所组成的马鲁古群岛（Maluku Islands）便是西方人所指的香料群岛。除了肉豆蔻之外，这里还盛产丁香等香料。

实际上，整个南亚和东南亚都是香料的重要产区，除了肉豆蔻和丁香之外，还出产胡椒、肉桂、生姜，等等。

肉豆蔻是一种常绿乔木的果实。果实成熟之后便会裂开，露出一个棕色果仁，果仁的外面包裹着红色的外衣。其中，果仁肉就是肉豆蔻，而外面红色外衣经过干燥后成为肉豆蔻衣。肉豆蔻有多种用途，既可入药，又可作为调味品使用。

香飘万里

物以稀为贵。在欧洲，这些来自遥远东方的香料是非常昂贵的。一小袋香料就能换一小群牛羊。香料可以当作嫁妆，还可以作为赠给君主的礼物。408 年，西哥特国王亚拉里克一世兵围罗马，借此向罗马勒索了巨额财富，其中就包括 3000 磅胡椒。

香料有很多实际用途。它是调味料，能让食物变得更加美味。它还是防腐剂，有助于保持肉类的新鲜。它是香水的重要原料之一。将苹果或橙子捣碎放入丁香，便可以将一屋子的衣服熏香。最后，它还是重要的药材。例如，肉豆蔻被认为可以抑制咳嗽和改善记忆，胡椒可以治疗感冒、提高视力和减轻肝痛。并且，很多香料都被认为有壮阳的功效。

然而，很长一段时间里，欧洲人一直不知道香料从何而来。围绕香料的产地有很多可怕的传说。据说，采摘香料的旅途异常艰险，有无数的食人野兽穿梭其中，还有波涛汹涌的大海和作恶多端的海盗。

真实的香料贸易尽管没有传说中这么可怕，但也确实非常艰辛。载着香料的小船首先在被无数小岛点缀的东南亚海域之间穿梭，这些香料逐渐被集中在爪哇岛和苏门答腊岛的市场。然后，香料被运往印度，印度商人再把它们转卖给阿拉伯商人。最后，这些阿拉伯商人穿过印度洋将香料带到埃及和中东的市场，其中亚历山大港和君士坦丁堡是最重要的两个香料交易中心。在中世纪，威尼斯商人垄断了中东与欧洲之间的香料贸易。在亚历山大港和君士坦丁堡的香料市场，他们将其他欧洲商人排除在外。垄断香料贸易给威尼斯共和国带来了源源不断的丰厚利润。

然而，1453 年，君士坦丁堡被奥斯曼帝国攻

> ### 知识链接：君士坦丁堡的陷落
>
> 作为拜占庭帝国的首都，君士坦丁堡一直是世界上城防最为坚固、最不易被攻破的一座城市。1453 年，奥斯曼帝国的军队从海陆两面包围了这座城市。土耳其人动用了各种攻城手段，最终瓦解了坚固的工事和顽强的抵抗，并于 5 月 29 日破城而入。存在了 1000 余年的拜占庭帝国就此灭亡。

陷。之后，奥斯曼帝国便垄断了这条香料之路。这对欧洲人来说不是一个好消息。于是他们便试图绕开这个传统路线，另辟蹊径，通过海路直达香料产地。1498 年 5 月 20 日，葡萄牙人达·伽马率领船队抵达印度卡利卡特。欧洲通往香料产地的航路被开辟出来。

图为一张 15 世纪的插图，描绘了当时聚集在君士坦丁堡的威尼斯商人。在中世纪，君士坦丁堡是地中海的贸易中心，是连接东西方贸易的重要节点。很多威尼斯商人云集君士坦丁堡，将来自东方的奇珍异宝运回欧洲。君士坦丁堡的威尼斯商人数量庞大，并集中居住在城市的一角。

以上帝与财富的名义
大航海时代的到来

内在的求知欲和宗教热忱，
外在的财富和名望，
让欧洲人无法停止迈向未知世界的脚步。

　　地理大发现在人类历史上占有格外重要的位置。16世纪中叶的一位西班牙历史学家宣称，除了耶稣受难之外，地理大发现是创世纪以来最重要的事件。面对历史上发生的重大事件，历史学家们最喜欢做的事情之一便是追根溯源，寻找事件发生的原因，地理大发现也不例外。同其他重大事件一样，地理大发现的出现有着多方面的原因。

信仰与财富

　　促使欧洲人走出欧洲的动机有很多，其中最为强烈的是信仰和财富。这两个本来相互冲突的一对矛盾在早期欧洲探险者的身上完美地结合在了一起。达·伽马抵达印度卡利卡特之后，便告诉当地人他此行的目的是为了寻找传说中的基督徒以及获取香料。参与征服美洲的西班牙人贝尔纳尔·迪亚斯直言不讳地写道，他和他的同伴前去美洲的目的有两个：一个是侍奉上帝，为处于黑暗当中的人们带去光明；另一个是获取所有人都梦想得到的财富。

　　大航海时代的发现者和征服者很多都是信仰虔诚的人。虔诚有两种表现方式：一种是努力说服异教徒皈依基督教，另一种是利用政治、军事手段捍卫自身宗教信仰的独立和安全并羞辱、压迫异教徒。在欧洲殖民者探险和征服的过程当中，这两种虔诚交织出现。

　　对于这些刚刚从中世纪走出来的欧洲人而言，

没有什么比"圣战"更能点燃和展现他们的宗教热忱。中世纪的十字军东征是基督徒所发动的针对阿拉伯人的宗教战争。海外探险在当时很多人看来不过是十字军东征的继续，目的是寻找潜在的东方盟友，从而击败宿敌伊斯兰文明。

　　欧洲人走出欧洲的另外一个重要目标是寻求财富。来自东方的奢侈品，如香料、丝绸、象牙、宝石等，通过地中海贸易流入欧洲。对于这些奢侈品，欧洲有着旺盛的需求。以香料为例，它有多种用途，可以用于烹饪、防腐、制作香水，甚至被当作药物治疗疾病，由于数量非常有限，所以比金银还贵。这些来自东方的奢侈品在欧洲人看来就是财富的代名词，就是真金白银。地中海的奢侈品贸易

以大帆船（商船）为图案的葡萄牙彩釉陶碗

图为《征服新西班牙信史》的扉页。贝尔纳尔·迪亚斯曾经亲身参与科尔特斯对阿兹特克帝国的征服。作为这一历史事件的亲历者，他在书中绘声绘色地描述了征服的过程。该书成稿于 1568 年，但直到 1632 年才首次出版。

一直被威尼斯人和热那亚人所把持，其他欧洲国家的商人很难染指，再加上奥斯曼帝国的崛起为地中海贸易增添了新的障碍，所以大西洋沿岸的欧洲各国有强烈的意愿去开辟到达东方的新航路。

求知和名望

地理大发现的背景是文艺复兴。14 世纪，文艺复兴运动发起于意大利，其影响逐步向欧洲其他国家扩散。

相比中世纪那种宗教的、静思的生活，文艺复兴时期的人们更向往积极的、世俗的和个人的生活。他们追求个人名望，想要通过个人的努力获得权力和地位，甚至是名垂青史。上面提到的贝尔纳尔·迪亚斯在其著作《征服新西班牙信史》中详细描绘了西班牙人征服美洲的过程。关于这本书的目的，迪亚斯写道，记录这段历史是为了让子孙后代能够了解父辈们的成就。

这些征服者们还经常借用古罗马时期的历史来比照他们当时的处境，并通过罗马人的英雄事迹来鼓励自己，这也从另一个侧面反映了文艺复兴的影响。

在促使欧洲人走出欧洲的众多因素中，有一个因素经常被忽略，那就是好奇心和求知欲。15 世纪，一种对外部世界毫无功利心的纯粹的好奇心在欧洲逐渐散布开来。这种好奇心促使欧洲人去探究宇宙的奥秘，去研究人体的生理结构，同时也促使他们扬帆远航，探索这个世界。

这幅绘制于 1610 年的画像是耶稣会传教士利玛窦，利玛窦病逝于北京。这幅画的绘制者是一位皈依基督教的中国人，他通过一位意大利耶稣会士掌握了西洋绘画技法。后来，这幅画被耶稣会传教士金尼阁带回欧洲。

航海者
亨利王子

没有出海远航的经验，
却无愧于"航海者"的称号。

亨利王子（Prince Henry the Navigator，1394—1460 年）是葡萄牙国王若昂一世的第三个儿子。他有力地推动了大航海时代的到来，尽管终生都没有出海远洋的经历，但还是被后人尊称为"航海者"。经过他的不懈努力，葡萄牙迅速成为一个航海强国，并率先进行海外探险。

未来在海洋

就远洋航海而言，葡萄牙占据着非常有利的地理位置。这个国家面朝大西洋，有着漫长的海岸线，扼守着地中海通往大西洋的交通要道——直布罗陀海峡。作为一个新生的统一民族国家，葡萄牙政通人和，没有内患之忧。然而在欧洲，葡萄牙作为一个落后的小国不可能在欧洲内部的争斗中有所建树，却有可能在对外扩张中成就一番伟业。在与摩尔人的长期斗争中，葡萄牙人培养了强烈的民族和宗教自豪感。他们已经将摩尔人赶出了自己的国家，现在他们有了强烈的向外扩张的欲望和雄心。

从 15 世纪起，非洲西部的阿肯人经常使用这样的黄铜块来称量黄金，并以此与欧洲人进行交易。

北非是葡萄牙的第一个目标。1415 年，葡萄牙人攻占了北非地中海沿岸的港口城市休达。这可以看作是地理大发现的开端，同时它也是葡萄牙殖民帝国的开端。正是在此之后，亨利王子开始将远洋探险作为自己终生的事业。他定居在一个远离首都里斯本、位

750F 2009
PRINCE HENRY THE NAVIGATOR
RWANDA

亨利王子对葡萄牙的航海事业作出了非常重要的贡献，所以拥有"航海者"的称号。正是在他的大力推动下，葡萄牙人率先开始了远洋航行和探险，揭开了地理大发现的序幕。

知识链接：摩尔人

摩尔人被用来称呼居住于北非、伊比利亚半岛、马耳他和西西里的穆斯林人。他们最初是源于柏柏尔人和阿拉伯人。8 世纪，摩尔人攻入伊比利亚半岛，并建立国家，实行了数个世纪的统治。随后欧洲人不断进行反击，试图将摩尔人赶出伊比利亚半岛，这个过程就是所谓的"收复失地运动"。1492 年，在格拉纳达战役中，摩尔人在半岛的最后一块土地——格拉纳达王国被攻陷，这标志着收复失地运动结束。

萨格里什位于葡萄牙的最西南端，一个人口不满两千人的沿海小乡镇。然而，在历史上，萨格里什曾经在地理大发现中扮演过重要的角色。亨利王子为了集中精力发展葡萄牙的航海事业，来到这个远离首都里斯本的偏远角落居住，并在这里运筹帷幄，组织了一次又一次的远洋探险。

于葡萄牙最南端的小村庄萨格里什（Sagres），他一直没有结婚，将自己大部分精力都投入到航海事业。

运筹帷幄

当时的欧洲流传着祭司王约翰的传说。根据传说，遥远的东方居住着一个信奉基督教的君主。欧洲人希望能够与这位东方君主建立起联系，以便联手击败位于中间地带的穆斯林人。这是促使亨利王子组织航海探险的重要精神因素。

另外一个重要使命是寻找黄金。他得知有一条商路穿过撒哈拉沙漠直达一片草木丰茂的富饶土地，那里盛产黄金。他决定从海路而不是陆路到达这个黄金产地，于是他组织了一批又一批船队出海探险，目标就是西非海岸。

当时在地中海上航行的船只沉重笨拙，行驶速度也比较缓慢，不适合进行远洋航行。在亨利王子的领导下，一种更加轻便的轻型帆船被制造出来，非常适合在海洋中乘风破浪。

在探险的过程中，亨利王子的水手们首先发现了大西洋上的马德拉群岛和亚速尔群岛。亨利王子随即派人前去殖民。

话说世界

知识链接："航海者"之称的由来

在亨利王子生前及其死后的数个世纪里，他并没有被人称为"航海者"。这个名称实际上是由两名19世纪的德国历史学家创造的。随后，这个称号被英国史学家所采纳，并最终被越来越多的人所接受，于是亨利王子便获得了这一新的名称。"航海者"之名放在他的身上的确是名副其实。

博哈多尔角在当时被认为是航行的边界，因为根据传说，边界以南就是海怪统治的危险世界。在此之前，从来没有欧洲水手敢于跨过这个边界。在亨利王子的组织和支持下，葡萄牙水手向这个边界发起冲击。1434年，葡萄牙人终于越过了博哈多尔角，驶进了"新世界"。

随后，亨利王子继续组织人员沿着非洲海岸向南探索。葡萄牙获得了博哈多尔角以南的航海和贸易垄断权。到1444年，葡萄牙人已经行进到塞内加尔河口。至此，他们终于绕过了一望无际的撒哈拉沙漠，抵达了传说中的富饶之地。

自此以后，黄金，还有奴隶开始源源不断地涌向葡萄牙。

图中是建于15世纪的博哈多尔灯塔。今天，博哈多尔角只是一个普通的海角，一个非洲西海岸伸向大西洋的突起。

黄金与香料
葡萄牙的海上探险与贸易活动

海洋自古为天堑，
天堑如今成通途。

葡萄牙在欧洲算不上强国，然而，作为一个偏居伊比利亚半岛西端的小国，却完成了首先开启地理大发现的壮举。这一方面得益于它的有利位置，其位于地中海世界和大西洋的交汇处；另一方面则得益于这个国家很早的时候就摆脱了外族的入侵，实现了国家独立，使得自己能够集中精力进行远洋探险。

从黄金到香料

1415 年，葡萄牙人夺取了北非地中海沿岸的重要港口城市休达。在此后葡萄牙的海外探险事业中，亨利王子发挥了至关重要的作用。正是得益于他的强有力的支持，葡萄牙人驾驶着帆船一次次地向南探索，沿着非洲海岸不断向前开拓，绕过好望

休达位于北非的地中海沿岸，扼守着直布罗陀海峡，现在被西班牙统治，是西班牙在北非的一个属地。在中世纪，休达一直是柏柏尔人的地盘，直到 1415 年，葡萄牙人攻占了这个地方，这一历史事件一般被看作是地理大发现的起点。图为休达全景图。

卡利卡特港位于印度的西南部，作为一个重要的海港，其在海洋航行和交流史上扮演过重要的角色。郑和下西洋时曾经抵达这个城市，之后，首次经海路抵达亚洲的葡萄牙航海家达·伽马也是在此登陆印度次大陆。上面这幅 16 世纪的画作展现了卡利卡特港当时的繁荣景象。

角，最终在 1498 年由葡萄牙人达·伽马率领船队成功抵达印度卡利卡特。

在向南探索的过程中，葡萄牙人陆续发现了马德拉群岛、亚速尔群岛和佛得角，并迅速组织移民前往这些岛上定居。这些移民仿佛知道自己正处于一个伟大历史进程的开端，他们在马德拉群岛上所生下的第一个男孩和第一个女孩分别被取名为"亚当"和"夏娃"。

起初，葡萄牙人向南航行的主要目标是寻找西非出产的黄金。一直以来，阿拉伯商人的驼队穿过撒哈拉沙漠将这些黄金运到地中海地区。葡萄牙人抵达西非海岸之后，迅速垄断了黄金贸易。葡萄牙人的海上船队最终打败了阿拉伯人的陆上驼队。

葡萄牙人在非洲掠取了大量的奴隶，大西洋奴隶贸易正是肇始于此。他们先是亲自依靠武力抢夺

奴隶，后来转为通过非洲中间人购买奴隶。据统计，从1450年到1500年，约有15万名非洲奴隶被葡萄牙人掠走。

获得了非洲的黄金和奴隶之后，葡萄牙人并没有止步，而是将目光转向了亚洲的香料。从迪亚士到达·伽马，葡萄牙人终于如愿以偿，抵达重要的香料贸易中心——印度的卡利卡特。

从亚洲到美洲

葡萄牙人一到印度洋便发现当地的贸易基本上被印度穆斯林商人垄断。于是，葡萄牙人决定依靠武力打破这种垄断。当地的舰队在葡萄牙人的战舰面前不堪一击，葡萄牙人凭借着船坚炮利在印度洋所向披靡，很快便占领一系列重要港口城市，包括果阿、马六甲等，并修建了多个据点。其中，果阿很快便取代卡利卡特成为印度洋主要的贸易中心。

葡萄牙人成了印度洋贸易的垄断者。所有的香料都必须到他们指定的港口城市交易。不这么做的船只则有被他们没收或击沉的危险。

葡萄牙人并没有止步印度洋，而是继续向东进发，穿过东南亚，直至东亚的中国和日本。葡萄牙人建立了一个海上帝国，这个帝国主要是由海岸的港口和据点所构成的。从莫桑比克的索法拉到日本的长崎，这样的据点多达几十个。漫长的海岸线分散了葡萄牙本就十分有限的人力和物力，使得船只和人员都严重不足。葡萄牙总督们在每次军事行动中最多只能调动1000多名白人士兵。所以说，葡萄牙的海上帝国缺乏稳固的基础。当荷兰人和英国人相继来到亚洲后，这个岌岌可危的帝国便迅速倒塌。

然而，葡萄牙人却在亚洲之外的另外一个半球保留住了自己的胜利果实，即南美洲的巴西。早在1500年，葡萄牙人便发现了巴西这片土地。在此之前1494年葡萄牙和西班牙签订的《托德西利亚斯条约》规定在佛得角群岛以西370里格处划一条直线，线以东归葡萄牙，巴西被划为葡萄牙的势力范围。由于葡萄牙人一直将海外贸易的重点放在亚洲，因此忽视了美洲这片土地的开发，直到法国人的竞争促使葡萄牙政府加快了本国向巴西的殖民。

果阿位于印度的西部海岸，西邻阿拉伯海，距离孟买400公里。1510年，葡萄牙人占领了果阿城。之后，果阿迅速成了葡萄牙人在亚洲贸易和传教活动的中心。葡萄牙人在果阿修建了大量的教堂和修道院，其中规模最大的是圣卡塔琳娜教堂。

千姿百态
地理大发现前夕的非洲文明

非洲，人类的伊甸园，
大漠、高山、草原、雨林，
这里的文明同样多姿多彩。

非洲可谓是人类的"伊甸园"。人类诞生在这个大陆，并以此为起点散布到世界各地。非洲大陆夹在两大洋之间，一边是大西洋，另一边是印度洋，通过西奈半岛与欧亚大陆相连。非洲地域辽阔，气候地貌多样，这里有世界最大的沙漠，也有一望无际的草原和森林。正是在这种复杂多样的环境中孕育了多姿多彩的人类文明。

撒哈拉沙漠以北

撒哈拉大沙漠仿佛一个天堑将非洲分成了南北两部分。北部非洲是地中海文明的一部分，这一区域自古以来与中东、欧洲保持着密切的联系。

哥伦布发现美洲新大陆之时，地处北非的埃及

图中展示的是 16 世纪早期的一位马穆鲁克进行长矛训练。马穆鲁克又被翻译为马木留克，其本意是奴隶。他们大多来自中亚的游牧民族，作为奴隶被贩卖到中东地区，后来逐渐成为军事贵族集团。他们在 13 世纪中叶创建了马穆鲁克王朝，该王朝最终在 1517 年被奥斯曼帝国推翻。

正处于马穆鲁克王朝统治的末期。这个王朝建立于 1250 年，在其强盛时期曾经击败过入侵的蒙古人。然而到 15、16 世纪，马穆鲁克王朝的统治已经变得岌岌可危。农民遭到了残酷的压迫，赋税日益枯竭，天灾人祸不断。曾经骁勇善战的军队在装备先进精良的土耳其人面前变得不堪一击。最终，奥斯曼帝国在 1517 年征服了埃及，成为新的统治者。

非洲西北部被称作马格里布的区域包括今天的摩洛哥、突尼斯、阿尔及利亚等国家。在中世纪，当地阿拉伯化的柏柏尔人曾经入侵欧洲，并在伊比利亚半岛建立了自己的王国。然而到 15 世纪末，他们在伊比利亚半岛的最后一个据点格拉纳达被西班牙人攻占。原来的进攻者成了防御者。伊比利亚人和土耳其人竞相在此扩张势力。马格里布的大部分地区同埃及一样落入了土耳其人的统治，北部港口城市休达则被葡萄牙人占领。在如此不利的局势下，有一个西北非国家逐渐兴起并保持了独立，即摩洛哥。摩洛哥人不仅先后击败了奥斯曼帝国和葡萄牙的入侵，而且还向南跨过撒哈拉沙漠征服了桑海帝国。

撒哈拉沙漠以南

14 世纪，一个强盛的马里帝国统治着西非。

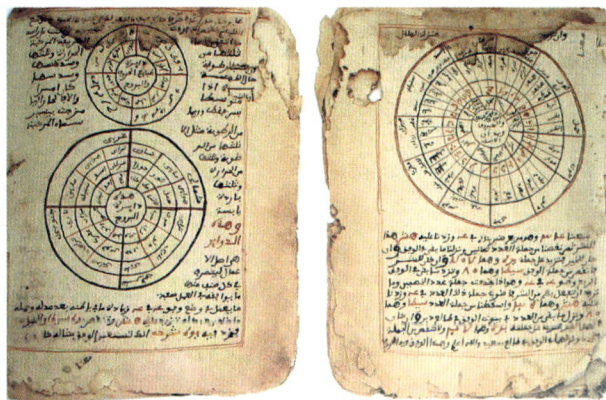

图中展示的是在廷巴克图发现的桑海帝国时期的手稿，手稿记录了桑海人在数学和天文学方面的知识。桑海帝国是西非的一个古国，崛起于 15 世纪，并在 16 世纪达到鼎盛。桑海帝国受到了伊斯兰文明的影响，伊斯兰教成为其主要信仰。

然而到 15 世纪，一个新的帝国——桑海帝国逐渐崛起，并取而代之。无论是马里帝国还是桑海帝国都与北非的穆斯林有着密切的贸易、宗教和文化往来。穆斯林商人穿过撒哈拉沙漠来到廷巴克图和加奥，带来了食盐和布匹，同时也带来了宗教。信仰伊斯兰教的桑海帝国在 15 世纪末 16 世纪初不断地攻城略地，扩大版图。帝国的财富引来他者的觊觎。16 世纪末，北非摩洛哥的大举入侵，最终导致桑海帝国的瓦解。

从 9 世纪开始，东非的沿海地区出现了一连串的贸易城镇，这一区域被称作"斯瓦希里"。斯瓦希里是印度洋贸易网的组成部分。和桑海帝国一样，斯瓦希里的繁荣在很大程度上也得益于穆斯林商人的到来。当地的统治者逐渐皈依伊斯兰教，非洲本土文化和外来的伊斯兰文化逐渐融为一体。从 10 世纪到 15 世纪，斯瓦希里一直处于繁荣之中，直到葡萄牙人打破了这一切。

伊斯兰教的影响遍及撒哈拉沙漠南北，然而在东非却有一个信仰基督教的飞地——埃塞俄比亚。4 世纪，基督教传入埃塞俄比亚。作为较早皈依基

知识链接：达荷美王国

17 世纪上半叶，在今天的贝宁共和国境内，达荷美王国逐渐兴盛强大起来。面对欧洲势力的入侵和渗透，该王国的统治者选择积极地投入到奴隶贸易之中。达荷美王国通过对周边的部落发动战争获取奴隶，然后用这些奴隶交换欧洲的火器，进而增强本国的实力。达荷美国王成为该地区最大的奴隶贩子。

督教的一个国家，埃塞俄比亚将自己视为基督教的前沿阵地，不断地与周围的异教徒抗争。

15 世纪初，非洲中部出现了一个重要的王国——刚果王国。它依靠手工业和贸易实现了繁荣。然而，15 世纪末葡萄牙人的到来彻底改变了这个王国的命运。刚果王国逐渐沦为重要的奴隶输出地。

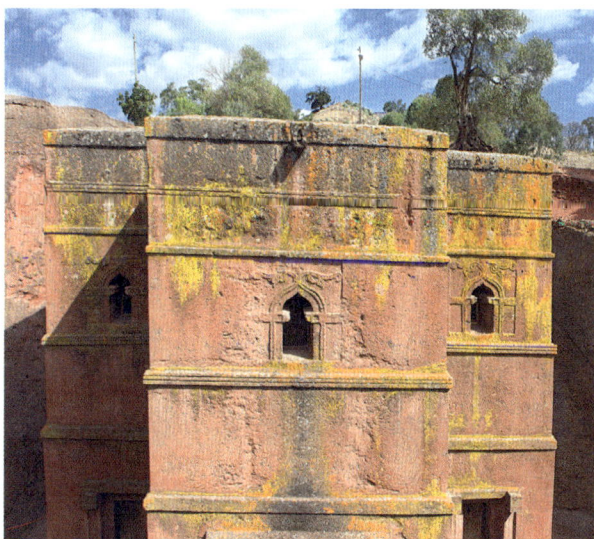

拉利贝拉是埃塞俄比亚北部的一座古城，因城中众多的基督教教堂而闻名世界，并被联合国列为世界遗产地。这里的教堂非常独特，都是利用岩石雕凿而成。埃塞俄比亚位于非洲的东北部，基督教出现后没多久便传入这个国家，并一直延续下来。

欧洲人的到来
16世纪初的东南亚

新的文明和资本的流入，
激起了更加波澜壮阔的图景。

东南亚主要由两部分组成——中南半岛和马来群岛。其中，中南半岛与中国和印度相连，文明出现较早，拥有众多的人口和强大的王国。马来群岛是世界第一大群岛，在200多万平方公里的海域内分布着大大小小两万多个岛屿。16世纪初，欧洲人的突然到来打破了原有的平衡，激起了新的水花和涟漪。

香料贸易

16世纪初，葡萄牙人进入东南亚。他们是循着香料的气味来到这里的，因为东南亚出产的香料

图为马来西亚最古老的清真寺。伊斯兰教是马来西亚的国教。伊斯兰教产生于中东，大概在13—14世纪通过贸易的方式传入东南亚，在之后的时间里，逐渐成为马来半岛地区的主要信仰。在这里，伊斯兰教逐渐本地化，并受到印度和中国的影响，这种文化的融合在宗教建筑上得到了完美的展现。

正是他们梦寐以求的商品。

葡萄牙所面对的不是一个真空地带，而是一个有着众多人口、复杂文明的地区。来自印度的穆斯林商人很早便来到东南亚经商，并在很大程度上垄断了当地的香料贸易。穆斯林商人还给当地民众带来了伊斯兰教，马来半岛的很多王国逐渐皈依了这个新传入的宗教。

为了让自己在东南亚的香料贸易中占有一席之地，葡萄牙人必须击败垄断该贸易的穆斯林商人及其同盟者。为此，葡萄牙人不惜使用武力，毕竟谁占有了香料，谁就占有了金银，占有了财富。1513年1月，葡萄牙人在马六甲附近海域一举击败了爪哇人的舰队，从而获得了马来群岛的制海权。

挑战与应战

基督教和伊斯兰教在东南亚的敌对不应夸大。东南亚的一些伊斯兰教统治者的确对信仰基督教的葡萄牙人怀有敌意，但是当他们中的一些人尝到与葡萄牙人做生意的甜头后，便将这种敌意抛诸脑后了。例如，爪哇岛西部的一个穆斯林统治者曾经禁止葡萄牙人参与本地的贸易，但没多久便改变了主意，允许这些基督教徒参与。

欧洲人的到来还在一定程度上加快了东南亚各地区的统一进程。与中国的大一统不同，东南亚的鲜明特点是割裂。16世纪初，东南亚的一些统治

一话一说一世一界一

图中是缅甸国王莽应龙的雕像。莽应龙是缅甸历史上的一位伟大君主。他率领军队南征北战，统一了整个缅甸，建立了一个领土广阔的庞大帝国，称霸中南半岛。他是缅甸东吁王朝的第三任国王。东吁王朝在极盛时期统治着中南半岛的绝大部分土地。

知识链接：傣泰民族

傣泰民族主要集中在东南亚，在中国南部和印度东北部也有广泛分布，其在不同的国家往往有不同的称呼，如泰国的泰族、中国的傣族、缅甸的掸族和印度的阿萨姆族。一般认为，傣泰民族起源于中国南部，后来迁往东南亚，并逐渐发展壮大起来。

者选择借助欧洲人的力量来推进自己的统一大业，其中较为典型的例子是缅甸东吁王朝的国王莽应龙（Burengnong Kayodin Noratha，1516—1581年），他在战争中使用葡萄牙雇佣兵。借助欧洲人的火器，莽应龙不但统一了缅甸，而且还攻占了今天的泰国和老挝，成为中南半岛的霸主。

然而，总的来看，16世纪初，葡萄牙人在中南半岛的影响力是非常微弱的，甚至可以说是可有可无的。究其原因，一方面，中南半岛有着众多的人口、强大的王国和复杂的文明，远远超出了葡萄牙人的掌控能力；另一方面，葡萄牙人所追求的香料主要分布在马来群岛，中南半岛不是香料产地，所以不涉及葡萄牙人的核心利益。

葡萄牙人在马来群岛的影响力则相对更大一些。相比中南半岛，马来群岛的政治版图更加细碎，王国星罗棋布，就仿佛这里的无数海岛一样。据一位葡萄牙编年史家记载，仅在苏门答腊岛沿岸地区便有29个王国。严重的割裂有利于葡萄牙人的干涉，更何况葡萄牙人有扩张自己影响力的强烈动机，毕竟香料群岛就位于这个区域。

1511年，葡萄牙人攻占了马六甲。此后，马六甲很快成为葡萄牙帝国一个重要的香料交易中心。占领了马六甲，葡萄牙人便控制住了马六甲海峡这个咽喉要道。然而，葡萄牙人并不能高枕无忧。周围的穆斯林统治者对葡萄牙人的到来感到不安，他们联合起来多次进攻葡萄牙人控制的马六甲，但都没有成功。就这样，从1511年开始，马六甲一直处于葡萄牙人的统治之下，直到荷兰人在1641年打败葡萄牙人，将该城占为己有。

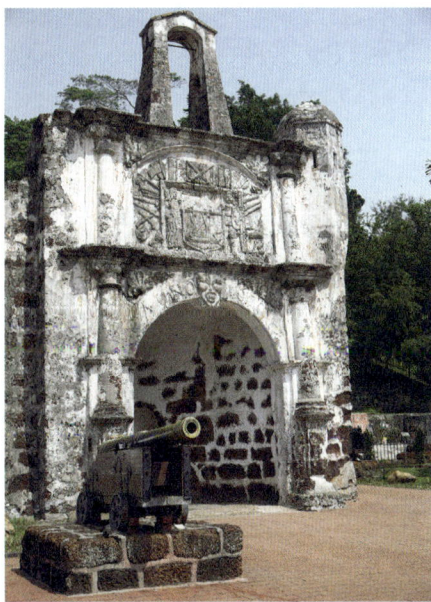

法摩沙堡是位于马来西亚马六甲的一座葡萄牙要塞，修建于1511年。为了保卫贸易航线的畅通，葡萄牙人在亚洲沿海地区修建了众多堡垒，法摩沙堡便是其中一个。它是东南亚和东亚地区最古老的欧洲建筑之一。这个要塞的绝大部分都已经坍塌不见，只剩下断壁残垣，图为圣地亚哥古城门。

罪恶的贸易
大西洋奴隶贸易的开端

这是人类历史上的一个黑暗篇章，
无数非洲人被押上运奴船，
失去了所有做人的尊严。

一话一说一世一界一

地理大发现拉开了欧洲人称霸世界的帷幕，同时也拉开了非洲人无数苦难的帷幕。从15世纪中叶开始一直到19世纪，长达数百年的奴隶贸易使上千万强壮的非洲人被迫离开自己的家乡，并在万里之遥的异国他乡像牲畜一般辛苦劳作。在这个过程中，欧洲获得了巨额的财富，而非洲则历经了无尽的苦难。

早期的非洲奴隶贸易

早在欧洲人到来之前，非洲便已经存在奴隶和奴隶贸易。在非洲社会内部，战争往往使一部分人沦为另一部分人的奴隶。然而，这些奴隶仍然被看作是部落的成员，如果勤奋肯干，便有机会摆脱奴隶的身份。除此之外，一部分非洲奴隶被阿拉伯人贩卖到非洲之外，其中有些人甚至辗转到达了中国。但是，相比之后欧洲人所进行的黑奴贸易，此时非洲奴隶贸易的规模是非常有限的。

众所周知，葡萄牙人进行海外探险的重要目的是发现一条通向东方的新航路。除此之外，葡萄牙人还有一个更加迫切的目标，那就是发现盛产黄金的西非海岸。在历史上，撒哈拉以南非洲所生产的黄金通过跨撒哈拉贸易源源不断地输送到欧洲。葡萄牙人想与这一地区建立直接的贸易往来。当来到这里时，葡萄牙人发现，除了黄金之外，还有更大的财富在等着他们——奴隶。

在不断向南扩张的过程当中，葡萄牙人先后占领了大西洋中的一些小岛，并在那里建立了大量的甘蔗种植园。种植园需要大量的劳动力，于是葡萄牙人掠夺了大量的黑人奴隶，并强迫他们在种植园中劳动。这成为之后美洲种植园经济的模型。

跨大西洋奴隶贸易的起源和发展

15世纪下半叶，非洲输出奴隶的数量平均每年约为500—1000人。转折点出现在15世纪末。

1492年，哥伦布代表西班牙发现了美洲新大陆。紧接着，中南美洲成为西班牙人的殖民地。当地的印第安人遭受了灭顶之灾。不敌于欧洲人带来的枪炮和病菌，大量的土著居民死亡。于是，殖民地出现了严重的劳动力短缺。为了解决这一问题，殖民者们将目光投向了非洲，那里有大量的青壮年

图为贝宁出土的一件葡萄牙士兵青铜雕像。

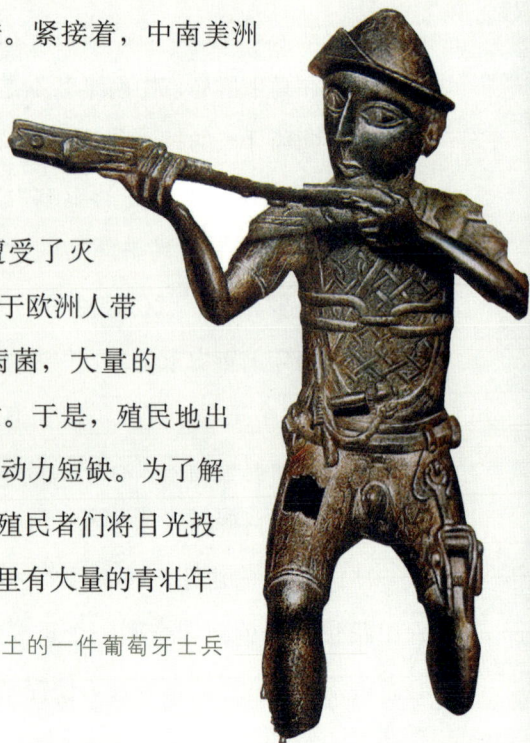

劳动力可供掠取。

1532 年，第一批非洲奴隶跨越大西洋抵达美洲。此后，奴隶贸易的规模如滚雪球般越滚越大。越来越多的欧洲国家竞相加入这个获利颇丰又充满罪恶的贸易活动，除了西班牙和葡萄牙之外，荷兰、法国和英国也先后加入。

值得注意的是，欧洲人一般不通过武力直接获取非洲奴隶，而是通过本地的中间人购买奴隶。对于欧洲人而言，既然西非海岸有大量廉价的奴隶可以购买，又何必自己大动干戈呢？

此时，非洲之所以有源源不断的奴隶可供输出，主要是因为非洲内部连绵不断的部落战争。这在一定程度上也是由欧洲人造成的。欧洲人用廉价的枪炮来换非洲的奴隶，然后非洲人用这些枪炮自相残杀。战争产生了更多的奴隶，而更多的奴隶反

> **知识链接：三角贸易**
>
> 奴隶贸易是环大西洋贸易的一个必不可少的环节。欧洲商人先是载着枪炮等欧洲产品到非洲交换奴隶，然后再将非洲奴隶运送到美洲换取当地的蔗糖等产品，最后将这些美洲产品带回欧洲销售。通过三角贸易，欧洲商人获取了巨额的财富，不少港口城市也因此而兴起。

过来又可以换取更多的战争工具——枪炮。

被掠走的非洲奴隶绝大部分都是青壮年，年龄在 14—35 岁之间。被迫登上运奴船的非洲奴隶大都非常健壮。然而，他们当中并不是所有人都能够活着抵达目的地美洲，很多人在旅途中便死去了。因为运奴船上的条件极端恶劣。在船上，奴隶们没有起身活动的空间和自由，只能赤裸着身体躺在特制的甲板上，一躺就是数周，其间还要忍受自身排泄物的恶臭。如此恶劣的环境下，大量的奴隶患病死亡。死去的奴隶便被扔进了茫茫的大海。

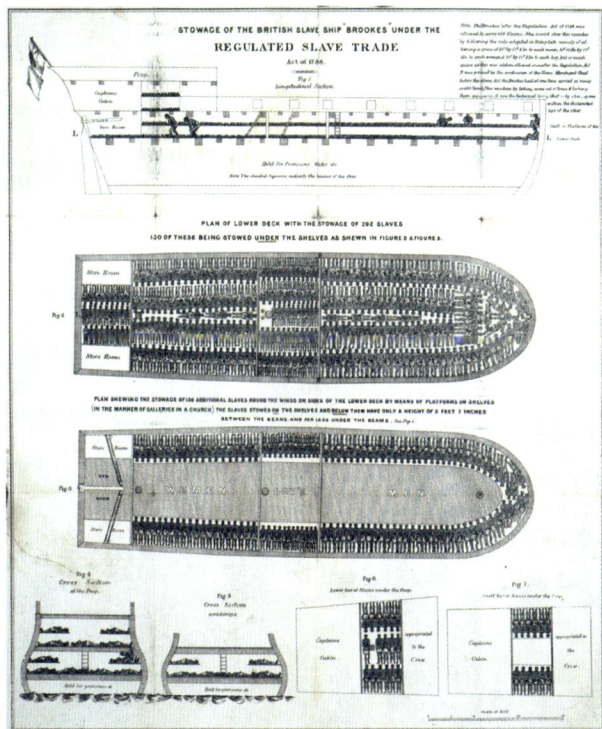

作为三角贸易的关键一环，奴隶贸易是人类历史上极不光彩的一页。该图向我们展示了运奴船的糟糕环境。这些黑人奴隶被迫挤在船上穿越大西洋，在这个过程中，连翻身都非常困难。由于船上的环境非常糟糕，死亡率非常高。

图为象牙雕刻，描绘了葡萄牙人捕捉奴隶的情景

打开通往东方的海路
达·伽马开辟印欧航线

沿着先人的足迹，勇往直前；
抵达胜利的彼岸，风光无限。

达·伽马（Vasco da Gama，1460—1524 年），葡萄牙航海家，开辟了从欧洲到印度的海上通道。这项壮举历时两年之久，充满了艰辛与磨难，船队绕过了好望角，到达印度卡利卡特，并最终成功返回葡萄牙。此次航行打通了东西方贸易的海上"高速公路"，将欧、非、亚三大洲连为一体。

驶进印度洋

自亨利王子以来，葡萄牙一直致力于航海事业。迪亚士在 1488 年抵达非洲最南端的好望角，为达·伽马之后的航行奠定了坚实基础。

1492 年，哥伦布向西航行发现了美洲新大陆，这可能在一定程度上刺激了葡萄牙国王，于是他任命出身贵族家庭的达·伽马率领船队远行。

1497 年 7 月 8 日，装备了武器、满载着给养和货物的船队从里斯本出发。船队共有四艘帆船，其中一艘为补给船。旗舰是圣加布里埃尔号。

船队向西南方向航行，经过佛得角，并在到达塞拉利昂附近的时候突然改变航向，朝远离陆地的方向驶去。这背离了当时的惯常做法——沿岸航行。

船队在远离陆地的大海上连续走了 3 个多月的时间，在大西洋南部兜了一大圈，终于在 11 月初登陆圣赫勒拿湾。在这里，船员们遇到了非洲土著居民布须曼人。双方爆发了冲突，达·伽马腿部负伤。

12 月 16 日，船队到达当年迪亚士掉头返程的地方——大鱼河。从这里开始，达·伽马一行人便

1497 年 7 月 8 日，葡萄牙航海家达·伽马率领船队离开里斯本，目的地是繁荣富庶的东方。这幅画描绘了达·伽马船队离开里斯本的场景。在画中，葡萄牙天文学家亚伯拉罕·萨库托将天文表交给达·伽马。这幅壁画现存于南非约翰内斯堡的威廉·卡伦图书馆。

达·伽马出生于葡萄牙西南部海港城市锡尼什。他出生于贵族之家，母亲有英国血统。作为葡萄牙历史上乃至人类历史上最伟大的航海家之一，有很多画作和雕塑描绘了达·伽马的英姿。这幅彩色玻璃上的侧身画像惟妙惟肖地描绘了达·伽马。

踏入了一个对于欧洲人来说完全未知的海域。圣诞节来临，达·伽马便将当时正在通过的海岸取名为纳塔尔（Natal），葡萄牙语寓意为"耶稣的诞生"。

1498 年 3 月 2 日，船队抵达莫桑比克。他们的到来并未受到当地民众的欢迎，于是在离开港口时，达·伽马命令炮击城市，以示报复。

此后，船队又先后经过蒙巴萨和马林迪。两地对这些陌生来客的态度截然不同。前者充满敌意，而后者则要友善得多。在马林迪，船员们遇到了长相、服饰都与阿拉伯人不同的印度商人。与此同时，他们还找到了一个经验丰富的领航员。在他的帮助下，船队终于在 5 月 20 日抵达行程的终点——印度卡利卡特。

返回葡萄牙

他们先是去了一个寺庙，并在一个达·伽马误认为是圣母玛利亚的神像前祈祷。然后，他们穿过熙攘的人群来到王宫，为土王带来了珊瑚、布匹等礼物。微薄的赠礼没能赢得土王的喜欢，尽管如此，葡萄牙人还是被允许通商。

当地的穆斯林商人们警觉地看着所发生的一切。他们在宫廷有着很大的影响力，并且不愿意轻易将香料贸易的控制权让给这些欧洲基督徒。葡萄牙人与当地人的关系迅速恶化。达·伽马拒绝缴纳关税，并扣留了数名当地人。

1498 年 8 月 29 日，载着香料和珠宝，船队踏上返程之路。他们面临的将是一场噩梦般的航行。由于对印度洋季风的无知，再加上没有向导的帮助，船队从一开始便遭遇逆风，只能采用"Z"字形的路线艰难前进。

船员们得了坏血病，很多人死去。每只船上只剩七八个人还能工作。1499 年 1 月 7 日，船队经过 132 天的航行终于回到马林迪，而去时这段路程只用了 23 天。休整过后，船队再次启程，并成功返回里斯本。

达·伽马凯旋，享受到了英雄般的欢迎。他被赐予贵族称号，并获得大量土地和金钱赏赐。

此后，达·伽马又先后两次率船队前往印度。最后一次，他被任命为印度总督。到达印度后不久，他便染上痢疾。1524 年的平安夜，这位葡萄牙航海家在印度科钦病逝。

1498 年 5 月 20 日，达·伽马率领船队抵达卡利卡特，实现了通过海路航行到东方的壮举，开辟了亚欧航线，开启了大航海时代。画作描绘了船队抵达卡利卡特的场景。

西葡两国划分势力范围

《托德西利亚斯条约》

葡萄牙和西班牙，
大航海时代的两个先行者，
在罗马教皇的支持下，
用一纸条约瓜分了整个新世界。

葡萄牙和西班牙是最早进行海外探险和殖民的欧洲国家。在这个过程中，双方的矛盾日益加深，急需明确各自的势力范围。1493 年 5 月，教皇亚历山大六世对此做出了仲裁。然而，葡萄牙对这个结果并不满意。于是在 1494 年 6 月，两国在西班牙城市托德西利亚斯签订《托德西利亚斯条约》，共同瓜分了整个新世界。

背景

哥伦布发现美洲之后，西班牙人便急切地想

图为西班牙城市托德西利亚斯的一处广场，大雨冲刷后的广场分外干净。该城位于西班牙中部的瓦拉多利德省，交通方便，四通八达。1494 年 6 月 7 日，西班牙和葡萄牙两国正是在此地签署了瓜分世界的条约——《托德西利亚斯条约》。

要独占这片新发现的土地。对此，葡萄牙人提出了挑战。根据 1479 年两国签订的《阿尔卡索瓦斯条约》和 1481 年教皇西克斯图斯四世（Sixtus IV，1414—1484 年）的诏令，葡萄牙人认为哥伦布所发现的土地应归属他们。

西班牙无意与葡萄牙发生正面冲突，于是便求助于当时的教皇亚历山大六世。亚历山大六世本身就是西班牙人，再加上他当时正谋求为自己的儿子建立一个侯国，希望能够获取西班牙君主的帮助，因此他积极回应了西班牙人的请求。

于是，亚历山大六世先后发布了四个诏令。其中第三个诏令规定以亚速尔群岛和佛得角群岛以西

亚历山大六世（Alexander VI，1431—1503 年）是意大利文艺复兴时期最受争议的教皇之一。亚历山大六世的本名是罗德里戈·波吉亚，出生于西班牙的瓦伦西亚。作为最具争议的教皇之一，他的私生活比较混乱，拥有众多的情妇，并且公开承认有多名私生子。

100 里格的子午线为分界线，该线以西的土地和海洋均属于西班牙的探险范围。第四个诏令又将上述范围进一步扩大，变成"向西或向南航海或旅行中所发现的和未发现的一切岛屿和陆地，而且不论它们所在的地区是在西方，或子午线上，东方或印度"。这些诏令便成为西班牙占有新世界的法律依据。

亚历山大六世的诏令引发了葡萄牙人的恐慌。因为诏令不仅把哥伦布发现的美洲划归西班牙，更是明确提到了印度。早在诏令颁布几年前，葡萄牙探险家迪亚士便已于 1488 年绕过非洲最南端的好望角。葡萄牙人正沿着这条航路孜孜不倦地向前推进，希望终有一天到达印度，所以，他们不能接受诏令的内容。他们试图让教皇亚历山大六世改变主意，但没有成功，所以只好绕过教皇直接与西班牙人谈判。

内容

在与西班牙国王斐迪南二世和伊莎贝拉女王谈判的过程中，葡萄牙国王若昂二世同意亚历山大六世的第三个诏令所提出的总体原则，但是他建议将分界线向西移动 270 里格。西班牙君主同意了这一要求。因为他们仍坚信可伦布关于向西航行到达印度的说法。

两国的君主都意识到，这只是一个无法确定的模糊界限，并且都认为自己成功欺骗了对方。然而总的来看，这个条约被认为是葡萄牙的一次外交胜利。因为凭借这个条约，葡萄牙人沿着非洲海岸南下到达亚洲的航路得到了进一步的保障。不仅如此，他们还获得了一个意想不到的好处，这个新的分界线将今天巴西的东部地区也划到了葡萄牙的势力范围。

1494 年 6 月 7 日，两国代表正式在托德西利

亚斯签约，7 月 2 日和 9 月 5 日，西葡两国先后批准了该条约。尽管条约在一定程度上违背了之前的教皇诏令，但是亚历山大六世还是在 1506 年正式承认了条约的有效性。

条约的实际意义比较有限，因为它只是西班牙和葡萄牙两国之间协商的结果，其他欧洲国家则被排除在外。实际上，即便是西葡两国也没有认真遵守这一条约，并且条约没能解决两国在亚洲的矛盾，这仍有待于下一个条约的签订。

图中展示的是《托德西利亚斯条约》的首页。《托德西利亚斯条约》由西班牙和葡萄牙两国签订，条约一式两份，一份保存在西班牙，另一份保存在葡萄牙。图中的这份条约为葡萄牙人所有。2007 年，该条约被列入世界记忆遗产名录。

划时代的壮举
哥伦布发现美洲新大陆

一个时代行将到来，
那时海洋将打开它的锁链，
一个辽阔的大陆就会展现出来。

——塞尼加《美狄亚》

1492 年 8 月 3 日拂晓，在风平浪静的西班牙帕洛斯港，三艘小型帆船正准备起航，它们此行的使命是向西航行直至马可·波罗笔下的东方世界。然而，出人意料的是，两个多月之后，探险队没有到达东方，却发现了一个新大陆——美洲。

准备

船队总指挥是克里斯托弗·哥伦布（Christopher Columbus，1451—1506 年）。这个热那亚人长着一头红发，体格高大健壮，是大航海时代最伟大的航海家和发现者之一。

不知从何时起，哥伦布的头脑中产生了一个大胆的想法——向西航行到达印度。当时的很多有识之士已经意识到大地为球形，因此从理论上讲，这个想法可行。此外，哥伦布基于当时的一些研究成果得出结论，认为从欧洲向西到东方的距离仅有 2400 海里。然而，真正的距离接近这个数字的 5

这幅画绘制于 1843 年，创作者是德裔美国画家伊曼纽尔·鲁茨。在这幅画作中，鲁茨艺术性地还原了哥伦布觐见西班牙女王时的情景。画中，伊莎贝拉女王和她的丈夫斐迪南二世坐在王座上，哥伦布站在画的中央，其他人聚精会神地倾听着他的航海计划。

倍。更让哥伦布想不到的是，竟然有一个庞大的美洲大陆横亘在路途之中。

下定决心的哥伦布开始寻求欧洲各国君主的帮助。尽管经历了一次次羞辱和挫折，他依然锲而不舍。在漫长的等待之后，他终于等来了西班牙伊莎贝拉女王的支持。携带着王室敕令，哥伦布来到了港口城市帕洛斯，用十周时间完成了出航准备工作。

航行

离开帕洛斯后，三艘帆船——尼尼亚号、平塔号和圣玛利亚号在加那利群岛逗留了一个月时间。

这幅哥伦布画像绘制于 1519 年，此时距离哥伦布去世已经 13 年。画像的创作者是文艺复兴时期著名的意大利威尼斯画家塞巴斯蒂亚诺·德·皮翁博。遗憾的是，尽管哥伦布是历史上最伟大的航海家之一，然而并没有完全可信的肖像画。

首次前往美洲的哥伦布船队共有三艘帆船，其中圣玛利亚号的体积最大，被用作旗舰。该画描绘了以圣玛利亚号为首的三艘帆船穿行在波涛汹涌的大西洋上，乘风破浪前往美洲新大陆的场景。

9月6日，船队再次启程，告别了旧大陆的最后一片土地，驶进茫茫大海。

信风习习中，船队快速向西飞奔。艳阳映照着碧海，一切是那样的美好。哥伦布写道："唯一的欠缺是听不到夜莺歌唱。"尽管没有夜莺，但却有水鸟不时掠过船头，用尖叫声打破寂静。

9月16日，哥伦布发现船队已经被一望无际的马尾藻包围，这是一大片马尾藻海。船员们都是第一次遇到这种植物。一开始，人们还担心船队会永远冻结在这里，但事实证明马尾藻对航行无害。

9月17日，船员们发现罗盘磁针偏向西北，这让他们感到困惑和惊恐，因为按照经验，指针应当向东偏。哥伦布早在几天前就已经发现了这一变化。为了打消水手们的疑虑，他解释道这是由于北极星的位置发生了变化。被说服的船员们重归平静。

时间一点点流逝，然而依旧看不到陆地的踪影。船员们开始变得心神不宁，对陆地的渴望也越来越强烈。为了让水手们不因行程过远而恐慌，哥伦布在公布航行距离时故意伪造了一个较小的数值。他这样做无可厚非。这次航行从开始以来顺风顺水，可谓占据了天时地利。最大的挑战来自心理，哥伦布和队员们要克服对未知海域的恐惧，保持信心和耐心，坚持航行下去。

在渴望陆地的水手们眼里，一丁点即将登陆的征兆都让他们激动不已。9月25日的傍晚，平塔号的甲板上忽然传来兴奋的叫声："陆地！陆地！"然而事实证明这不过是幻觉。

不满的情绪在船员之间日益蔓延，叛乱随时可能出现。哥伦布明白必须尽快找到陆地。好在进入10月，陆地迹象越来越明显。10月7日，他决定船队改向西南航行，因为大群鸟儿都在飞往那个方向。10月11日，海面上出现了树枝、木板、藤茎，看到这些，船上的每个人都松了一口气，漫长的航行终于要结束了。

登陆

1492年10月12日凌晨，月亮如圆盘一样挂在天上，借着明亮的月光，平塔号上的瞭望员看到了前方的地面，随即兴奋地高喊"陆地！"这次不是幻觉。不久后，船队在圣萨尔瓦多岛登陆。就这样，富饶壮丽的美洲新大陆呈现在世人面前，一个新的时代到来了。

这幅画的创作者是约翰·范德林。该画描绘了哥伦布一行人首次登陆美洲时的情景。画中，哥伦布举起西班牙王室的旗帜，代表西班牙国王宣示了对这片土地的主权。画中的哥伦布没有戴帽子，帽子置于脚边，以表示对这伟大历史事件的敬意。

互通有无
哥伦布大交换

哥伦布将旧大陆带进了新世界，又把新世界带给了我们。

1492 年，哥伦布所率领的船队抵达美洲新大陆，标志着一个新时代的来临，新大陆和旧世界终于联结为一体。在东西半球之间，动植物、人种乃至疾病的大规模交流随即展开，这就是所谓的"哥伦布大交换"。这场前所未有的物种迁徙深刻地改变了世界。

孤立的美洲

翻开世界地图，把视线移到美洲，我们可以看到美洲和欧亚大陆之间被浩瀚的海洋所隔绝，一边是波涛汹涌的大西洋，另一边是一望无际的太平洋。整个美洲大陆就仿佛一个孤悬海外的大岛，经过漫长的独自演变，形成了一些与众不同的动植物物种。

由于地理隔离，欧亚大陆和美洲大陆之间无法展开交流，这一切在哥伦布发现美洲大陆之后

美洲分为北美洲和南美洲，西邻太平洋，东临大西洋，面积达到 4200 多万平方公里，占全球陆地面积的 28.4%。土著居民是印第安人。美洲处于太平洋和大西洋之间，历史上长期与世界其他地方隔离。哥伦布对美洲的重新"发现"改变了这一局面。

发生了彻底的改变。欧亚大陆的动植物被殖民者带到美洲，反过来，美洲新大陆的特有物种又散布全世界，成为今天我们生活当中不可或缺的一部分。

动植物

马铃薯、西红柿、花生、辣椒、玉米、草莓、向日葵、红薯等等，这些都是我们再熟悉不过的食物，但它们都原产于美洲，正是在哥伦布发现美洲之后才逐渐地走入我们的生活。换句话说，如果你穿越到 1492 年以前的中国是不可能看到这些东西的。所以说，哥伦布发现美洲的重大意义在我们的食谱上也能反映出来！

以马铃薯为例，它原产于南美洲安第斯山脉。在欧洲，人们一开始对这个外来物种并不怎么接受，长期以来都对它充满偏见，认为它是一种劣质食物。但这并不能阻挡马铃薯走进千家万户。作为

图片中都是原产于美洲的植物。从上到下顺时针分别是玉米、西红柿、马铃薯、香荚兰、橡胶树、可可和烟草。在哥伦布发现美洲之前，以上这些植物仅见于美洲一地。之后，这些美洲所特有的植物被欧洲人引入欧亚大陆，进而扩散到全世界。

一话一说一世一界一

所谓旧世界是相对美洲新大陆而言，指的是欧亚大陆。图中所展示的都是原产于欧亚大陆的植物。从左上角开始分别是柠檬、苹果、香蕉、芒果、小麦、水稻、咖啡和洋葱。哥伦布发现美洲之后，不少旧世界的动植物也被引入了美洲。

> **知识链接：梅毒起源之谜**
>
> 欧洲殖民者给美洲带去了天花和麻疹，新大陆也回敬给了这些殖民者一样"礼物"——梅毒。尽管目前关于该病的起源地仍有争论，但现有证据大都支持梅毒起源于美洲这个说法。有史可稽的首次爆发出现在意大利那不勒斯，很有可能是法国入侵者带来的，所以当时梅毒被意大利人称作"法国病"。有意思的是，法国人则反过来称梅毒为"意大利病"。

食物，马铃薯有很多优点，它营养丰富，又易于种植。在欧洲各国，特别是在北欧地区，马铃薯逐渐成为重要的主食。最典型的国家是爱尔兰，这个国家大量的贫苦农民基本只能依靠食用马铃薯果腹。19世纪40年代，爱尔兰的马铃薯连续数年绝收，导致100多万爱尔兰人丧生，另有上百万爱尔兰人被迫远走他乡，到英国乃至美国谋生。

除了马铃薯，西红柿是另外一个如今最常见的食物。现在，无论是在亚洲还是在欧洲，估计很难找到从没吃过西红柿的人。在欧洲的美食之乡意大利，西红柿更是必不可少的烹饪原料，是意大利面酱的主要成分。实际上，西红柿的普及也是一个非常漫长的过程，它在意大利的广泛食用也是19世纪晚期的事情。在一开始，西红柿在欧洲主要被当作一种观赏植物，后来才发现它的食用价值。

新大陆和旧世界的交流是双向的。新世界馈赠给我们马铃薯、西红柿等食物，旧世界的动植物也被欧洲殖民者带到了美洲。原产于美洲的家畜种类非常有限，殖民者将猪、马、牛、羊等家畜带到了美洲。除了动物之外，小麦、甘蔗、香蕉等这些原产于旧世界的植物如今也在美洲得到了广泛的种植。

传染病

很遗憾的是，随欧洲人进入美洲的除了动植物之外，还有致命的"生物武器"——天花、麻疹等。我们都知道，欧洲殖民者的到来曾导致绝大多数美洲原住民死亡，这大多是由传染病造成的。由于长期"与世隔绝"，美洲原住民对这些外来传染病毫无抵抗能力。据估计，80%—95%的美洲原住民在那场史无前例的大瘟疫中丧生。

我们应当如何来评价哥伦布大交换呢？从长期看，物种的交流丰富了人类的食谱，增加了农产品产量，从而有利于人口的增加。但我们也不应忘记，这场交流差一点导致印第安人的灭绝。

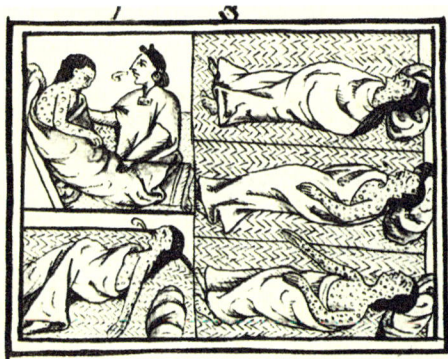

旧大陆移民将天花带到新大陆

空前的壮举
麦哲伦船队的首次环球航行

漫漫三年路，
未捷身先死。

1519 年，麦哲伦率领五艘帆船开启了人类首次环球航行。船队经历了无数艰险和磨难，历时三年，终于完成了这个空前的壮举。遗憾的是，麦哲伦中途遭遇意外身亡，没能亲眼看到理想的实现。

伟大的冒险

麦哲伦（Ferdinand Magellan，1480—1521 年）身材矮小，沉默寡言，意志坚毅。由于在一次战斗中负伤，他终身成了瘸子。这个葡萄牙人在祖国郁郁不得志。为了实现自己的理想——向西航行到香料群岛，年近中年的他来到西班牙。在这里，他赢得了西班牙国王的支持。

麦哲伦并不是第一人。哥伦布曾经试图这样做，但没有成功，却意外地发现了美洲。这个辽阔的新大陆仿佛是无法翻越的天堑，阻断了从西向东的路。

1519 年 9 月 20 日，船队从桑卢卡尔出发。一

麦哲伦出身于葡萄牙的贵族之家，长大后成为一名杰出的水手和航海家。在 25 岁那年，他登上葡萄牙开往东方的舰队，并在印度待了八年之久。麦哲伦一直有一个梦想，那就是向西航行寻找达到东方的航道。这一大胆的想法最终获得了西班牙国王的支持。

麦哲伦的船队从西班牙起航时，鸣放礼炮预祝他的环球航行顺利成功。

场伟大的冒险之旅就此拉开帷幕。

12 月 13 日，船队停靠在巴西里约热内卢湾。在这里，船员们忙着和当地的土著居民交换各种物件，麦哲伦则忙着准备下一次出发。13 天后，船队离开了这个美丽的海湾。1520 年 1 月 10 日，船队抵达拉普拉塔河河口。河口非常宽阔，无异于海峡。根据已有的情报，麦哲伦坚信这里就是穿过美洲大陆的通道。然而，接下来的勘查结果让他大失所望，残酷的事实表明这只是一条大河的河口。

于是船队继续向南行进。由于临近南极，气候寒冷，恶劣的海况已经不适宜航行。3 月 31 日，船队发现了一个新的海湾——圣胡利安湾。麦哲伦决定在此停靠越冬。

船员之间的矛盾日益暴露出来。船员身份复杂，来自多个不同的国家。西班牙籍船员不情愿接受一个葡萄牙人的领导，麦哲伦独断专行的做法也加深了他们的不满。在这个临时的越冬地，双方的矛盾终于爆发。几名西班牙船长发动哗变，试图夺取指挥权。然而，麦哲伦果断采取行动，镇压了叛

这尊麦哲伦的雕像位于菲律宾的拉普拉普市。这个城市的名字源自当年打败麦哲伦的酋长的名字——拉普拉普。时至今日，拉普拉普一直受到菲律宾人民的广泛爱戴，认为他是一位民族英雄，因为正是他率先发起了反抗西班牙人入侵与殖民的斗争。

乱者。

几个月之后，船队终于再次起航。1520 年 10 月 21 日，船队经过圣女角，进入一个海湾。麦哲伦决定对这里进行仔细探查。他们兴奋地发现，这个似乎没有尽头的海峡绝对不是河口，肯定通向另一个海洋。凭借精湛的技术和好运气，麦哲伦率领船队穿越了这个仿佛迷宫一般的海峡，进入太平洋。

接下来的旅程如地狱一般。宽阔的太平洋似乎永远没有尽头。淡水和食物都耗尽了，又饿又渴的船员们奄奄一息。然而船队最终还是成功穿越太平洋，抵达菲律宾群岛。

麦哲伦意外身亡

在东南亚的各个岛屿，船队受到了普遍欢迎。这一方面是由于土著居民的天真和惧怕，另一方面是因为麦哲伦一向奉行和平友好的方针。

在宿务岛，国王和他的家人皈依了基督教。为了树立西班牙和新盟友的权威，麦哲伦决定出兵攻打一个不服从宿务岛国王统治的小岛。宿务岛国王愿意派出 1000 名士兵参战，但被麦哲伦拒绝了。他不想大肆屠杀，并且他认为少量武器先进、装备精良的欧洲士兵就足以应付原始的土著军队。所以，他只带了不足 60 名士兵参战。

麦哲伦一生谨慎，然而此次大意却让他付出了生命的代价。不利的地形让西班牙人的洋枪洋炮丧失了作用，他们在冲突中立刻陷入劣势。行动不便的麦哲伦陷入包围中，遭到围攻。土著人持续用各种武器攻击他，直到他死亡。

一个伟大的航海家就这样命丧小岛。

麦哲伦死后，他手下的船员们继续他未竟的事业，绕过好望角，于 1522 年 9 月 6 日返回西班牙。出发时的 265 名船员最后只剩 18 名。

麦哲伦和他的船员们用生命证明了大地为球形，书写了大航海时代最壮丽的篇章。

出发时，麦哲伦的船队共包括 5 艘帆船，旗舰特立尼达号、圣安东尼奥号、康塞普逊号、圣地亚哥号和维多利亚号。其中，只有维多利亚号最终完成了环球航行，并于 1522 年 9 月 6 日载着仅存的 18 名船员返回西班牙。图中展示的便是维多利亚号。

殖民帝国的建立
西班牙对南美洲的征服

失之东隅，收之桑榆，
没有找到东方，
却收获了一个殖民帝国。

西班牙位于伊比利亚半岛，同葡萄牙比邻而居。这两个国家率先开启了大航海时代。在寻找东方的道路上，两个国家相互竞争。葡萄牙人沿着非洲海岸不断向前开拓，而西班牙人则选择背道而驰，驾船一路向西航行。在寻找东方的竞赛中，葡萄牙人取得了胜利。西班牙人尽管输了，却意外地在美洲获得了一个庞大的殖民帝国。

占领加那利群岛

加那利群岛位于非洲西北部的大西洋上，其最东端距离西非海岸仅 100 多公里，具有非常重要的战略和经济价值。以该群岛为基地，欧洲人可以方

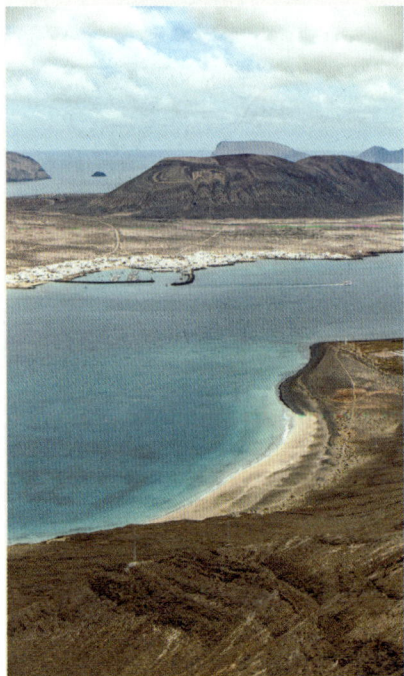

图中的岛屿是格拉西奥萨岛。"格拉西奥萨"在葡萄牙语中有优美、迷人之意。该岛位于亚速尔群岛的最北端，是一座火山岛屿。小岛不大，面积大约为 60 平方公里。历史上，葡萄牙人很早便来到该岛殖民，在 15 世纪上半叶，便有葡萄牙人来此定居。

知识链接：瓦斯科·努涅斯·德·巴尔沃亚

瓦斯科·努涅斯·德·巴尔沃亚（1475—1519年）被誉为第一个伟大的西班牙征服者。他率先在美洲大陆建立了第一个永久的殖民点巴拿马的圣玛丽亚-拉安蒂瓜德尔达里恩。在 1513 年，巴尔沃亚穿过巴拿马海峡抵达太平洋，成为首位完成此壮举的欧洲人。

便地造访非洲。并且由于群岛处于东北信风带的边缘，从这里出发的船只可以较为顺利地驶向美洲。此外，群岛还出产一些欧洲人所需要的亚热带产品。

鉴于加那利群岛的战略和经济价值，西班牙人和葡萄牙人都想占为己有。最终西班牙人如愿以偿，将该群岛收入囊中。

西班牙人占领该群岛之后，首先做的事情就是征服桀骜不驯的土著居民——关契斯人，然后将大片土地以及土地上的关契斯人分配给西班牙殖民者。加那利群岛成为西班牙人征服美洲之前的"练兵场"。

征服西印度群岛

1493 年 9 月，哥伦布率领一支庞大的舰队离

这是一幅 1507 年制作的地图的细部，里面首次出现了"美洲"这个词汇。

知识链接："幽灵岛"安提利亚

15 世纪的欧洲有这样一个传说，在大西洋深处有一个名为安提利亚（Antilla）的海岛，上面有七座城市，分别由七名基督教主教所建立。据说，这七名主教为了逃避穆斯林的入侵，带着信众乘船远行，最终来到安提利亚岛。找到这个传说中的岛屿成为 15 世纪许多欧洲水手的梦想。

开西班牙加的斯，驶向美洲。这是哥伦布的第二次美洲之行。上一次，哥伦布率领船队抵达了属于西印度群岛的萨尔瓦多岛，标志着美洲新大陆的重新"发现"。

此次，哥伦布率领舰队重返西印度群岛，随行的除了船员之外，还有 200 多名农民、工匠、教士等人员，以及各种农业器具、种子和家畜。西班牙人此行的目的就是要在加勒比海的小岛上建立一个殖民地。一个庞大的殖民帝国便以此为开端。在海地岛，为了平复部分殖民者的不满，哥伦布将土地和印第安人分配给当地的西班牙定居者，这便是赐封制度的滥觞。

以海地岛为基地，西班牙人不断征服临近的岛屿，牙买加和古巴先后落入他们的手中。

殖民美洲大陆

随着征服的不断深入，西班牙人逐渐意识到自己并没有到达东方，而是发现了一个新的大陆。紧接着，西班牙人便开始了对美洲大陆的殖民活动。他们先是在巴拿马建立了一个永久的殖民点，然后又征服了墨西哥的阿兹特克帝国，最后又征服了秘鲁的印加帝国。凭借优势的武力、过人的胆略、勇猛的精神以及残酷的手段，西班牙人在很短的时间内便征服了大半个中南美洲。在这个过程中涌现出了一批非常具有代表性的征服者，如巴尔沃亚、科尔特斯和皮萨罗。

在新征服的土地上，西班牙殖民者成为主人。原住民印第安人则陷入了悲惨的境地。他们被迫向殖民者缴纳供奉，服劳役。沉重的压迫和殖民者带来的病菌致使印第安人大量死亡。为了缓解殖民地的劳动力短缺，殖民者引入了大量的非洲奴隶。自此，欧洲人、印第安人和非洲人在这片土地上杂居共处，共同绘制着一幅色彩斑斓的新世界。

图中所展示的是西印度群岛的山地风光。西印度群岛位于北美洲的加勒比地区，由众多岛屿所组成，其中包括三大群岛，分别是大安的列斯群岛、小安的列斯群岛和卢卡亚群岛。西印度群岛的土著居民是印第安人。1492 年，哥伦布所登陆的圣萨尔瓦多岛便是西印度群岛中的一座小岛。

信仰与征服
海外传教

发起一场新的十字军东征，
让天主教信仰传遍世界各地。

宗教是促使西班牙人和葡萄牙人探索未知世界的重要动因。除了获取财富和权力之外，这些殖民者和探险者们也将传播天主教信仰看作是重要的使命。无论欧洲人去往何地，天主教都如影随形。对于当时的一些人来说，这是一场新的十字军东征。世俗利益与宗教信仰便这样复杂地交织在一起，两者相互冲突，却又相辅相成，共同谱写了殖民者与当地人民的冲突与交融。

天主教在亚洲的传播

经过不懈的努力，葡萄牙人最终成功地进入了东方世界。罗马教廷从中看到了扩大自身影响力的有利条件。通过授予葡萄牙保教权，葡萄牙和罗马教廷形成了互惠互利的关系，葡萄牙成为传播天主

果阿城内分布着大大小小很多座教堂，其中圣卡塔琳娜教堂是果阿大主教的座堂，仁慈耶稣大教堂则保存着伟大的天主教传教士沙勿略的遗体。图中所展示的是圣弗朗西斯科·德·阿西斯教堂的顶部。这座教堂位于果阿旧城。修建于1661年，系葡萄牙人建造。

教信仰的先锋。与此同时，罗马教廷则承认了葡萄牙海外贸易和征服的合法性。

在葡萄牙君主的大力支持下，天主教在亚洲许多地区都得以迅速传播开来。印度果阿于1534年成为主教区，并于1558年升格为总主教区。这个总主教区的统辖范围非常庞大，囊括了非洲东部、印度、东南亚、中国和日本。

果阿是印度的一个邦。当葡萄牙人来到这里时，居民信仰的是印度教和伊斯兰教。为了让果阿的所有居民都尽快地脱离异教并皈依天主教，葡萄牙统治者在果阿推行了强迫性的皈依运动。印度教的庙宇被拆毁，宗教仪式也遭到禁止，凡是胆敢抵抗的人都遭到了严厉的镇压。一些虔诚的印度教徒被迫逃离自己的家乡，而选择留下的人则不得不在心惊胆战中放弃自己的宗教信仰。到1563年时，果阿基本上已经完全天主教化。

对于这种强制性做法，当时在天主教内部也存在着很多批评的声音。不少教士指出，真正的信仰必须基于自愿，而不是强迫。

在东方，耶稣会在传教方面扮演了至关重要的角色。大量的耶稣会士来到包括中国在内的亚洲各国，积极传教。其中最具有代表性的人物是沙勿略。他属于耶稣会的第一批教士。1542年，他来到果阿，此后便将自己的全部精力都奉献给了传教事业，最后在广州的上川岛去世。

在耶稣会士的努力下，天主教在亚洲开始迅速传播。以日本为例，1580年，耶稣会在日本拥有

图中三位神父都是到中国传教的耶稣会士，从左到右分别是利玛窦、汤若望和南怀仁。利玛窦是意大利人，明朝万历年间来到中国传教，汤若望是德国人，明末清初在中国传教；南怀仁是比利时人，清朝初年来到中国。在中国的耶稣会传教士在一定程度上促进了中西文化的交流。

的信徒多达 15 万人。

天主教在美洲的传播

同葡萄牙一样，西班牙也被授予所谓的保教权。所以在殖民的同时，西班牙也不遗余力地在美洲印第安人中间传播天主教信仰。在传教方面，西班牙人获得了极大的成功。与亚洲不同，美洲几乎没有对抗殖民入侵的能力，无论是在武力方面还是在文化方面都是如此。

西班牙人到达美洲后，大肆破坏印第安人原有的宗教信仰。1531 年，第一任墨西哥主教在一封信中写道：在他所管辖的教区，共有 500 座异教庙宇和 2 万个偶像被摧毁。

印第安人的生活原本就与宗教密不可分。原有的宗教被破坏后，印第安人的精神生活出现了真空，需要新的宗教来填补。这便从一个侧面解释了天主教在美洲迅速传播的原因。据估计，截至 1531 年，新西班牙已经有超过

100 万印第安人受洗成为天主教徒。

在美洲，天主教修会同样成为传教的先锋和骨干。一开始，只有方济各会、奥古斯丁会和多明我会这三个修会被允许在美洲传教。16 世纪下半叶以后，包括耶稣会在内的其他修会才获准进入美洲。

修士们建立宗教学校，并深入到印第安人中间传播天主教信仰。他们的惯常做法是将印第安人组织起来，建立独立的社区。这个社区兼具宗教、政治和经济等职能，社区的核心便是天主教修士。

大约 1660 年，在印加古国首都库斯科（秘鲁南部）举行了天主教宗教节日的游行。

探索北国之境
北美洲早期探险

梦想着通往中国的航路，
却进入了神秘的北国之境。

哥伦布代表西班牙发现美洲之后，其他西欧国家也相继来到这片神秘的大陆。此时，欧洲人仍然没有放弃西行到达东方的念头。为了不与已经捷足先登的西班牙人和葡萄牙人发生冲突，英法两国倾向于寻找通向亚洲的西北航路，这让他们首先踏上了北美洲。与此同时，已经身处中南美洲的西班牙人也开始把目光投向北方。

约翰·卡伯特

意大利尽管没有在大航海时代开疆辟土，但是有很多意大利人在这个过程中服务于其他西欧国家，其中最有名的便是哥伦布。约翰·卡伯特（John Cabot，1450—1500 年）也是如此。他是一位出生在意大利的航海家，梦想开拓一条通往中国

图中为身着威尼斯传统服装的约翰·卡伯特。约翰·卡伯特出生于意大利威尼斯。他早年在地中海东部地区从事贸易，但后来陷入债务危机，便迁到了西班牙。由于在西班牙无法实现自己的航海探险计划，卡伯特选择前往英国。在这里，他得到英王亨利七世的支持，开始了自己的探险生涯。

的西北航道。后来，他举家迁往英格兰。在这里，他得到英王亨利七世的许可，代表英国探索未知的陆地和海域。

1497 年，卡伯特率领一艘名为"马修号"的小帆船从布里斯托尔出发，船上共有船员 19 名左右。6 月 24 日，卡伯特一行人抵达北美大陆，首个登陆点很可能位于纽芬兰。

卡伯特返回英国之后，受到了亨利七世的嘉奖，获得 10 英镑的奖励和每年 20 英镑的养老金。不久后，英王便委托他组织下一次探险。

1498 年 5 月，由五艘帆船组成的探险队扬帆远航。启程后没多久，一艘帆船因遭遇风暴而被迫停靠爱尔兰，剩下的四艘帆船继续前行。关于这次探险，我们所知甚少。据推测，探险队详细考察了北美的大西洋沿岸，之后成功返回英格兰。

韦拉扎诺和卡蒂埃

和卡伯特一样，乔万尼·达·韦拉扎诺（Giovanni da Verrazzano，1485—1528 年）也是一位意大利航海家，但与前者不同的是，他选择为法国国王效劳。

奉法王之命，韦拉扎诺的使命是在美洲寻找一条通向太平洋的水路，进而到达中国。1524 年，探险队启程，3 月，抵达今北卡莱罗纳州附近的海岸。在写给法国国王弗朗索瓦一世的信中，韦拉扎诺坚

一话一说一世一界一

图中是位于圣马洛的雅克·卡蒂埃纪念碑。雅克·卡蒂埃出生于法国布列塔尼的圣马洛。正是在卡蒂埃的家乡，人们为他树立纪念碑。和韦拉扎诺一样，雅克·卡蒂埃也是受法国国王的命令前往美洲探寻一条通往亚洲的新航路。

知识链接：科罗纳多

科罗纳多（Francisco Vázquez de Coronado，1510—1554年），西班牙探险家。1540—1542年，他率领一支规模庞大的探险队从墨西哥出发，向北行进，一直到达今天的美国堪萨斯州。途中，他们找到了传说中的黄金之城西波拉（Cíbola），然而却大失所望，因为真实的西波拉不过是一个贫穷的山村。科罗纳多一行人所经之地甚多，包括美国大峡谷和科罗拉多河等。

信帕姆利科湾便是通向太平洋水路的起始点。这一错误的判断在接下来的很长一段时间里都误导了人们对北美的地理认知。然后，探险队沿着海岸一路向北探索，途中多次遇见印第安人。他们最北到达新斯科舍半岛，并最终于1524年7月返回法国。

韦拉扎诺之后，另一位法国人雅克·卡蒂埃（Jacques Cartier，1491—1557年）曾三次到美洲探险，时间分别在1534年，1535—1536年和1541—1542年。由于多次出入北美，他搜集了大量相关信息，对当地的地理、人文以及特产都有了空前的深入了解。他发现了具有重要意义的圣劳伦斯河，并沿河深入到北美大陆腹地。他的探险成果进一步推动了法属殖民地在北美的建立。

西班牙人在北美的探险

德莱昂（Juan Ponce de León，1474—1521年）早年曾跟随哥伦布到达美洲，后来在这里发迹，并成为波多黎各的首任总督。

为了获取更多的土地和财富，德莱昂在西班牙国王的支持下率领船队于1513年3月从波多黎各出发。他们沿着巴哈马群岛一直向西北航行，最终在4月发现了一个新的陆地。德莱昂将其命名为佛罗里达（La Florida），寓意为"鲜花盛开的地方"。

1539年，另一个西班牙人德索托（Hernando de Soto，1500—1542年）率领600多人的庞大探险队在佛罗里达沿岸登陆。关于他们接下来的行进路线，现在仍有争议。可以肯定的是，他们对北美腹地的探索可谓是空前的。在接近四年的时间里，探险队经过了佛罗里达、佐治亚、南北卡罗来纳、阿拉巴马、田纳西、密西西比等多个地方。他们与印第安人发生了无数次冲突。德索托在途中病逝，一半的探险队成员也命丧他乡。

图中显示的是德莱昂之墓。1521年，德莱昂率领200余人最后一次前往佛罗里达探险，结果在探险过程中遭到当地土著居民的攻击，德莱昂负伤，被迫返回哈瓦那。在哈瓦那，德莱昂最终因伤而亡。他的尸体被葬在了波多黎各圣琼斯教堂。

红土与冰原
北极和大洋洲

从红土到冰原，从南方到北方，人类致力于探索这个世界的每一个角落。

一般而言，欧洲人进行海外探险的最显著动机之一是获得经济利益，欧洲之外有他们觊觎的土地和财富。然而，还有另外一个经常被人们所忽视的动机，那就是人类与生俱来的好奇心和求知欲。当欧洲人孜孜不倦地寻找传说中的"南方大陆"或者一次又一次地向荒无人烟的北极点冲刺时，这种探索精神表现得淋漓尽致。

威廉·詹茨。在寻找新的贸易机会的过程中，詹茨穿过新几内亚附近海域，最终来到了今天的澳大利亚，并成功登陆，就此成为有史以来第一个登陆澳大利亚的欧洲人。当时，詹茨所乘坐的船只便是图中的"戴福肯号"。

南方大陆

澳大利亚这个名词的拉丁文原意是"南方大陆"。从古希腊开始，欧洲人便设想，鉴于南北半球陆地质量必须大体保持平衡，南方一定存在着一片大陆。到文艺复兴时期，关于南方大陆的设想又一次激发了西方人的想象。当欧洲探险者发现澳大利亚时，以为再往南不可能出现庞大的陆地，于是便将这片红土冠名为"南方大陆"，却不知在南极有一片更加庞大的大陆等待人类发现和探索。

在寻找南方大陆的道路上，西班牙人和荷兰人是先行者。1605年年底，葡萄牙人佩德罗·德·奎罗斯奉西班牙国王之命率领三艘帆船从南美洲秘鲁出发，目标是寻找南方大陆。1606年5月，船队最终抵达澳大利亚

东侧的瓦努阿图群岛。佩德罗坚信该群岛便是南方大陆的组成部分。

1606年，荷兰航海家威廉·詹茨（Willem Janszoon，1570—1630年）率领船队沿着新几内亚海岸航行，最终在澳大利亚登陆。詹茨行人成为首次登上这片大陆的欧洲人。他们详细考察了周围的岛屿和海岸，并遇见了当地的土著居民。此后，不断有其他荷兰航海家来到这个区域进行探索。1642年，荷兰航海家亚伯·塔斯曼（Abel Tasman，1603—1659年）发现了新西兰，之后又陆续发现了太平洋上的一些岛屿，如今天的汤加和斐济。

尽管荷兰人最先抵达澳大利亚进行探索，但最终英国人后来居上，将这片土地收入囊中。在这里就不得不提到另外一名历史上非常著名的航海

1603年，亚伯·塔斯曼出生于荷兰格宁根省的一个小村庄。和当时的很多荷兰青年人一样，塔斯曼长大后成了一名水手，并受雇于荷兰东印度公司。1633年，塔斯曼跟随着荷兰东印度公司的船队来到东南亚，并在这里迅速成长为一名伟大的航海家。

158

图中为詹姆斯·库克的纪念邮票。詹姆斯·库克是英国历史上最伟大的航海家之一。他航行的痕迹几乎遍布世界各地。他曾经先后三次到南太平洋地区探险，探索了澳大利亚东部海岸、新西兰和夏威夷等地区。1779年2月14日，库克在夏威夷与当地的土著居民发生冲突，被杀身亡。

家——英国人詹姆斯·库克（James Cook，1728—1779年），也就是大名鼎鼎的库克船长。1769年，为了观察金星凌日的天文现象，库克受命率领船队抵达南太平洋岛屿大溪地。观察结束后，库克率领船队向西航行，继续探索。他们先是抵达新西兰，然后又在澳大利亚东南海岸登陆。库克觉得这里的景色和威尔士的斯旺西很相似，于是将其发现的这片土地命名为新南威尔士。后来，英国国王便将库克探索和发现的大洋洲区域划为自己的统治范围。

北极探险

葡萄牙人发现了通过非洲好望角到亚洲的航路，但是不少欧洲人特别是北欧人坚信在欧亚大陆的北方有一条更加方便快捷的航道通往亚洲。众多航海家们纷纷扬帆北航，或者驶向东北方向，或者驶向西北方向，然而无论是东北航道还是西北航道都基本上位于自然条件非常恶劣的北极圈内。正是在探索东北航道和西北航道的过程中，欧洲人逐渐掌握了北极的地理状况。

北极的探险史中涌现出很多著名的航海家，维塔斯·白令（Vitus Bering，1681—1741年）便是其中一位。白令出生在丹麦，年轻时作为水手在世界各地航行，去过印度、东南亚和美洲。1704年，白令加入沙皇俄国的海军，并迅速得到升迁。从1725年开始，沙皇先后两次委任白令前往勘察加半岛探险，其中一个很重要的目标是确认欧亚大陆与北美大陆之间的关系。在第二次探险中，白令一行人从勘察加半岛驾船航行，最终抵达了北美的阿拉斯加。探险队中很多人都在途中丧生，白令本人也死在勘察加半岛附近的一个荒无人烟的小岛上。为了纪念白令的贡献，美洲大陆和亚欧大陆之间的那条海峡被命名为白令海峡。

这块纪念石位于俄罗斯堪察加半岛的首府彼得罗巴甫洛夫斯克，用来纪念一位航海家——维塔斯·白令。

第160—161页：复活节岛石像

复活节岛位于南太平洋，面积为163.6平方公里，属于智利的领土。历史上，复活节岛属于波利尼西亚文化的范畴。该岛最著名的便是分布在岛上的众多巨型石像，这些石像被称作摩艾（Moai）。复活节岛石像已经被列为联合国世界遗产地。

"白银入侵" 价格革命

美洲的白银，
在欲望的驱使下，
从一个大洲流向另一个大洲。

满怀着对金银的无限渴望，西班牙人走出欧洲，驶向富庶的东方。正是在美洲，他们找到了梦想中的金银。16世纪，一船又一船的黄金白银从美洲运到欧洲，为原本就已经存在并日益发达的欧洲市场注入了新的血液和活力。但是，这一过程也产生了一定的副作用，欧洲在短期内无法吸纳如此大规模的白银，导致物价普遍上涨和通货膨胀，这就是所谓的"价格革命"。

从波托西到塞维利亚

波托西，世界上海拔最高的城市之一，坐落在一个无比富饶的银矿之上。自从西班牙人在此地发

约16世纪中叶，印第安人在玻利维亚的波托西山（Potosi）开采银矿。1545年，西班牙殖民者在玻利维亚的波托西山发现了银矿脉，他们驱使印第安人为他们开采银矿。印第安人用美洲驼将矿石运下山来。采下来的矿石要用锤子打碎碾成粉末，然后加入汞提取银。图中的大轮子是给大锤输送动力的，轮子依靠上方水管流下来的水产生推力。

现了银矿之后，这个城市便成为西班牙帝国最重要的白银来源地。源源不断的白银从这里涌向欧洲，西班牙的王公贵族和大商人们因此过着锦衣玉食的生活，波托西也从一片荒野中拔地而起，成为一座城市。然而，这一切都建立在印第安人和黑人奴隶的痛苦之上，他们被迫在恶劣的环境下挖矿，数百万人丧命。

波托西的白银跨越大西洋来到西班牙，塞维利亚是重要的货币集散中心，从这里，美洲白银又进一步流向欧洲其他国家。金银尽管是最贵重的"财富"，在日常生活中的实际使用价值却非常有限，只有通过交换其他商品，其自身的价值才能得到最大的体现。所以，西班牙人用这些来自美洲的白银去换取北欧的小麦、铜、锡、木材、大麻和高级衣料，以及东方的各种奢侈品。欧洲是一个庞大的有机体，贸易所到之处都将活力带给当地，当然也带来了通货膨胀。

16世纪，成千上万吨的美洲白银流入欧洲，结果导致物价普遍上涨。当时，欧洲物价平均上涨了五倍。当然，欧洲内部的物价水平差别很大。与东欧相比，西欧的物价明显更高。1597年，一位法国商人发现，波兰的生活费用只是法兰西的1/4。

通货膨胀对不同人群的影响也不尽相同。充足的货币促进了商业活动的繁荣，商人们从中受益，获取了超额的利润。固定工资收入者则沦为这场通货膨胀的受害者。工资的上涨幅度远远小于物价的上涨幅度，结果就是实际工资的降低和生活水平的

明代船形银元宝"贞"字款单边，广东省博物馆藏。明代时，白银作为称量货币的基本单位为两。白银作为流通货币在市面上有多种形制，一般大交易用固定重量的银锭（即元宝），小买卖用碎银子（一两以下）。船形的元宝便于携带，可缠在腰间。

下降。

1560年，在法国诺曼底，有人在日记中写道，当他父亲在世时，家里每天都能吃到肉，喝葡萄酒就像喝水一样。然而，到他那个时代，百物腾贵，就连最富裕的农民也没有过去仆人吃得好。

从欧洲到亚洲

中世纪时，无论东方还是西方都不得不面临一个问题，那就是贵金属的极度匮乏。在日常的买卖中，人们基本看不到黄金或者白银。然而在中国明朝，白银却真正成为一种流通货币，这主要得益于美洲白银的大量涌入。

明朝中后期，伴随着人口的增长和工商业的发展，市场的规模越来越大，中国对货币的需求也越来越多，仿佛永无止境。此时，欧洲人恰好握有大量的美洲白银，而他们又喜欢中国生产的丝绸、瓷器等奢侈品，所以用白银来交换这些商品便成为对双方都有利的事情。

于是，美洲的白银通过各种渠道源源不断地流向中国。17世纪初，每年有5.7万—8.6万公斤美洲白银通过菲律宾流入中国。中国人得到了迫切需要的白银，而欧洲人则满载着梦寐以求的丝绸、瓷器扬帆返航。1572年，两艘离开菲律宾的西班牙大帆船便装载了712箱中国丝织品和2.23万件瓷器。

如今，塞维利亚是西班牙第四大城市。作为一个港口城市，历史上，塞维利亚曾在西班牙的殖民帝国中扮演着至关重要的角色，成为整个殖民帝国的经济枢纽。图中展示了16世纪的塞维利亚，此时的塞维利亚正处于鼎盛时期，商船云集于此，美洲的金银也在此聚集。

移民新大陆：
卵石相撞的文明交集

　　美洲原本是印第安人的家乡。一万年以前，印第安人的祖先从亚洲启程穿过白令海峡来到了美洲。当时地球正处于冰期，海洋的水平面要比现在低得多，还有一条陆地走廊连接着亚洲的西伯利亚和美洲的阿拉斯加。最初来到美洲的这群人的人数很少，可能不超过一百人，但是这些人的后代在很短的时间内便扩散到了整个美洲大陆，形成了多种多样的文明，包括玛雅文明、印加文明和阿兹特克文明。

　　冰期结束后，连接欧亚大陆和北美洲的白令陆桥被海水淹没。美洲大陆与亚欧大陆的联系就此被切断。此后，印第安人在美洲这片土地繁衍生息，过着几乎"与世隔绝"的生活。直到有一天，欧洲人乘着帆船来到了这片土地，他们带来印第安人从来没有见过的骏马和枪炮，还有肉眼看不见的病毒和细菌。

　　欧洲人的枪炮和病菌给印第安人带来了灭顶之灾。这些欧洲人从一开始便没有离开的意思，他们的目标是建立一个又一个以母国为模板的殖民地。为了解决劳动力短缺的问题，欧洲人便将非洲奴隶大量地引入到殖民地。美洲也因此成为世界不同人种共同生活的新家园。

殖民化
史无前例的人口迁徙

人们争相奔赴新世界，
那里有土地、财富和自由，
还有无助的原住民和被奴役的非洲人。

伴随着地理大发现，欧洲人开始向世界散播，其中有探险者、冒险家和商人，然而更多的还是由无数普通人所组成的移民。移民的主要方向是美洲，因为那里有大量肥沃的处女地，并且缺乏强大的政权来抵御欧洲人的入侵。跟随欧洲人到来的还有为数众多的黑人奴隶，他们被迫离开自己的家乡，同印第安人一样成为欧洲文明扩张的受害者。

移民中南美洲

中南美洲基本上是西班牙人和葡萄牙人的殖民地，所以到此定居的欧洲人大多来自欧洲西南部的西班牙和葡萄牙。

16世纪，欧洲移民如涓涓细流一般流向中南美洲，这条细流最终汇成了一片大海。据统计，在16世纪，移民中南美洲的欧洲人平均每年达到1000—2000人。

西班牙人觊觎美洲的财富，特别是黄金白银。作为统治阶层，他们坐享其成，强迫当地

骆驼商队是穿越沙漠地区最安全的方式。

的印第安人为他们提供各种劳动。当印第安人不堪重负、大量死亡，进而出现劳动力短缺时，欧洲人另辟蹊径，转而将大量的黑人奴隶运到美洲。

欧洲人的大量涌入彻底地改变了中南美洲的人口结构。伴随着欧洲人口的不断增加，土著居民的人口则在不断减少，欧洲人成为美洲的新主人。与此同时，各类混血人群逐渐诞生。来到美洲的欧洲人主要是未婚的成年男性，他们与土著女性结合产下了混血后代。混血人群日益壮大，在很多地方甚至成为主体民众。

移民北美洲

中南美洲的欧洲移民主要来自西南欧，北美洲的欧洲移民则主要来自西北欧，即英国、法国、荷

克里斯蒂娜堡位于特拉华州的威明顿，是瑞典在美洲建立的第一个定居点。克里斯蒂娜堡建于1638年，取名于当时瑞典女王的名字。以克里斯蒂娜堡为起点，瑞典人在美洲建立了自己的殖民地——新瑞典。1655年，新瑞典并入到荷兰人在美洲的殖民地新尼德兰。如图所示，人们在瑞典殖民者最初登陆的地点建立了克里斯蒂娜堡纪念碑。

16 世纪出现的跨大西洋奴隶贸易持续数个世纪之久，将上千万非洲奴隶运往欧洲和美洲。图中所展示的便是异常拥挤的运奴船，船上完全没有活动的空间，人们只能挤成一堆。由于运奴船上的条件非常恶劣，船上的死亡率非常高。

兰等国。

北美洲的印第安人主要依靠狩猎为生，南美洲印加帝国那样的大型农耕文明从来没有在此地出现。英国移民发现自己来到了一片人迹稀少的广阔大陆，这里没有现成的大量劳动力可供利用，一切只能依靠自己。

这些移民主要是渔民、商人、农民和种植园主。他们自给自足的同时，还向母国出口产品。与母国等级森严的社会不同，他们在新大陆建立了一个相对公平和平等的社会。

由于没有大量的土著居民作为劳动力来源，初期北美殖民地的劳动力需求只能通过所谓"契约奴"的形式来满足。

来到北美的移民中还有不少是宗教移民。为了

> **知识链接：契约奴**
>
> 契约奴是 17—18 世纪北美殖民地所役使的一种白人劳动力。契约奴的人身自由遭到限制，不占有任何生产资料。他们需要免费为特定的雇主提供一定期限的劳动，在此期间，雇主负责提供食宿。服役期过后，契约奴便重获自由，并可以得到一小块土地作为补偿。大量贫穷的欧洲人正是通过这种方式来到美洲。

躲避母国的宗教迫害，他们来到相对自由的新大陆，在这里实践自己的宗教信仰。尽管非常虔诚，但是这些新教徒却很少尝试传播自己的信仰，这与南部狂热的天主教徒形成了鲜明的对比。

印第安人和黑人奴隶

对印第安人而言，欧洲人的到来就仿佛从天而降的灾难。欧洲人给这片大陆带来了更高级的文明，但也带来了奴役、瘟疫和死亡。加勒比海地区的印第安人几乎消失殆尽，内陆印第安人的命运相对来讲要好一些，但也同样遭受着人口锐减的灾难。一些印第安人为了躲避欧洲人的入侵，只好迁往更加偏僻的地方。

黑人奴隶构成了大航海时代另一个重要的移民大潮。他们被迫远离自己的家乡，被欧洲人贩运到美洲种植园，在这里辛勤劳作。

来到美洲的黑人奴隶数量非常庞大。在中南美洲的一些地方，黑人奴隶的数量甚至超过了白人和土著居民的人数。例如在巴巴多斯，1645 年，该地共有 6000 多名黑人和 4 万名左右的白人，到 1685 年，该地的黑人数量增加到 4.6 万人，而白人的数量则缩减到 2 万人。

"不可思议"的胜利
皮萨罗征服印加帝国

以少胜多堪称奇迹，
帝国崩塌让人唏嘘。

1532 年的一天，以皮萨罗为首的一群西班牙入侵者囚禁了印加帝国的统治者阿塔瓦尔帕。不久后，这位不幸的皇帝被西班牙人杀害。帝国随之陷入危机，进而土崩瓦解。在征服印加帝国的过程中，西班牙人以少胜多，看似偶然，实属必然。只是偌大的帝国如此不堪一击，不禁让人倍感唏嘘。

探险

弗朗西斯科·皮萨罗（Francisco Pizarro，1471/1476—1541 年）出生于西班牙埃斯特雷马杜拉。他是一个私生子，年少时未接受过教育，因此目不识丁。1509 年，他随西班牙军队来到美洲。1519—1523 年，他受命担任巴拿马城的行政长官。

1519 年，西班牙人科尔特斯率领几百名西班牙士兵入侵墨西哥，仅仅几年的时间便征服了当地的土著居民——阿兹特克人。这一辉煌的成就无疑鼓舞了身在美洲的皮萨罗，坚定了他成就一番伟业的决心。此时，他听说在美洲南部有一个十分富庶的国家。于是，他决定联合另外两人——阿尔玛格罗和德卢克，共同组织向南部的探险。

1524 年 11 月，探险队从巴拿马城出发。他们坐船沿着海岸航行，没走多远便因恶劣的气候、食物的短缺以及土著居民的敌意而被迫返航。第一次探险以失败而告终。

1526 年，不甘心失败的皮萨罗组织了第二次探险。在路上，他们俘虏了一些土著人，并缴获了大量的织物、陶器、金银和珠宝。这让皮萨罗确信关于南方富庶国家的传说是真实的。

在厄瓜多尔海岸，他们遇到了一个规模非常庞大的土著部落，其刚刚归顺印加帝国。碍于对方人多势众，探险队不敢贸然登陆。于是，阿尔玛格罗返回巴拿马城求援。然而，新任行政长官不仅拒绝进一步增援，而且命令探险队撤回。皮萨罗坚决不回。他在沙地上画了一条线，并向同伴们说道："那边是拥有财富的秘鲁，这边是贫穷的巴拿马，至于哪一边才最适合一个勇敢的卡斯蒂利亚人，你们自己选择吧！至于我嘛，我要去南方。"最终有13 个人选择跟随皮萨罗。

在第二次探险中，皮萨罗一行人搜集到了很多宝贵的情报。所以经过进一步的调查，他决定返回巴拿马城，为最后的出征做准备。

弗朗西斯科·皮萨罗的父亲是一名军官，母亲出身于贫穷家庭。通过父亲这一侧，他与西班牙的另外一位美洲征服者科尔特斯有亲戚关系。正如科尔特斯击败了阿兹特克人，皮萨罗率领西班牙人征服了印加帝国。这幅画像绘制于 1835 年，创作者是阿玛布尔·保罗·库坦。

1533 年 7 月 26 日，皮萨罗在卡哈马卡绞死了阿塔瓦尔帕，印加帝国灭亡。此后，萨帕·印卡的称号虽得到保留，但是之后的萨帕·印卡都是西班牙殖民者的傀儡。图为印加帝国最后一位皇帝阿塔瓦尔帕画像。

征服

然而，新任行政长官依旧拒绝给予帮助。被逼无奈，皮萨罗只好返回西班牙觐见国王。他成功地说服了国王，使得国王同意支持他的探险征服活动。

回到巴拿马城，皮萨罗便开始招兵买马。准备完毕后，他于 1530 年年底率队出征，人数不足 200 人。

此时，印加帝国正在经历一场内部动乱。阿塔瓦尔帕击败其同父异母的兄弟，夺取了皇位。然而让这个胜利者想象不到的是，一场巨大的灾难即将来临。

西班牙远征队不断向内陆深入。1532 年 11 月 15 日，他们到达卡哈马卡城。皮萨罗派人去见皇帝，传达了会面的意图。阿塔瓦尔帕同意在第二天与西班牙人见面。然而，就在会面时，西班牙人发起了攻击。皇帝的侍卫被杀死，皇帝本人被俘。

阿塔瓦尔帕遭到囚禁。为了获取自由，他许诺送给西班牙人一屋子的黄金。他兑现了自己的承诺，却没能挽救自己的生命，于次年被处死。

没有了君主的领导，帝国迅速陷入瘫痪状态。西班牙征服者如入无人之境，四处占领抢夺。一个帝国，就这样在几百名入侵者的冲击下轰然倒塌。

后来，皮萨罗和阿尔玛格罗发生了冲突。后者被打败，并被处死。1541 年 6 月 26 日，皮萨罗在利马遭刺杀身亡。凶手是阿尔玛格罗的人。

此图为皮萨罗和他的追随者在利马。阿塔瓦尔帕被处死之后，印加帝国很快便被西班牙人征服。此后不久，皮萨罗在沿海地区建立了一座新城——利马。这座新城成为该地区西班牙人殖民统治的中心，后来成了秘鲁总督区的首府，以及今天秘鲁共和国的首都。对于利马这座城市，皮萨罗倍感骄傲，认为创建利马城是他一生中最大的成就之一。

第 170—171 页：印加遗迹维奈维纳

这座壮丽的山巅之城集中地体现了印加文明的伟大。维奈维纳（Winay Wayna）建在通往马丘比丘的路上，它依山而立，俯视着乌鲁班巴河。无论是过去还是现在，维奈维纳都为困顿的旅行者提供了一个很好的歇脚处，让人们养足精神后继续向马丘比丘进发。

武力和外交
科尔特斯征服阿兹特克帝国

破釜沉舟，无路可退，
凭借武力和智慧终结帝国。

埃尔南·科尔特斯（Hernán Cortés，1485—1547年）出生于西班牙一个贵族之家。18岁时，他来到美洲新大陆。他身上具备很多西班牙征服者的特质：对财富的无尽贪婪，击败异教徒为基督教开疆扩土的宗教热忱，以及创立丰功伟绩的雄心。

破釜沉舟

来到美洲的科尔特斯迅速爬升到政府高位。1518年，他受命攻占墨西哥。然而，还没等他出发，他的委任便被取消。尽管如此，科尔特斯冒着被判处军事叛变的危险，毅然率兵出征。随他出征的包括600名士兵、15门加农炮，以及数百名土著战士。

他们首先在墨西哥东南部的塔巴斯哥附近海岸登陆。在这里，他们遭遇了抵抗，并取得了首场胜利。在进一步深入内陆之前，科尔特斯在沿海地区

图为西班牙货币比塞塔，上面印有西班牙征服者埃尔南·科尔特斯的头像。科尔特斯出生于西班牙的一个小镇麦德林，他的父亲是一个军官，虽然出身显赫，但已经家道中落。小时候，科尔特斯身体瘦弱，接受过较好的教育。长大后被父母给予厚望的科尔特斯曾经试图从事法律行业，但是科尔特斯不愿忍受小镇平淡的生活，最终前往美洲闯荡。

休整了数月时间，建立营地的同时积极改善与沿海印第安部落的关系。

科尔特斯曾经几次试图和阿兹特克帝国的统治者会面，但都遭到拒绝。然而，科尔特斯心意已决，他决定率兵亲自前往阿兹特克帝国的首都。在此之前，他已经将来时乘坐的船只全部毁掉，以表示决不回头破釜沉舟的决心。

纵横捭阖

阿兹特克帝国的首都是特诺奇蒂特兰城。为了安全起见，科尔特斯特意选择了一条异常艰难的行军路线。西班牙殖民者发现，阿兹特克帝国的基础并不牢固。帝国凭借武力征服周边的印第安人，而这些被征服者对帝国的压迫心怀怨恨。特别是沿海地区刚被征服的托托纳克人，他们不断地公开反叛。于是，科尔特斯选择和托托纳克人结盟，打击共同的敌人。

从托托纳克人那里，西班牙人得知了另外一个可能的同盟者——特拉斯卡拉人。特拉斯卡拉是一个独立的城邦国家。阿兹特克人曾经多次试图征服它，但都没有成功。最后，阿兹特克人决定容许它的存在。然而，独立不是没有代价的，特拉斯卡拉成为阿兹特克帝国人殉制度的牺牲品。阿兹特克人会定期向特拉斯卡拉发动战争，目的是获得俘虏，用于人殉。可想而知，特拉斯卡拉人对阿兹特克人

个征服者，需要的不仅是强大的武力，还有破釜沉舟的勇气和决心。科尔特斯深知这一点。在率军深入内陆直取阿兹特克帝国的首都特诺奇蒂特兰城之前，科尔特斯下令将来时所乘坐的所有船只凿沉。科尔特斯等人的背后只有茫茫的大海，已经无路可退，只能奋勇向前，击败敌人。这张图片便描绘了科尔特斯破釜沉舟这一极具戏剧性的历史事件。

肯定怀有深深的仇恨。虽然西班牙人出现时，特拉斯卡拉人出于一种独立的天性，勇敢地与入侵者作战，但很快他们便转而与西班牙人结盟，并在之后摧毁阿兹特克帝国的过程中发挥了关键性的作用。从特拉斯卡拉人那里，西班牙人得知了阿兹特克帝国的强弱虚实。不仅如此，特拉斯卡拉还派出1000名士兵随同西班牙人作战。

知识链接：阿兹特克

阿兹特克人（Aztec）是印第安人的一支，他们在墨西哥创造了自己的帝国和文明。以特诺奇蒂特兰、德斯科科和特拉科潘三个城邦国家的联盟为基础，帝国的统治范围不断扩大，鼎盛时期的疆域下抵太平洋沿岸，右及墨西哥湾。帝国的结构比较分散，主要通过政治、经济等间接手段来维系。阿兹特克人缔造了一个比较发达的文明，其在建筑、文学、艺术以及农业等方面均有所建树。

领袖，并处死了原来的君主蒙特祖马二世。觉察到危险的科尔特斯率领士兵逃离了特诺奇蒂特兰城，并损失了大量的人员。

然而，西班牙人并没有因此而气馁，印第安人盟友也没有抛弃他们。休整后的部队重新集结，再一次向特诺奇蒂特兰城发起进攻，并彻底摧毁了该城。阿兹特克帝国就此终结。

兵临城下

1519年8月，西班牙人及其盟军最终抵达特诺奇蒂特兰城。阿兹特克君主蒙特祖马二世（Moctezuma II，约1475—1520年）接见了他们，邀请他们入城，并赠予他们大量的礼物。此时，科尔特斯面临一个巨大的内部危机。与他为敌的古巴总督委拉兹开斯派另外一支远征军来到墨西哥。科尔特斯迅速采取行动，率领一部分士兵击败了刚来的敌对者，并将他们并入自己的军队。

解决了内部危机的科尔特斯率领士兵返回特诺奇蒂特兰城。此时，西班牙人和阿兹特克人之间的矛盾已经一触即发。阿兹特克人选出了新的

这幅阿兹特克图画描绘了骑在马上的西班牙征服者及其墨西哥盟友，在墨西哥的乔卢拉攻击阿兹特克人的场景。

征服之后的美洲社会
西班牙殖民帝国

欧洲文明漂洋过海，
嫁接在这片原始的大陆，
这是寡头们的乐园，
抑或是印第安人的深渊。

西班牙人作为征服者来到美洲这片土地。如同历史上的大多数征服者一样，他们充分享受了胜利的果实——土地、财富、权力和荣耀。与此同时，这些征服者也给美洲带来了欧洲文明，并让美洲融入世界市场之中。好抑或是坏，无论结果如何，都是人性对时局的随机应变。这些征服者有着贪欲和残酷，但是也带着新文明的火种。

作为美洲历史最为悠久的城市之一，墨西哥城是在原来阿兹特克帝国首都特诺奇蒂特兰城的基础之上建立起来的。在西班牙人征服阿兹特克帝国的过程中，特诺奇蒂特兰城毁于战火。战后，西班牙人决定重建这座城市，抹去阿兹特克帝国的痕迹，依据欧洲城市的标准建立一座新城市，即墨西哥城。

赐封

科尔特斯是最著名的西班牙征服者之一。作为征服者，他被赐予特权，可以对两万多户印第安人征收贡赋和劳役。依靠这些收入，他为自己修建了豪宅，过上了锦衣玉食的生活。

当然，这只是特例，像科尔特斯这样的大征服者毕竟是少之又少。更多的征服者只是分得了几千名纳贡者。将一部分人群的贡赋和劳役赏给某些人

的做法便是所谓的赐封制度。实际上，这种特权的享有者不止局限在个人，在美洲，一些城市也享有此项权利。

科尔特斯这样的征服者在享有特权的同时，也要承担一定的义务。他有义务保护其手下的印第安人免受其他人的侵害，负责相应区域内的治安、传教等事宜。

大多数西班牙人都喜欢生活在城镇，认为城镇

西班牙人在美洲建立了所谓的赐封制度，那些参与征服的有功之臣都被赐予了土地和财富。以科尔特斯为例，他在墨西哥拥有多个银矿，在苏尔特佩克拥有20个银矿，在塔斯科拥有12个银矿，在萨夸尔潘拥有3个银矿。图为苏尔特佩克。

代表着教养和团结，而乡村则代表着无趣和割裂。来到美洲的西班牙殖民者自然也有这种文化倾向。通过赐封制度，他们从乡村获取绝大部分收入，然而却选择住在城镇。这么做当然有安全方面的考虑。相比身处四周都充满敌意的印第安人乡村，居住在城镇明显更加安全。

城镇

墨西哥城，阿兹特克帝国的中心。西班牙人到来之后，在原有的基础之上对这座城市进行了大规模的扩建。科尔特斯想要这座城市延续政治和宗教中心的地位，于是在原来阿兹特克帝国的遗址上出现了新的教堂和住宅。墨西哥城到16世纪中叶已经至少有10万人口。16世纪，来到这里的外国人无不赞叹这座城市的规模和布局。

除了墨西哥城和库斯科之外，中南美洲的大部分城镇都是殖民者新建的。西班牙人热爱建立城镇，他们征服一个地方之后往往首先做的就是这件事情。城镇一般由一个12人所组成的委员会管理。可想而知，委员会成员不是西班牙征服者就是他们的后代。城镇成为寡头统治的世界。这些寡头组成了特殊的利益集团，他们在很大程度上主宰了殖民地的生活。但是，我们不能想当然地认为这些城镇管理者的所作所为只是为自己谋取私利。比如，1533年，墨西哥城的管理者发现森林的过度砍伐导致了严重的问题，于是出台规定限制伐木活动。

贸易

一开始，西班牙殖民者依靠通过赐封制度所掠取收入生活。然而，这种制度不能支持殖民地长远的发展，首先并不是所有殖民者都享有这项特权，其次印第安人的农业生产力比较有限，并且印第安人口在不断地减少。因此，殖民者逐渐开辟了其他

知识链接：米塔制

米塔制原是印加帝国所实行的一种劳役制度，每个公民每年都要提供固定天数的劳役。通过这个制度，印加帝国的统治者获得所需要的劳动力来从事各种公共劳动，如维修道路和桥梁、耕种土地和军役等。后来，西班牙人借用了这一制度。

的财源。他们开辟牧场、种植土地、开山挖矿，并与欧洲进行贸易往来。

西班牙人将小麦、橄榄、葡萄等作物移植到美洲。他们还把旧大陆的驴、牛等牲畜带到美洲。驴迅速成为美洲最主要的交通工具，而牛则在美洲的草场上大量繁殖，让殖民者们衣食无忧。

殖民地与母国有着非常紧密的经济联系。美洲向西班牙出口金银、烟草和白糖，从西班牙进口葡萄酒、橄榄油和面粉。然而，这种互利的贸易往来并没有保持很久。殖民地的需求逐渐转向了西班牙无法提供的工业制成品，而从殖民地大量运来的白银又使得西班牙出现了严重的通货膨胀。

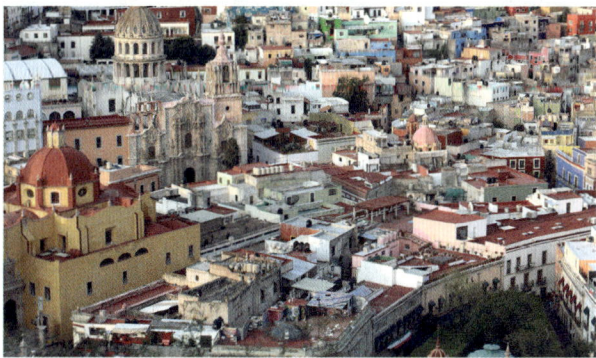

图为五颜六色的瓜纳华托城。瓜纳华托城位于墨西哥中部，是瓜纳华托州的首府。在16世纪初，西班牙人在瓜纳华托城附近发现了银矿和金矿。金银的发现吸引了大量的西班牙人前来定居，一座新的城市就此出现。"瓜纳华托"一词源自当地土著居民的布雷佩查语，意思是多山之地。

重拾帝国的荣光
波旁改革

重拾帝国的荣光

一个新生的王朝，
决心拯救西班牙，
这个没落的年迈帝国。

1700 年 11 月，西班牙哈布斯堡王朝的最后一位君主卡洛斯二世去世，死后无嗣。根据遗嘱，新国王将是法国国王路易十四的孙子腓力。西班牙的波旁王朝就此开始。新王朝所要经营的是一个日益衰败的西班牙，其已陷入全面的落后，帝国也发岌可危，庞大的殖民地正在被其他欧洲列强觊觎。新继位的腓力五世决定实施改革，以图扭转危局。改革持续了将近一个世纪，并在卡洛斯三世时期（1759—1788 年在位）达到顶点。

经济改革

西班牙与美洲殖民地之间的贸易一直处于一种垄断状态。商品的交换只能在有限的几个港口进行，并要遵循固定的贸易路线。来往的商船也需由舰队护航。

随着西班牙海上实力的日益削弱，舰队护航越来越难以为继，并在西班牙王位继承战争期间中止运行。腓力五世时期，西班牙曾试图复兴护航制，但没有成功。之后，其曾短暂复航，但也只是断断续续地维持到 18 世纪末，并最终被废弃。

与护航制衰落相伴的是贸易自由化。西班牙开始实行注册商船制度，只要是注册的商船便可以合法地从事西班牙与美洲殖民地之间的贸易，然而这项措施没能打破塞维利亚和加的斯商会的垄断地位。真正敲开垄断缺口的是各种特许公司的成立，其中最成功的是 1728 年成立的加拉加斯公司，它拥有对委内瑞拉沿岸贸易的专有权。

1743 年，西班牙财政兼国防大臣何塞·坎皮略在《美洲管理新体制》一书中倡导废除贸易垄断和护航制度，促进母国与殖民地的往来以及殖民地市场的成熟和经济的发展。

真正让卡洛斯三世下定决心实行自由贸易的因

画中的人物是西班牙国王卡洛斯三世（Charles III，1716—1788 年），英语常译为查理三世。卡洛斯三世是一位颇有作为的君主，在统治期间推行了多项改革，包括发展教育和科学事业、鼓励贸易和经济的发展、推动农业现代化、促进国家的世俗化等。这些改革取得了很大的成果，并为西班牙的现代化奠定了坚实的基础。

一话一说一世一界一

何塞·德·加尔维斯是受到西班牙国王卡洛斯三世器重的一位大臣。他在1764—1772年担任新西班牙总督区总询察一职。在此期间，他大刀阔斧进行改革，比如驱逐耶稣会士、改革税收制度、发展经济等。这些改革措施促进了殖民地的繁荣，加强了西班牙的中央集权统治，同时使得美洲殖民地与西班牙宗主国之间的关系更加密切。

知识链接：西班牙王位继承战争

卡洛斯二世死后，按照遗嘱，西班牙王位将传与法国国王路易十四的孙子腓力。这样一来，欧洲的均势必将被打破，于是英国、荷兰和神圣罗马帝国等国组成反对联盟。而法国则与西班牙、巴伐利亚等国结盟。双方的战争历时13年（1701—1714年）。根据1713年签订的《乌特勒支条约》，腓力最终成为西班牙国王。

素是英国在七年战争期间（1756—1763年）夺取了哈瓦那。实行重大改革的必要性日益突出。1778年10月12日，西班牙颁布了著名的《自由贸易法令》。西班牙及其殖民地的几乎所有重要港口都被允许自由地相互通商。当然，这种自由也是有限度的，外国商人和外国商品依旧不被接受，因此该法案本质上是对英法重商主义政策的效仿。

政治改革

西属美洲殖民地所面临的最严重的一个问题就是行政管理的混乱与无能。当时，一名叫约翰·坎贝尔的英国商人在《美洲的西班牙帝国》一书中写道："西班牙人的弱点乃是他们政府的弱点。这里既不缺人，也不缺少防御的能力。只是省长们以及其他国王委任的官吏如此玩忽职守，以致造成世风日下、腐败丛生、民心萎靡。"

腓力五世时期，改革的重点在于注重官员的选拔，从而提高行政管理的质量。在这一时期，最大的变

革是对行政区划的调整，秘鲁总督辖区大幅缩小，分出去的土地成为新的总督辖区。

到卡洛斯三世时期，实质性改革才真正开始出现。首先，行政区划的调整仍在继续进行，成立了多个新的总督辖区，如委内瑞拉、古巴、智利等。其次还引入了总询察制（Visitas）。国王委派的询察官在殖民地享有至高无上的地位，可节制总督及其下的所有官员。最后，西班牙还在殖民地实行了监政官制度（Intendant System）。这是重建行政系统最重要的一项措施。新委派的监政官取代了早已经彻底腐败的地方行政长官，在很大程度上提高了行政效率。

此外，波旁改革还涉及以下两方面的内容：一是加强殖民地的军事防御力量，不仅增加了来自母国的驻军，而且建立了殖民地自身的民兵组织；二是极大地削弱了教会的权威，耶稣会也被逐出了西班牙属地。

这一幅威尼斯的世界地图，制作于1442年。

割裂与融合
西属美洲社会

鸠占鹊巢，
新生的南美社会，
上演了一幕又一幕的割裂与融合。

美洲原是印第安人的美洲。欧洲人为了获取土地和财富强行到这里殖民，中南美洲除了巴西之外基本上都是西班牙人的天下。在西属美洲，不同种族和民族的冲突加大了社会的裂痕。与此同时，一场不同种族之间的大融合也在轰轰烈烈地进行着。这是一个割裂与融合并存的社会。

割裂

成千上万的欧洲人离开故土，跨过茫茫无际的大西洋，来到了充满机会和财富的新世界，并在这里安家立业。

图中所展现的是拉丁美洲的克里奥尔人，也就是在美洲出生长大的白人。作为欧洲人的后裔，克里奥尔人已经与第一代的欧洲移民表现出了很大的不同。他们当中的一些人已经混有其他种族的血统，更为重要的是，他们不再认同母国，而是认为自己是地地道道的美洲人。

这些欧洲人并不是铁板一块。就西属美洲而言，移民主要是西班牙人，但除此之外，也有少量其他欧洲国家的移民，为了融入当地社会，他们一般会改用西班牙式的姓名。即便在西班牙移民内部，割裂与冲突依然存在。西班牙北部的移民和南部的移民便相互不和。

南美洲另外一个日益壮大的群体是土生白人，也就是克里奥尔人。他们与欧洲移民尽管同属统治阶层，但是二者在地位上存在差别，并且冲突不断。相比而言，西班牙政府更加器重在欧洲出生的移民，这在一定程度上侵犯了土生白人的利益。于是，欧洲移民和土生白人之间的矛盾成为殖民地社会的家常饭。为了平息双方的不满，有些重要职位往往由双方代表共同执掌。

在殖民过程中，印第安人无疑是受害者。他们的家园被外来者侵占，他们自身也遭受着外来者的奴役。原来用于征用印第安人劳役的赐封制度早已经无法继续下去。为了让印第安人继续为己所用，西班牙人又启用了所谓的米塔制。在该制度下，印第安人被要求每年都要提供一定时间的劳役。以波托西银矿为例，周围的印第安人每年要将七分之一的男性送往银矿工作四个月。恶劣的工作环境和沉重的劳役让大量印第安人丧生。

西班牙人的剥削和压迫以及天花等恶性传染病的肆虐使得印第安人的数量锐减。西属殖民地出现了劳动力短缺。为了解决这一问题，西班牙人开始引入大量的黑人奴隶。到 16 世纪中叶，黑人的数

一话一说一世一界一

18 世纪墨西哥艺术家米盖尔·卡布雷拉绘画的局部：一位西班牙人、他的印第安妻子和他们的混血女儿。

量已经同白人的数量持平。

融合

割裂只是西属美洲殖民地社会的一个侧面。与此同时，一场种族和民族间的大融合正在悄悄发生着。来到美洲的绝大多数西班牙人都是男性，因此很多人选择与印第安妇女结婚。这种跨种族结合得到了西班牙政府的鼓励，因为这被看成是巩固殖民地的一种手段。

欧洲人和印第安人相互结合的后代被称为梅斯蒂索人。在殖民统治时期，梅斯蒂索人的数量迅速增加，在一些地区，他们甚至已经占据了居民的多数。此后，梅斯蒂索人在南美独立和民族国家的构建过程中发挥了至关重要的作用。

除了梅斯蒂索人之外，西属殖民地还存在着各式各样的混血人群。白人和黑人的混血后代被称作穆拉托人，印第安人和黑人的混血后代则被称作萨姆波人。

白人、黑人、印第安人以及其他各种混血人群共同构成了西属美洲社会。他们之间存在着割裂与冲突，但又相互影响与融合，共同绘制了一幅仿佛光谱般的多彩世界。

知识链接：图帕克·阿马鲁二世起义

孔多尔坎基，（Jose Gabrief Con-dorcanqui，冬日残躯 1741—1781 年）以图帕克·阿马鲁二世之名而广为人知。他自称是印加帝国最后一位皇帝图帕克·阿马鲁的直系后裔。印加帝国的历史与文化令他感到骄傲和自豪，西班牙人对土著居民的残酷剥削和压迫又让他感到痛苦和愤懑。多次请愿无效之后，他决定起义。1780 年 11 月初，起义开始。不久，起义队伍迅速扩大到数万人之多。最后，西班牙人镇压了起义，图帕克·阿马鲁二世本人也被残忍杀害。尽管起义失败了，但是图帕克·阿马鲁二世所展现的无畏与牺牲精神至今仍被人缅怀。

在图中所展现的这个巴西家庭中，父亲是白人，母亲是黑人，作为黑人的外祖母正在向上帝祷告，感谢自己的外孙更多地遗传了白人的特征，而不是黑人的特征。这是可以理解的。因为在殖民时代的拉丁美洲，在种族思想的作祟下，不同种族往往被划分为不同的等级，白人处在金字塔尖，而黑人则处于金字塔的最底端。

帝国的宝库
葡萄牙人在巴西

巴西，一片富饶的土地，
这里有蔗糖，还有遍地的牛羊。

刚到美洲的葡萄牙人看到几乎赤身裸体的土著居民时，认为自己见到了伊甸园里面的人类。在这些欧洲人眼中，当地的土著居民天真、无邪、漂亮，是基督教的天然传教对象。然而没过多久，对当地印第安人的印象便从天真转为了野蛮。这种转变实际上折射了葡萄牙人在巴西的殖民历程。

殖民

1500 年，13 艘前往印度的葡萄牙船只意外地发现了新的土地。这片位于南美洲的陆地后来被命名为巴西。

这幅巴西沿海地图的历史，可以追溯到 1519 年。

甘蔗是提炼糖的主要原料。美洲本来没有甘蔗这种植物，欧洲人将甘蔗带到美洲，并将其移植在加勒比地区和巴西等地。美洲就此成为世界主要的蔗糖生产地。甘蔗种植业是典型的劳动密集型产业，需要大量的劳动力，因此普遍采用种植园经济，并利用奴隶进行生产。图中所展示的是一家巴西的糖厂，该糖厂为荷兰人所有。

在最初的 30 年，只有少数葡萄牙人来到这里短暂停留，他们与当地的印第安人相互交换物品，从而获取欧洲迫切需要的巴西红木。所以，这一时期，葡萄牙人和印第安人的关系还算比较融洽。

16 世纪 30 年代以后，为了阻止法国人的进入，葡萄牙国王决定推行对巴西的殖民战略。葡萄牙政府无力单独推行殖民，于是出台了"受赠人制度"，划分了十几个总督辖区，并将它们分配给受赠者。一个地主阶层就此在巴西建立起来，其享有很多的特权，如征税、任免官职、分配土地等。然而，这些受赠者一般都不是大贵族或大商人，而是乡绅和小贵族，因此缺乏资源和能力来开拓、建设新的殖民地。在十几个总督辖区中，只有东北部的伯南布

从空中俯瞰里约热内卢，它无疑是一座美丽的城市。它是一座海滨城市，位于巴西东南部。作为全世界著名的旅游胜地，这里有沙滩、狂欢节、桑巴舞，还有屹立山巅的巨大耶稣像。1565 年，葡萄牙人建立了这座城市。1763 年，它一度成为巴西的首都，直到 1960 年，巴西的首都迁至巴西利亚。论人口数量，里约热内卢是巴西第二大城市、美洲第六大城市。

哥和最南端的圣维森特走向了繁荣。

在政策的鼓励下，葡萄牙人开始大量涌入巴西。葡萄牙国内人多地狭，下层民众生活困苦，而殖民地则地广人稀，急需大量的人手。来到巴西的葡萄牙人，不管之前的身份多么卑微，都不肯再从事体力劳动。他们便强迫当地的印第安人从事体力劳动。殖民者和印第安人之间的关系开始紧张起来，印第安人在他们心目中的形象也从原来的天真纯朴转变为懒惰野蛮。

葡萄牙国王禁止随便奴役印第安人。来到巴西的耶稣会教士则身体力行，致力于保护印第安人。他们将印第安人集中起来，组成一个个村庄，一方面阻止了外来的奴役，另一方面便于向印第安人传播基督教和西方文化。然而，大多数殖民者仍然不顾禁令，想方设法奴役印第安人，有时甚至假扮受到印第安人信任的耶稣会教士引诱土著居民上当受骗。

大量印第安人不堪疾病和辛劳而丧生，殖民地的劳动力短缺问题越来越严重，于是葡萄牙人转而从非洲引入大量的黑人奴隶。

财源

这些来自非洲的奴隶大量地集中在甘蔗种植园劳作。16—17 世纪，制糖业是巴西的支柱产业，也是葡萄牙政府的一大财源。制糖业在巴西发展非常迅速，在 16 世纪最后短短 20 多年间，糖料作物的产量便增长了十倍，巴西产的蔗糖充斥着欧洲市场。对于葡萄牙人而言，美洲蔗糖比亚洲香料带来了更多的收益。

除了制糖业之外，殖民地的养牛业也十分发达。美洲本来没有牛这种动物，是欧洲人将牛带了过来。事实证明，美洲的环境十分适合牛的繁育生长。无数的牛群分布在广袤的土地上，小的数百头，大的上千头。据说，有的牧场甚至比很多欧洲国家都要大。

巴西还出产黄金和钻石。葡萄牙国王严密地控制着采矿业，从中获利颇丰。然而，黄金并没有让巴西和葡萄牙富裕起来，而是通过贸易流入到英国人手中。

总的来看，巴西的经济十分脆弱。葡萄牙政府单纯地将巴西看作是可以掠夺的财源，并限制殖民地发展制造业，以避免给母国造成损害。这使得巴西发展出了畸形的经济结构，简单地依赖某几种商品的出口。

冲突与融合
巴西族群

"难道他们不是我们的弟兄？
难道他们的灵魂没有被同一个主的血液
救赎？"

葡萄牙人来到巴西，成为新的统治者。他们征服了这片大陆原来的主人印第安人，并引入了大量的非洲奴隶。美洲成为多个种族共同的家园。人们在这里相互冲突，奴役、压迫和反抗比比皆是，但也相互同情，相互融合。无论是血缘还是文化，一个新的共同体正在形成。

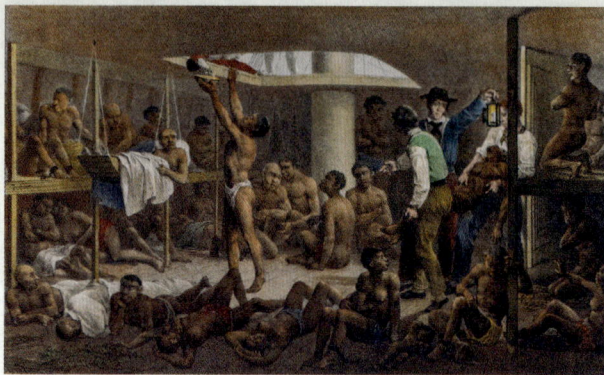

这幅画描绘了一艘开往巴西的运奴船甲板下的情景。创作者是德国画家约翰·莫里兹·鲁根达斯。鲁根达斯生活在 19 世纪，当时反对奴隶制的呼声越来越强烈。尽管如此，跨大西洋奴隶贸易仍然在持续进行着。鲁根达斯目睹了运奴船上的情形，并用自己的画笔将其展现出来。

冲突

面对印第安人和非洲人，葡萄牙人拥有种族优越感。17 世纪，殖民地的一位官员写道："我们注定要把宗教带到他们中间；他们注定要扶持我们，为我们狩猎、捕鱼、工作。"

殖民地幅员辽阔，土地应有尽有，最严重的问题是劳动力的短缺。为了解决这一问题，殖民者强迫印第安人为自己劳动。关于是否应当奴役印第安人，殖民者和葡萄牙政府发生了根本分歧。国王和教会希望印第安人能够得到平等对待，用欧洲文化和宗教同化他们，使他们融入主流社会，反对大规模地奴役印第安人。殖民者则对此不以为然，利用一切机会和漏洞奴役印第安人。

不久，殖民者便发现单靠印第安人无法解决劳动力短缺的问题，于是转而从非洲引入大量的黑人奴隶。从 16 世纪到 19 世纪，约有 350 万非洲人来到巴西。相比印第安人，非洲人的待遇更加不堪。他们的地位等同于奴隶，被迫承担各种各样的劳役，他们为主人种地、挖矿、打扫房间、照顾孩子……对此，当时的一个总督不无感叹地评价道："如果没有奴隶，巴西将一事无成。"尽管有人为黑人奴隶鸣不平，但在当时也有很多人认为奴隶制的存在理所当然。

一些奴隶不甘于被压迫。他们奋起反抗，逃离种植园，从沿海逃到荒无人烟的内陆。在这里，他们建立了一个个独立的定居点，其中规模最大的是阿拉戈斯（Alagoas）。殖民地当局当然不能容忍这种行为的存在，他们派兵一次又一次地攻击阿拉戈斯，直到将其攻陷。

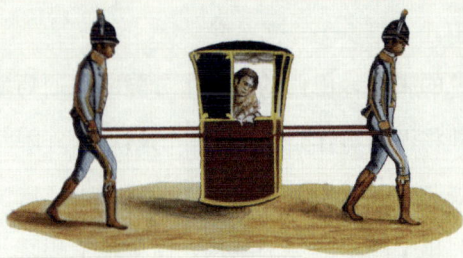

一名葡萄牙贵族坐在豪华的轿子里，由此表明了一种主仆关系。

巴西是一个种族人熔炉，这里汇聚了全世界各个国家的移民。他们来到这片土地，共同生活，相互通婚。第一排从左到右分别是葡萄牙人、德国人、意大利人、阿拉伯人和日本人；第二排第一位是非洲人，第二位是印第安人和黑人混血的萨姆波人，第三位是白人和黑人混血的穆拉托人，第四位是白人和印第安人混血的梅斯蒂索人，最后一位是巴西的印第安人。

融合

融合在冲突中进行。刚到巴西的葡萄牙人为了适应新环境处处都要依赖印第安人。他们与印第安人通婚，向印第安人学习各种实用的技巧，他们甚至喜欢上了印第安人的吊床。对于通婚，葡萄牙政府持鼓励的态度，曾出台法令，规定凡是同印第安人结婚的葡萄牙人将享有一定的特权。

文化的融合也在进行。葡萄牙人接受了印第安人的食物，如木薯；学习印第安人房屋的样式；引入了大量的印第安语词汇。相应地，不少印第安人皈依了基督教，接受了西方文化。

融合不仅在印第安人和葡萄牙人之间进行，非洲人也参与了这场前所未有的种族融合。黑人、印第安人和葡萄牙人三者之间相互通婚，从而形成了多种多样的混血群体，如穆拉托人、梅斯蒂索人、马梅卢科人等。

非洲人对巴西文化也贡献颇多。他们将非洲食物和调料引入巴西人的食谱，非洲歌曲响彻巴西的大街小巷。可以说，从巴西文化的方方面面都可以看到非洲的影响。

知识链接：亚马孙河

亚马孙河可以说是世界上最为壮观的一条河流。尽管长度不如尼罗河，但是流量远远超过任何其他大河。亚马逊河水深可达数十米，入海口有240公里之宽，有"河海"之名。它位于南美洲，流经八个国家，主体部分在巴西。亚马孙河的流域面积高达700万平方公里，是南美洲的母亲河，孕育着庞大的热带雨林。这片雨林是人类的生态宝库。

融合之中，不和谐的音调也一直存在。种族歧视和不平等根深蒂固。直到1888年，巴西的奴隶制才被彻底废除。废奴之后，有色人种的境遇依旧有待改善。

印第安人、欧洲人和非洲人的融合一方面创造了多种多样的族群，另一方面也创造了一个新的统一的民族——巴西人。这个新的民族将成为这片土地的新主人。

图中所展示的是巴西的桑巴舞者。桑巴是巴西所特有的一种音乐和舞蹈类型。桑巴已经成为巴西文化的一个重要象征，桑巴的主要源头巴伊亚桑巴更是被列入了联合国非物质文化遗产名录。

亡命加勒比
海盗时代

海洋的尽头是财富，
通向财富的路上布满危险与劫掠。

海盗自古以来就一直存在，可能是自从有海洋贸易便有海盗了。地理大发现将美洲巨大的财富展现在世人面前，连接美洲和欧洲的大西洋就仿佛是一条快速运输通道，无数的金银财宝在这条航路上川流不息。哪里有财富，哪里就有觊觎的目光。觊觎这些财富的不仅有欧洲的君主，还有让人闻风丧胆的海盗。

女王的"海狗"

西班牙人率先在美洲建立了殖民地，并垄断了跨大西洋的贸易。其他欧洲国家则想打破西班牙人的垄断，法国人、英国人和荷兰人先后来到新世界，想要分一杯羹。

为了打击西班牙的海上霸权，英国的伊丽莎白女王授权一些人在海上攻击、劫掠西班牙的船

在这幅插图中，海盗黑胡子正如传说中所言留着又浓又黑的长胡子。作为历史上最知名的海盗之一，黑胡子传奇的一生给后世留下了无数故事，也为艺术家的创作提供了诸多灵感。后来不少艺术和文学作品中的海盗形象都是以他为原型创造的。

只，这些人便被称作"海狗"。弗朗西斯·德雷克（Francis Drake，1540—1596 年）是"海狗"当中最著名、最有成就的一位，另外一位非常著名的英国航海家、海盗约翰·霍金斯是德雷克的堂兄。

德雷克是一个伟大的航海家，他率领船队花了两年时间环球航海一周。他是完成此项壮举的首位英国人。德雷克还是一位功勋卓著的海军将领，正是他率领英国海军打败了不可一世的西班牙无敌舰队。

德雷克被英国人视为民族英雄，但在西班牙人的眼里则是一名海盗。对于德雷克来说，航海的一个主要目标就是掠夺西班牙的商船。在为期两年的环球航行中，他从西班牙人那里截获了大量的财富。英国女王分得了其中的一半，这一半的价值便超过了当年所有其他王室收入的总和。

1595 年，德雷克和霍金斯率领舰队驶向美洲，目标是攻占西属美洲的重要贸易据点和港口。在

在 1577—1580 年的那次环球航行中，德雷克所乘坐的旗舰是"金鹿号"，图中所展示的船只是位于伦敦的"金鹿号"复制品。这艘船的本名是"鹈鹕号"，后来德雷克将其改名为"金鹿号"。此举是为了向航行的赞助人海顿爵士致敬，因为海顿爵士的徽章盾牌上便是一只金鹿。

这次行动中，德雷克遭遇了一连串失败。他和霍金斯也在这次旅程中因病去世。

黑胡子蒂奇

黑胡子是历史上最臭名昭著的海盗之一。他的真实名字是爱德华·蒂奇，1680 年出生在英国布里斯托尔。

和当时的很多海盗一样，加勒比海是黑胡子活动的主要区域。这一地区的海盗活动之所以非常猖獗，主要是因为这里复杂的水路和众多的岛屿为海盗们提供了一个十分理想的环境。

黑胡子原本是一名英国皇家海军的水手，后来转变身份，很快成为一名令人闻风丧胆的海盗。他的旗舰是"安妮女王复仇号"。它本来是一艘法国商船，黑胡子截获过来后将其改造成了装备 40 门火炮的战舰。

在加勒比海，黑胡子横行无忌，到处劫掠。1717 年 12 月 5 日，黑胡子抢劫了一艘商船，船上的财物被掠夺殆尽，但是船主博斯托克安全无恙地返回驻地。后来根据他的描述，黑胡子的舰队共有两艘战船、36 门大炮和 300 名水手，黑胡子本人则又高又瘦，留着很长的、浓密的黑胡子，这就是黑胡子绰号的来源。

1718 年，黑胡子挥师北上，来到北美，封锁了港口城市查尔斯顿。封锁持续了数日，期间所有进出港活动都被迫停止。黑胡子劫持了一艘船，并将船上乘客扣留，据此要挟南卡莱罗纳州政府提供急需的药品。黑胡子的到来引起了查尔斯顿民众的极大恐慌，当地政府只好屈服。得到药品后，黑胡子履行了约定立即离开。此后，黑胡子一直在北美活动，中间曾经短暂归顺政府，定居结婚并和北卡莱罗纳州的州长成为好朋友，但不久又重操旧业。

同年，弗吉尼亚州州长派出军队搜捕黑胡子。

> **知识链接：女海盗安妮·波妮**
>
> 在海盗的世界里，女性的数量少之又少。尽管如此，有一个著名女海盗的名字却流传下来，她就是安妮·波妮。波妮出生于爱尔兰，后来跟随父亲来到北美。在北美，波妮的父亲成为一名富裕的商人。成年后，波尼因嫁给了一位身无分文的水手，被暴怒的父亲逐出家门，随后成为一名海盗。

最终，黑胡子被找到，双方展开了激烈的战斗，先是相互炮击，随后又进行了肉搏战。在肉搏战中，黑胡子身中数枪和 20 余刀，当场死亡。余下的海盗立即投降，之后，投降的绝大部分海盗都被处以绞刑，黑胡子海盗团就此瓦解。

该画描绘了海盗黑胡子的最后一战。这一战非常惨烈，双方先是相互炮击，在这一阶段，黑胡子占据了上风。率军来歼灭海盗的英国海军中尉梅纳德心生一计，他令绝大部分士兵躲藏起来，只留少数几人待在甲板上。黑胡子果然中计，认为其他英军水手都已经牺牲，于是带领自己的手下跳上对方船只，展开肉搏战。恰在此时，躲藏的水手悉数出击，让黑胡子等人大吃一惊。最终，黑胡子力战而死，头被砍下，身体被扔入大海。

帝国的开端
英国人抵达北美

伟大的事物都有渺小的开始，
商业、清教与契约铸就了新国家的
根基。

一直到 16 世纪末，英国人才开始尝试向美洲殖民。此时加勒比及其以南地区已经基本上被西班牙和葡萄牙两国占据，英国人只好把目光投向更加寒冷的北方。1583 年，在英国王室的许可下，沃尔特·雷利开始尝试在北美洲建立殖民地，但最终以失败告终。100 多名殖民者在定居点罗阿诺克岛神秘失踪，原因至今不明。

詹姆斯镇

1606 年，弗吉尼亚公司成立，它包括两个公司，分别是伦敦公司和普利茅斯公司。它们被英国王室授权在北美建立殖民地。

图中的建筑是 17 世纪詹姆斯镇的一座教堂。这座教堂最初修建于 1639 年，是北美英属殖民地最古老的欧式建筑之一。随着时间的流逝，这座教堂曾经多次损毁，又多次重建。在 1907 年，教堂经过第六次重建，新教堂屹立在原址之上，重建过程中保留了旧教堂的一部分。

1607 年，伦敦公司派遣克里斯托弗·纽波特率领三艘帆船前往新世界。漫长的旅程共花费了 4 个月的时间。1607 年 4 月，船队抵达北美大陆，进入了切萨皮克湾，并最终选择在河口附近的一片沼泽地上建立定居点，这就是后来的詹姆斯城，它是英国在美洲的第一个永久殖民地。一个庞大的殖民帝国正是肇始于此。

定居点从一开始便困难重重。沼泽地蚊虫肆虐，细菌滋生。殖民者们不得不面临疾病和饥饿的侵扰。等到第一年年底，定居地的人数已经损失大半。

在避免詹姆斯镇重蹈罗阿诺克岛覆辙的过程中，一位名叫约翰·史密斯的士兵发挥了重要作用。成为领导者之后，他调和了与印第安人的关系，强化了定居点的纪律。

在接下来的很长一段时间，詹姆斯镇的死亡率一直很高。1609 年的冬天格外痛苦，从英国来的补给物资迟迟不到，定居点陷入严重饥荒大部分人饿死，只有 60 人存活下来。

好在弗吉尼亚公司源源不断地将物资和人员运往詹姆斯镇，保证了这个定居点能够持续运行下去。尽管不时遭到印第安人的袭击，殖民地的人口也实现了缓慢增长。到 1624 年，总人口已经达到 1275 人。

其间，一个名叫约翰·罗尔夫的人为殖民地带来了烟草种子，并在当地种植成功。于是，烟草迅

图中是五月花号的复原图。五月花号是一艘典型的英国商船，总长30多米，最宽处为7.6米，载重量约180吨，首尾两端分别有用于保护船员的首楼和尾楼。甲板以下共有两层，第一层供乘客休息，该层长15米宽近8米，一路上，100多人便挤在这一狭小的空间里；第二层用来装载货物，如食物、衣物等。

> **知识链接：感恩节**
>
> 迎接"五月花号"上乘客的是冬天的严寒。整个冬天，他们都只能在船上度过。冬天过后，由于疾病和饥饿，接近一半的人死亡。好在这时他们得到了友好的印第安人的帮助。印第安人送给他们食物，并且教会了他们种植玉米。1621年的秋天，殖民者们迎来了第一次丰收。为此，他们庆祝了三天，并邀请印第安人参加宴席。这就是美国感恩节的来源。如今，感恩节是美国的法定假日（每年11月第四个星期四）。

速成为殖民地的主要出口商品和经济支柱。烟草出口量持续增加，1617年为2万磅，1619年为6万磅，到1640年激增到400万磅。说弗吉尼亚完全建立在烟草之上并不为过。

《五月花号公约》

成立弗吉尼亚殖民地的初衷是获取商业利润。然而，在1620年，一群英格兰人怀着截然不同的目的踏上了前往新世界的征程。

1609年，为了逃避宗教迫害，数百名激进的分离派清教徒离开英国，前往荷兰定居。不久，他们当中的一些人又把目光转向了另外的地方——弗吉尼亚殖民地。因为在那里，他们不仅可以享受充分的宗教和政治自由，而且还可以保持英国人的身份。于是他们便与弗吉尼亚公司签订了协议。

1620年11月，"五月花号"抵达科德角。出发时，船上共有102人，其中35人是分离派清教徒。这是一次漫长而痛苦的旅程。挤在狭小的空间，人们不得不忍受晕船和败血症之苦。途中，

有两名乘客死亡，但也有一个新生命降临。他们本来的目的地是弗吉尼亚殖民地，但是由于风向的原因，他们被迫在科德角附近登陆。

他们身处远离政府权威的处女地，为了避免陷入混乱状态，清教徒们决定成立自治政府。于是，41名成年男性共同签署了一份公约，即著名的《五月花号公约》。签约者们宣布共同成立一个公民自治团体，并宣誓服从促进整体利益的集体法规。在美国历史上，此公约具有非常重要的意义，成为美国内在精神的标志和象征。

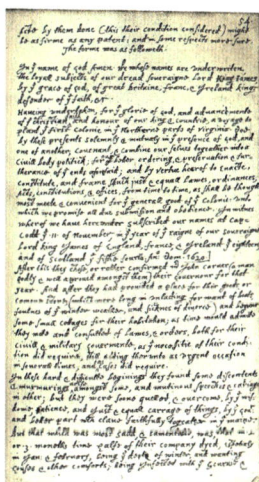

对于"五月花号"上的移民而言，美洲就是法外之地，为了避免陷入混乱，他们决定缔结一份公约——《五月花号公约》，实行自治。《五月花号公约》最初的文本已经遗失，现存有三个版本，其中一个便是签约者之一威廉·布拉福德的手抄版，如图中所示。

从马萨诸塞到宾夕法尼亚
英属北美殖民地的巩固和扩张

远离母国的桎梏，
在美洲这片处女地创建，
心目中的山巅之城。

1620年，"五月花号"载着102名英国移民前往北美。他们最终定居在普利茅斯湾。这批移民象征着美国的开国精神。他们不满母国的宗教迫害，为了实践宗教信仰来到美洲这片处女地，成立自治组织来管理自己。此后，更多的英国清教徒走上了相同的道路。他们纷纷离开英国，来到新大陆，以便自由地实践自己的宗教信仰。

山巅之城

约翰·温思罗普（John Winthrop，1588—1649年）是一名富有的英国清教徒。1630年，在与马萨诸塞海湾公司达成协议之后，温思罗普率领近千名来自英国东南部诸郡的移民乘船向美洲进发，最终抵达定居点——位于马萨诸塞的塞勒姆。这是继五月花之后第二批抵达新英格兰的大规模移民。

温思罗普对殖民地的未来抱有很高的期望，他想要在马萨诸塞建立一座"山巅之城"。他告诉跟随他而来的移民们"全世界的目光都在看着我们"，而他们的使命便是为全世

美国建国之初共有13个殖民地，这13个殖民地可以分为三类，分别是王家殖民地、业主殖民地和自治殖民地。威廉·潘恩所成立的宾夕法尼亚便属于业主殖民地。作为宾夕法尼亚的业主，潘恩有权任命殖民地的总督，但殖民地的成立必须经过国王的同意，获得特许状。这幅画便描绘了英国国王查理二世批准设立宾夕法尼亚殖民地时的场景。

界的人们树立一个典范。

然而，移民们首先需要解决的是在新世界的生存和温饱问题。殖民地建立初期，移民的死亡率非常之高。据统计，不到一年，便损失了200人。

熬过初期的严酷考验之后，殖民地开始稳步向前发展。越来越多的英国移民涌入殖民地，短短十余年间，便有上万名英格兰人前来定居，他们大多都是举家迁徙的新教徒。马萨诸塞很快成为一个人

该图为马萨诸塞湾殖民地总督约翰·温斯罗普的画像。温斯罗普出生于萨福克郡的一个富裕乡绅之家。父亲的家族靠纺织贸易起家。他的父亲是一名律师，拥有很多地产。温斯罗普从小接受过良好的教育，后来曾在剑桥大学求学。他早年在家乡经营自己的地产，后来由于英国国内对清教徒的迫害，他最终决定移民美洲。

口众多、社会稳定、经济繁荣的英属殖民地，并进而发展成整个新英格兰地区的中心。

这些来到新世界的清教徒在母国经受过长期的宗教迫害，这让他们在宗教信仰方面变得更加偏执和严厉，不容许任何"异端"的存在。一些追求信仰自由的人只能被迫离开马萨诸塞，创建新的殖民地。这方面最有名的一个例子便是罗杰·威廉斯（Roger Williams，1603—1684 年）。由于信仰和政见与当权派不和，威廉斯被迫离开马萨诸塞。他率领一批信徒前往罗德岛定居。后来，在威廉斯的不懈努力下，罗德岛获得了正式的许可证，成为一个独立的殖民地。

实际上，马萨诸塞已经成为新英格兰地区殖民扩张的中心。当地过剩的人口不断地向周边地区迁徙，康涅狄格和新罕布什尔等殖民地的建立都与此密切相关。

神圣的实验

威廉·佩恩（William Penn，1644—1718 年）是英国贵格会信徒、将军之子。1681 年，佩恩从詹姆斯二世那里获得特许状，可以在特拉华以西地区创建一个新的殖民地，即后来的宾夕法尼亚。

佩恩饱读诗书，很有思想。为了在这片新的土地上创建一个理想社会，他可谓是呕心沥血。贵格会教徒无论是在英国还是在北美殖民地都曾遭到过不公正的对待。作为其中的一员，佩恩深知宗教信仰自由的重要性。所以，在新殖民地的蓝图当中，非常重要的一条原则便是宗教信仰的自由。

> ### 知识链接：新瑞典
>
> 在 17 世纪，瑞典是欧洲的一个强国，因此它也想在海外殖民的浪潮中分一杯羹。1626 年，新瑞典公司成立，目的是在北美建立殖民地。随后，瑞典移民来到了特拉华，在这里建立了永久定居点。然而，没过多久，新瑞典便被新尼德兰吞并，最后又成为英属殖民地的一部分。

在信仰自由的旗帜下，宾夕法尼亚不仅吸引了大量贵格会信徒前去定居，而且其他受到压迫的新教教徒纷至沓来。

在政治方面，佩恩持有比较激进的自由和民主的思想。但在为新殖民地规划政治体制的过程中，他不得不做出一些妥协，以迎合保守势力的要求。所以在新成立的殖民地政府中，大地主掌握着很大的权力。

相比其他殖民地，宾夕法尼亚从一开始就发展得非常顺利，这在一定程度上得益于佩恩的规划。位于该殖民地的费城在 1684 年还是一个不起眼的小镇，仅仅十余年过后，便已经发展成为人烟兴旺的大城市，规模甚至超过了纽约。

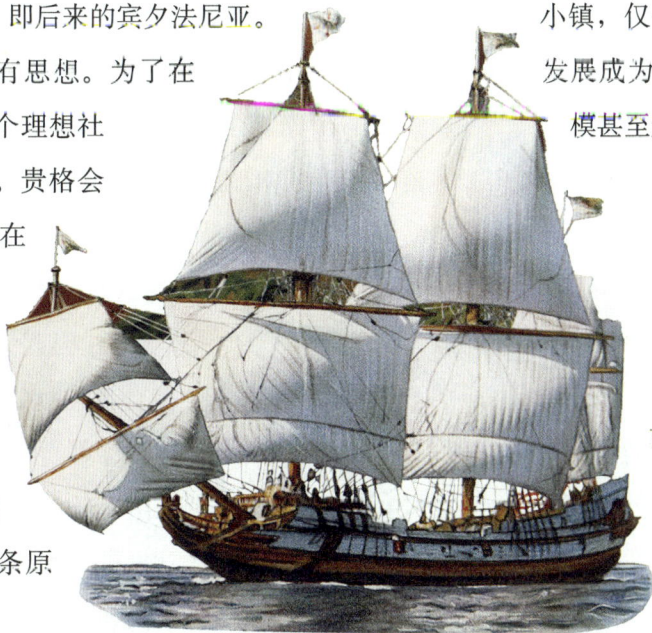

1638 年，"卡尔马奈克尔号"是从瑞典驶向新殖民地的两艘船之一。这艘无比坚固的大船曾经先后完成了四次穿越大西洋的航行。

富可敌国
荷属印度公司

以一国实力为后盾，
成为荷兰殖民贸易的马前卒。

17世纪的荷兰正处于黄金时期。1581年，荷兰人在奥兰治亲王的带领下脱离西班牙的统治而独立，成立了荷兰共和国。初尝独立滋味的荷兰人在各个领域锐意进取，不断创新，走在了时代的前面。特别是在经济领域，荷兰进行了一系列制度创新，成为欧洲各国纷纷效仿的对象。荷属印度公司的成立便是诸多制度创新中的一个。

荷兰东印度公司成立之后，其派往亚洲的第一支舰队于1603年12月18日出发。该舰队的使命不仅要进行贸易，而且要尽可能地攻击葡萄牙的船只和港口。荷兰人很快便基本清除了葡萄牙的军事和贸易站点。葡萄牙在亚洲建立的大量港口和贸易站点都被荷兰人攻占。图中的荷兰东印度公司贸易站点位于印度孟加拉邦的胡格利。

东印度公司

荷兰负责远东贸易的机构叫作荷兰东印度公司，简称VOC，它成立于1602年，是历史上第一个股份有限公司。

在17世纪，荷兰东印度公司是当时世界上最强大、最富有的公司。它拥有将近150艘商船和40艘大战舰，以及一万人的私人军队。在其最强大的时候，它的雇员遍布全球，数量接近5万人。公司的活动涉及建筑业、纺织业、烟酒业、玻璃制造业，并垄断了全球的香料贸易。

这一切都开始于荷兰人扬·吟伊根·范·林斯霍滕（Jan Huyghen van Linschoten，1563—1611年）的一场旅行。他跟随葡萄牙人旅行到东印度群岛，历时11年。1592年，他回到荷兰。1596年，他出版了游记，激起了荷兰人对东方的兴趣，并指明了前往东方的道路。此后，荷兰商人开始蜂拥前往香料群岛探险，仅在

新荷兰的官方印章

1601年，便有65艘荷兰商船开往香料群岛。

荷兰与伊比利亚半岛在海外探险上有区别。无论是葡萄牙还是西班牙，航海都是一个国家的事业，也就是由政府牵头组织航海探险。而荷兰则不同，在这里，探险是一项私人事业。当然，荷兰政府对航海探险持坚决的支持态度。

在荷兰东印度公司成立之前，荷兰有很多从事航海的私人组织，这些私人组织之间相互激烈竞争，因此无法形成合力。于是，在荷兰政府的支持下，便成立了东印度公司这个联合性组织，负责垄断印度以及东南亚、东亚的贸易。这个公司的初始投资者超过1800个，大多数属于商人和富裕的中间阶层。公司股票在世

图中的船是复原的荷兰东印度公司商船。荷兰东印度公司作为当时最强大、最富有的公司，它的商船游弋在亚洲的各个海域。商船一般装配大炮，以备海战。对于荷兰人而言，在亚洲其最大的敌人倒不是当地人，而是其他欧洲国家，特别是同样以贸易立国的英国。为了争夺亚洲贸易，特别是对香料贸易的垄断权，荷兰和英国两国曾经多次大打出手。

界首个证券交易所——阿姆斯特丹证券交易所交易。东印度公司尽管名义上是一个公司，却拥有主权国家的一些权力，可以宣战、签订条约、雇佣军队、建立殖民地、制定法律等。

荷兰东印度公司成立之后，派往亚洲的第一艘舰队于 1603 年 12 月 18 日出发。舰队的使命是垄断东方的香料贸易，并用武力击败一切反对者，包括葡萄牙人和英国人。凭借不懈的努力，荷兰人最终实现了这一目标。

西印度公司

1621 年成立的西印度公司（WIC）在很多方面都模仿了东印度公司。该公司被赋予了对美洲和西非的贸易垄断权。和东印度公司一样，它也拥有宣战、缔结条约等权力。此时，荷兰与伊比利亚半岛之间的关系非常紧张，所以西印度公司从一开始便致力于打击西班牙和葡萄牙在美洲的势力。

东印度公司在东方取得了巨大的成功，先后打败了葡萄牙人和英国人，实现了对香料贸易的垄断。相比之下，西印度公司在美洲所取得的进展则

知识链接：英国东印度公司

英国东印度公司成立于 1600 年，尽管成立的时间比荷兰东印度公司还早，但在初期的竞争中却完全处于下风。失败的原因主要在于机制上的弊端。后来，英国政府效仿荷兰东印度公司重组了英国东印度公司，取得了成功。英国东印度公司是一个贸易垄断组织，作为英国政府的马前卒，广泛参与英国在亚洲的贸易和殖民活动，直到 1874 年解散。

比较有限。除了截获西班牙人和葡萄牙人的运银船只之外，荷兰人在南美的主要成就体现在对葡属巴西的部分占领。然而没过多久，荷兰人便失去了对巴西领地的控制。此外，在西非，西印度公司只是夺取了几个重要据点。

总的来看，西印度公司的运营并不成功，1674 年被解散重组。重组后的西印度公司将主要精力放在了跨大西洋的奴隶贸易。

HET WEST INDISCH HUYS.

图中的建筑为荷兰西印度公司设在阿姆斯特丹的一个仓库。荷兰西印度公司在各个方面都效仿荷兰东印度公司。然而与东印度公司不同的是，西印度公司没有部署军队的权力。总的来看，西印度公司的商业和殖民活动并没有获得成功。在美洲，荷兰人在与其他列强的竞争中逐渐落入下风。

从新阿姆斯特丹到"纽约"
英荷纽约争夺战

昔日的盟友，反目成仇；
两强对决，纽约易主。

　　在北美，荷兰人率先探索了哈德逊河，并在曼哈顿岛建立了一座城镇——新阿姆斯特丹。于是，荷兰人在北美拥有了一个至关重要的战略据点。然而，对于英国人而言，卧榻之侧，岂容他人酣睡。两国终于爆发了争夺战，最终英国获得了该地，新阿姆斯特丹也随之改名为纽约。

新尼德兰

　　1609 年，英国人亨利·哈德逊代表荷兰东印度公司发现了哈德逊河。随后，荷兰人进一步仔细考察了上至马萨诸塞州下至特拉华河的区域，并将这一地区命名为新尼德兰。与此同时，一些荷兰商

知识链接：亨利·哈德逊

　　亨利·哈德逊（Henry Hudson，? —1611 年），英国著名航海家。他曾为莫斯科公司两次前往北极地区探险，试图寻找通往亚洲的北方航道。尽管均以失败告终，但开创了在最北纬度航行的新纪录。1609 年，哈德逊受荷兰东印度公司之托，计划向东航行，穿过北极，直达亚洲。然而中途受冰层阻碍，于是他掉头前往美洲，希望找到通向亚洲的西北航道。在此过程中，他发现并探索了以他名字命名的哈德逊河。

　　新阿姆斯特丹位于今天纽约的曼哈顿，荷兰人于 17世纪在此定居。新阿姆斯特丹迅速发展成为一个繁荣的港口城市，同时还是整个新尼德兰的行政中心。到 1664 年，新阿姆斯特丹的人口已经达到 2500 人，图中所示便是1664 年的新阿姆斯特丹。后来，新阿姆斯特丹被英国人攻占，并被改名为纽约。

人也来此经商，并有人在此定居。1621 年，荷兰西印度公司成立，新尼德兰的管理迅速正规化。

　　新阿姆斯特丹是新尼德兰的行政中心，并且逐渐成为整个北美殖民地的重要贸易集散地，吸引着欧洲各国的移民，特别是新英格兰和弗吉尼亚的大量英国人前来居住。

　　新尼德兰从一开始就要面对来自英属殖民地的压力。英国人认为，哈德逊河附近地区本是英国的领土，因此荷兰人在此设立殖民地属于侵占行为。并且，英国人意识到新尼德兰的地理位置至关重要，不能轻易让给他人。

　　因此在北美，英属殖民地和新尼德兰的关系并不友好，摩擦不断。不过鉴于当时英国和荷兰的关系总体良好，两国共同结盟来对抗强大的西班牙，

知识链接：《航海条例》

《航海条例》(Navigation Acts) 颁布于 1651 年，是引发英荷战争的重要导火索。它禁止第三方船只参与英国和英属殖民地的贸易运输。这严重损害了荷兰的利益，因为在当时，荷兰掌控着欧洲海洋运输的很大一块份额。在条例颁布后不久，英荷之间便爆发了战争。

17—18 世纪，英国和荷兰之间共爆发了四次战争。1652—1654 年，第一次英荷战争爆发；1665—1667 年，第二次英荷战争爆发；1672—1674 年，第三次英荷战争爆发；1780—1784 年，第四次英荷战争爆发。四次战争中，双方互有胜负，但最终是英国取得了胜利。该图所展现的是荷兰人第二次英荷战争中发动奇袭，取得胜利。

所以摩擦没有进一步升级。

然而，随着西班牙势力的日益衰落，以及荷兰成为首屈一指的海洋贸易大国，英荷两国的关系也迅速恶化，英国人开始把荷兰视为最大的威胁。为了遏制荷兰的势力，英国颁布了《航海条例》，并于 1652 年发动了第一次英荷战争。

战争经过

1664 年 8 月 27 日，4 艘英国军舰出现在新阿姆斯特丹港口，要求荷兰人立即投降。荷兰人选择放弃抵抗，于是英国人未费一枪一炮便占据了新阿姆斯特丹。英国人许诺，荷兰人可以继续留在这个城市，并享有和英国人一样的权利。随后，英国军队又逐渐攻陷了其他荷兰人据点，占有了新尼德兰全境。至此，英国在北美的沿海殖民地已经连成一片。

此前，英国国王已经将新尼德兰这片土地赐给了约克公爵詹姆斯，也就是后来的詹姆斯二世。所以，新阿姆斯特丹被英国人占领后便改名为"新约

克"(New York)，即纽约。

不久，英荷之间爆发了第二次战争。1667 年，两国在荷兰布雷达签订了停战协议，即《布雷达和约》。在和约中，荷兰承认了英国占领新尼德兰的事实。

1672 年 4 月，第三次英荷战争正式爆发。1673 年 7 月，23 艘荷兰战舰重新夺回了纽约，和上一次的英国人一样，荷兰人这次也是轻松取胜。然而，在 1674 年签订的《威斯敏斯特和约》中，荷兰人承认了《布雷达和约》的有效性，并把到手的新尼德兰归还给了英国。

纽约曼哈顿拥有全世界最壮观的天际线，这里高楼林立，鳞次栉比。当年荷兰人从印第安人那里购得这片土地时只用了 60 个荷兰盾。

一话一说一世一界

从尚普兰到拉萨尔
新法兰西的建立

一代又一代的勇敢探险家，
铸就了一个庞大的殖民帝国。

法国从很早便开始在北美大陆北部进行探险，然而受制于严寒的气候等因素，一直没能建立起永久定居点。到 17 世纪初，法国人在北美的殖民事业开始取得实际进展。在这个过程中，尚普兰发挥了至关重要的作用，奠定了新法兰西的第一块基石。此后，新法兰西的版图不断扩大，在 18 世纪初的最鼎盛时期，上至纽芬兰，下抵墨西哥湾。

尚普兰开创新法兰西

萨谬尔·德·尚普兰（Samuel de Champlain，1566—1635 年）被誉为"新法兰西之父"。事实上，他并不是第一个到北美探险的法国人。在他还未出生时，一位名叫雅克·卡蒂埃的法国探险家已经在 16 世纪三四十年代出入北美大陆多次。卡蒂埃用"加拿大"一词来称呼他所探险的区域。虽然他没能建立起永久性的殖民地，但他的努力并没有白费。后来，尚普兰正是沿着他的足迹踏上了自己的征程。

1604 年，尚普兰跟随着皮埃尔·杜瓜开始了他的第二次北美探险。探险队选择在芬迪湾的圣克罗伊岛（Saint Croix）安营扎寨，并在这里度过了漫长的冬天。结果由于吃不到新鲜的食物，很多人死于坏血病。熬过第一个冬天后，他们决定将营地迁往一个稍微温暖些的地方，并将之命名为罗亚尔港。这是法国人在北美成功建立起的第一个定居点。

1608 年，尚普兰率队再次出征，此行的主要目的是建立另外一个永久定居点。探险队沿着圣劳伦斯河向上游挺近，于同年 7 月 3 日，抵达目的地，并在这里设营驻防，这就是魁北克城的雏形。

在接下来的时间里，尚普兰深入腹地进行探险，足迹远至五大湖。在此过程中，他得到了当地土著居民阿尔冈昆人和休伦人的大力帮助。作为回报，他协助后者对抗他们的共同敌人——易洛魁人。

1627 年，法国枢机主教黎塞留设立了百人公司，专门负责北美殖民地的管理。尚普兰被委以重任。他实际上成为殖民地的最高行政长官。他花费了大量精力来改善殖民地的管理，巩固魁北克城的防御。1629 年，魁北克被英国人攻陷，几年后又物归原主。此后，他又积极地组织魁北克城的重建工作。1635 年 10 月，他突患严重的中风，并于两

这幅尚普兰的画像绘制于 1870 年，创作者是画家泰奥非勒·阿梅尔。目前流传于世的尚普兰画像有好几幅，但都被认为不可信。所以，我们很可能永远都不知道这位法国探险家的真实模样。尚普兰出身于一个航海世家，他的父亲是名水手。也许正是受到家庭的影响，尚普兰后来也投身于航海事业。

该图所展示的是法国魁北克城的天际线。魁北克是加拿大魁北克省的省会，同时也是加拿大第七大城市。"魁北克"一词源自阿尔贡金语，意思是河流变窄的地方。魁北克依河而建，圣劳伦斯河起源于北美五大湖，一路向东北，浩浩荡荡经过魁北克，最终流入大西洋。

个月后去世。

尚普兰死后，法国在加拿大的殖民地继续不断地巩固和扩大。1663年，新法兰西最终成为法国的一个省。此后，大量法国移民纷至沓来。1660年，新法兰西仅有3000名居民，到1720年，居民人数已经接近25000人。

拉萨尔探索路易斯安那

密西西比河发源于美国北部的艾塔斯卡湖，纵贯美国中部平原，奔腾数千公里，最后汇入墨西哥湾。由于身处腹地，密西西比河沿岸地区一直不为欧洲人所知。

法国探险家路易·若利埃（Louis Jolliet，1646—1700年）于1673年首次探索了密西西比河上游地区。接下来，探索整个密西西比河的任务将由另一个法国人——罗伯特·德·拉萨尔（Robert de La Salle，1643—1687年）来完成。

1682年，拉萨尔率领探险队从伊利诺伊州的皮奥里亚出发，乘独木舟顺密西西比河一路南下。他将密西西比河所流经的地区称作"路易斯安那"，

以纪念法国国王路易十四。

同年4月，探险队最终抵达位于墨西哥湾的密西西比河河口。在这里，拉萨尔埋下十字架，并宣称其为法国领土。就这样，美国广阔的中部地区成为新法兰西的一部分。尽管如此，法国对路易斯安那的开发一直进展得非常缓慢。1718年，法国政府在密西西比河河口设立了新奥尔良市，后来它成为路易斯安那的首府和重要的商业中心。

这幅画描绘了法国探险家拉萨尔率领船队探险的场景。在画中，探险队正处在马塔戈达湾的入口，其中画面最左侧的帆船即为"拉贝尔号"。1995年，人们在马塔戈达湾的淤泥中重新挖掘出了这艘帆船。拉萨尔出生于法国鲁昂的一个富裕家庭。早年曾经加入耶稣会，后来又退出。拉萨尔为新法兰西的建立作出了巨大的贡献。

两强之争
加拿大之战

两强逐鹿，
硝烟弥漫北美大陆。

英国和法国这一对宿敌在北美大陆比邻而居。两强之争在所难免。作为原来的主人，印第安人此时只能在夹缝中求生存。为了对抗英国，法国人积极奉行与印第安人结盟的策略，希望借此维持乃至扩大自己在北美殖民地的势力。与此同时，北美局势还极大地受到欧洲内部博弈的影响。18世纪上半叶，英国和法国在北美先后爆发了多次战争，总的来看，英国人占据主动和优势地位。

各自的优势

在18世纪初，如果单纯从面积来看，法国在北美的殖民地要大于英国的殖民地。新法兰西版图辽阔，占据着从纽芬兰到墨西哥湾的大片土地，而英国殖民地主要局限在北美大西洋沿岸地区。并

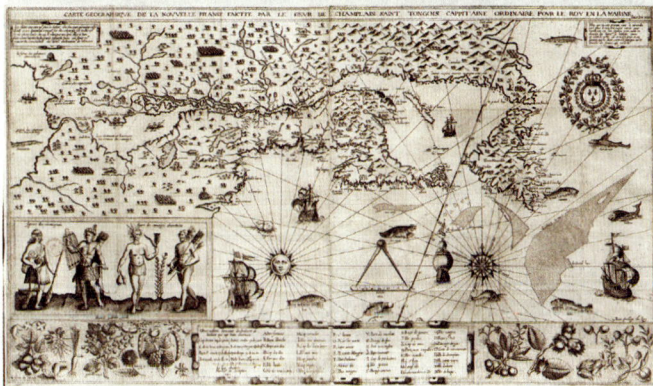

这张新法兰西的地图由尚普兰本人在1612年绘制。新法兰西是法国人在北美所建立的殖民地。它在鼎盛时期，幅员辽阔，由五个部分组成，分别是加拿大、哈德逊湾、阿卡迪亚、纽芬兰和路易斯安那，其中加拿大是开发最早、最繁荣的一个部分。

且，法国人在与英国人对抗时常常能够获得印第安人的帮助。

然而，英国人在北美也有自己的优势。首先，他们人多势众，英属殖民地的居民人数要远远多于新法兰西。其次，英属殖民地的经济更加繁荣和健康，不像法属殖民地那样过于依赖毛皮贸易。综合以上两点，尽管英属殖民地的面积没有法属殖民地的大，但是它更加稳固，经营得也更好。反观法国人，虽然他们占据了更大的地盘，但这也极大地增加了管理的难度，更何况他们的人数本来就比较有限。最后，英国有着更加强大的海军，并且财政实力也日益增强，这意味着英国能够更加及时有效地参与殖民地的战争。

相互的攻伐

1701年，欧洲各主要强国因为西班牙王位继承问题展开了一场长达十余年的战争，即西班牙王位继承战争。这场战争也波及了北美殖民地，在这里，它被称作"安妮女王战争"。

在战争前期，法国人及其印第安同盟者大范围袭击了英国人的定居点，造成大量英国人被俘或死亡。

为了还以颜色，英国人决定攻击法国殖民地阿卡迪亚（Acadia）的首府罗亚尔港。1707年5月和8月，英国军队两次试图攻取该城，但均无功而返。1710年，英国人再一次发动攻击，这一次他们如愿以偿。3600名英国及其殖民地士兵围攻罗

加拿大新斯科舍省有一百多座灯塔，路易斯堡灯塔是其中最古老的一座。这座灯塔在历史中几经损毁，又几经重建。图中所展现的是这座灯塔第四次重建后的样子。最早的一座灯塔修建于 1734 年，由法国人建造。

亚尔，经过一周的时间最终拿下该城。

除了阿卡迪亚之外，英国人还试图夺取新法兰西的其他地方。1709 年，他们远征蒙特利尔，但没有成功。1711 年，一支载着 5000 名英国士兵的庞大舰队直指魁北克。然而在驶入圣劳伦斯河的时候，很多船只搁浅沉没。英国人还未交战便已损兵折将，只好取消行动。

战争进行到最后，双方均无意再进行下去。1713 年，英法两国签订了《乌特勒支条约》。根据该条约，法国的阿卡迪亚和纽芬兰等北美属地归属英国。

此后，和平维持了 30 年时间，直到 1744 年，英法两国再次在北美交锋，史称"乔治王之战"，它是奥地利王位继承战争在北美的延伸。

在这场战争中，最大的一次行动是英国人夺取法属殖民地要塞路易斯堡。1745 年春，在英国皇家海军的协助下，马萨诸塞总督威廉·雪利（William Shirley）组织了一场对路易斯堡的远征。该要塞拥有精密而坚固的防御工事。然而，英国人将所有火力集中于一点，成功突破了防御，最终迫使守军投降。第二年，法国舰队试图夺回路易斯

堡，然而途中因遭遇风暴而损失惨重。

1748 年，英法等国签订了《亚琛和约》，终结了奥地利王位继承战争。条约规定，路易斯堡重新归还法国，而法属印度的马德拉斯则割与英国。

在乔治王之战中，最具有决定性的战役便是英国人攻占法军要塞路易斯堡。这幅版画描绘了英军在要塞附近登陆时的场景。路易斯堡是当时整个北美洲最昂贵，同时也是最坚固的一座堡垒，法国人用了 20 余年的时间才修建完成。然而，它也有自身的弱点：一是陆地上的防御比较薄弱，二是远离重要城市，给养的输送比较困难。

决战美洲
法国印第安人战争

决战终于到来，
英吉利与法兰西，
谁将是北美新大陆的主人？

在北美新大陆，英国和法国都建立了自己的殖民帝国。两国的殖民地比邻而居，但边界线并不明晰，双方对不少地区的归属都存有争议，因此摩擦不断。不仅如此，从中世纪以来，英国和法国之间便存在着一种剪不断理还乱的恩怨情仇。到18世纪，两国都为争夺欧洲乃至整个世界的霸权而努力。所以，一场决战不可避免。这场意义深远的战争就是人们所熟知的"七年战争"，在北美所发生的战事则被称为法国印第安人战争。

前奏

"法国印第安人战争"，一个容易产生歧义的名字。它并不是法国和印第安人之间的战争，而是英属北美殖民地和它的两个主要敌人——法国和印第安人之间的战争。

美国的开国之父，率领英属殖民地摆脱英国统治独立建国的乔治·华盛顿（George Washington，1732—1799年）那时还是一个刚刚年过20岁的小伙子。1754年5月28日，华盛顿率领一支由英国殖民者和印第安人组成的军队在今宾夕法尼亚州的尤宁敦附近伏击了一小股法国人，击毙数人，俘虏了其余的人。这次冲突一般被认为是法国印第安人战争的开端。

奇袭成功后，华盛顿选择在附近安营扎寨。然而不久，法国援军赶到，随即将华盛顿的军队击溃。华盛顿被迫投降，一番谈判之后，华盛顿等人被允许携带武器撤离。

冲突的消息传回了母国。英国和法国都决定采取相应的军事措施。随后，在北美、欧洲乃至世界

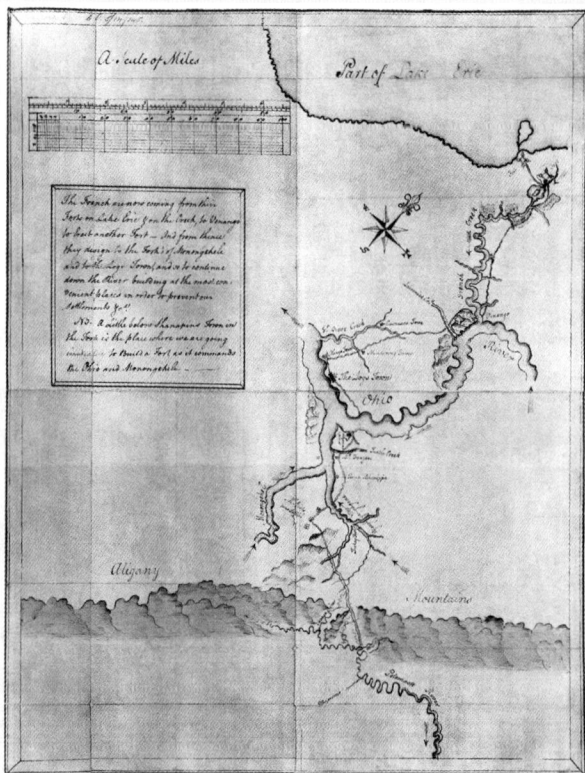

英国人和法国人就各自在北美的势力范围存有很多的争议，其中俄亥俄河上游地区的归属问题便是其中之一。当时，这一地区居住的主要是印第安人，然而无论是英国人还是法国人都在积极地扩展自己的势力。年轻的乔治·华盛顿成为英国殖民者在这一地区的开路先锋。图片所示为俄亥俄河流域地图。

其他地区，两个国家之间爆发了一系列军事冲突，并最终导致两国在 1756 年春正式宣战。包括普鲁士、奥地利和沙皇俄国在内的众多欧洲国家也纷纷参战，七年战争的序幕就此拉开。

相持

1755 年，英国援军到达北美。英属殖民地随即展开了一系列攻势。英国人兵分三路，指挥官爱德华·布拉多克将军（Edward Braddock，1695—1755 年）在华盛顿等人的辅佐下率领 1500 名士兵直指迪凯纳堡。行军途中，英军遭到了法国人和印第安人的伏击，死伤惨重，布拉多克将军本人也命丧沙场。华盛顿等人率领剩余的 500 名士兵撤回弗吉尼亚。

其他两路的攻击也没有获得成功。法国人很早就获悉了英军的进攻计划。相较而言，威廉·约翰逊爵士（Sir William Johnson，1715—1774）所率领的英军取得了更大的进展。他的目标是夺取圣弗雷德里克堡。法国人派军截击。双方在乔治湖附近相遇，爆发了乔治湖战役。英法双方各有 1500 名左右的士兵参战。法军的指挥官受伤被俘，英军也遭受了不小的损失。

在接下来两年的战事当中，法国人占据了一定的优势。法国的新任将领人都是参加过奥地利王位继承战争的老兵，而英国新委派的军事统帅则不具备丰富的战斗经验。从 1756 年到 1757 年，法国人取得了数场战役的胜利，其中包括威廉·亨利堡（Port William Henry）之战。在这场战役中，英军伤亡惨重，但是伤亡并不是发生在战争期间而是在投降之后。

1757 年 8 月，蒙特卡姆侯爵（Louis-Joseph de Montcalm，1712—1759 年）率领法国人和印第安人联军包围了威廉·亨利堡。一开始，英军拒绝投

> **知识链接：天花**
>
> 天花是一种由天花病毒所引起的烈性传染病。在历史上，天花曾经夺去无数人的生命。当欧洲人到达美洲时，随身携带的除了枪炮之外，还有致命的天花病毒。病毒在毫无抵抗能力的印第安人中间肆虐，使得美洲土著居民的数量锐减。19 世纪，人类发现了预防天花病的疫苗，有效地阻断了天花病毒的传播。1979 年，世界卫生组织正式宣布彻底根除了天花病毒。到目前为止，人类只彻底根除了两种病毒性传染病，天花便是其中之一。

画中身穿白衣、单手撑地的人便是法军将领第耶斯科男爵，身穿红色制服的英军将领威廉·约翰逊爵士正在阻止身旁的印第安人杀死第耶斯科男爵。在这场战役中，英法双方互有伤亡，但最后以英军的胜利而告终。第耶斯科男爵率领法军冲锋在前，不幸被子弹穿过膀胱，倒在战场上，被英军俘虏，直到 1763 年才被释放，得以重返法国。

降。于是法军开始炮击堡垒。一阵轰炸过后，英军眼见防守无望，只好举白旗投降。

根据双方达成的协议，英军被允许不携带弹药离开战场，法军则负责保证英军的安全。然而，就在英军撤退的过程当中，屠杀发生了。与法国人并肩战斗的印第安人袭击了正在撤退的英军，杀死多人并抓走了不少妇女儿童，还残忍地杀害了留在原地不能动的英军伤员。此事震动了英军上下，多名指挥官因此被撤职。蒙特卡姆侯爵写信表达了歉意。至于印第安人，他们可能因此付出了更大的代价。有学者认为，正是通过这些英军俘虏，天花病毒得以深入印第安人腹地，导致了印第安人的大量死亡。

分晓

随着战争的向前推进，局势对法属北美殖民地来说变得越来越不妙。英国的海军更加强大，可以对法国的海岸线实行封锁，使得法国难以输送人员和物资到殖民地。这一战术日益体现出其优势，甚至可以说，已经决定了未来战争的走向。相比英属殖民地，法属殖民地无论在人力还是财力上都居于下风，如果没有母国强有力的支援，战败是迟早的事情。

碍于有限的战争资源，法国人只能由进攻转为防守，将有限的资源用于保卫重要的军事据点。而英国人则在酝酿新一轮的攻势。之前的一系列军事失利导致了英国政府的垮台。威廉·皮特（William Pitt，1708—1778 年）成为新任首相。随着皮特的上台，英国加强了对北美殖民地的支持。此时，英国人雄心勃勃，决心一举攻入法国殖民地的腹地。

1759 年对英国人来说是出现奇迹的一年。他们在对法的战争中取得了一连串的胜利。英国人不断攻城略地，将法国人赶回了加拿大，并决定更进一步，直取魁北克。

接下来的魁北克攻城战是法国印第安人战争中的一个经典战役，同时也是具有决定性意义的战役。英军的统帅是詹姆斯·沃尔夫（James Wolfe，1727—1759 年），他是一位在此次战争中表现卓越而得到提拔的年轻将领。法军的统帅依旧是老将蒙特卡姆侯爵。双方各有一万多人的兵力。

英军沿着圣劳伦斯河向魁北克挺进。1759 年 6 月 28 日，英军

画中的法军正在庆祝卡里永战役（Battle of Carillon）的胜利。卡里永是一处法军要塞。1758 年 7 月 8 日，詹姆斯·阿伯克龙比率领一万余名英军来到卡里永要塞附近，试图攻占要塞，并与防守要塞的 3000 多名法军交战。在此过程中，由于严重的战术失误，数量占优的英军败给了法军。这场战役也是法国印第安人战争中伤亡最惨重的一场战役，双方共伤亡 3000 多名士兵，其中大部分都是英国人。

这是一幅版画，描绘了法国印第安人战争中最为惨烈的一个事件——威廉·亨利堡大屠杀。已经投降并被解除武装的英军在撤退的途中遭到了法军的盟友印第安人的无情屠戮。画中的法军将领蒙特卡姆侯爵正在制止印第安人对英国士兵和平民的攻击。然而，事实上，人们对蒙特卡姆侯爵究竟在这场屠杀中扮演了什么角色还莫衷一是。

🦉 **知识链接：1763 年《巴黎条约》**

《巴黎条约》的签订标志着七年战争的结束。英国、法国和西班牙（后来葡萄牙加入）于 1763 年 2 月 10 日签约于巴黎。根据条约，法国将其在北美大陆的几乎全部殖民地都割让给了英国，包括加拿大和密西西比河以东的法属路易斯安那。西班牙将佛罗里达割让给英国。作为对西班牙的补偿，法国将密西西比河以西的路易斯安那转让给了西班牙。

成功地在魁北克城下游 5 公里处的奥尔良岛登陆，并围困魁北克城数月之久。期间，英军一直找机会与法军决战。但是谨慎的蒙特卡姆侯爵躲在城内按兵不动。英法两军的耐心和锐气渐渐被耗尽，英军尤其如此，所以主帅沃尔夫决定发起总攻。

蒙特卡姆侯爵坚信英军必然从圣劳伦斯河的下游发起进攻，然而沃尔夫决定冒险从上游登陆，从而出奇制胜。结果，英军实现了自己的作战计划，引出法军出城决战，并一举将对方击溃，赢得了胜利，占领了魁北克城。双方的统帅都负伤牺牲。

魁北克战役之后，双方的胜负已分。尽管法军仍然在挣扎，但已经无力回天。1760 年之后，欧洲的战争仍然在继续，但是北美殖民地已经基本归于平静。英军几乎占领了法国在北美的全部领土，数万法国移民被允许继续留在殖民地，并享有信仰和财产的自由。

1763 年 2 月 10 日，英法等国签订《巴黎条约》，确认英国占领法属北美殖民地的既成事实。该条约基本上确立了英国的海洋霸主地位。几天后，普鲁士、奥地利和萨克森签订了《胡贝尔图斯堡和约》。

两项条约的签订标志着七年战争的结束。

法国印第安人战争和七年战争对世界局势产生了深远的影响。英国初步确立了自己海上霸主的地位。战争使得英法两国都负债累累。法国的统治基础因此而遭到动摇，直接导致了法国大革命的爆发。英国为了减轻债务压力，增加了在北美殖民地征收的税赋，引发殖民地人民的普遍不满，进而爆发了美国独立战争。

亚伯拉罕平原战役，又称魁北克战役，是法国印第安人战争中关键之战。在这场战役中，围城持续了数个月之久，但战争一开始仅一个小时便结束了，最终以英国人的胜利而告终。双方主帅都力战而死，其中英军主帅詹姆斯·沃尔夫身中三枪，法军主帅蒙特卡姆侯爵身中一枪。这幅画展现了这场战役的一个场景。

资本驱动下的欧洲经济

16世纪以后，欧洲内部的经济格局发生了翻天覆地的变化。早在地理大发现以前，西欧的封建制度便已经趋于解体。新的城镇不断涌现，原有的城镇进一步扩大，市场的力量不断侵袭着庄园制的基础，农民们日益获得自由的身份。地理大发现则为欧洲提供了新的经济动能，包括原材料、市场和劳动力，当然还有大量的贵金属。

为了从对外贸易中获得更多的利益，这个时期的西欧各国纷纷扛起重商主义的大旗。发展对外贸易成为重中之重。在当时的人们看来，要想从贸易中获利，只有一个办法，那就是卖出去的东西永远要比买进来的东西多。

美洲白银让欧洲第一次拥有如此多的贵金属货币，而货币正是经济发展的润滑剂。工商业活动变得日益活跃。为了满足海外市场的需求，西欧的商人们绕开城市行会的繁文缛节，前往乡村组织生产。

在工商业发展和城市化的带动下，西欧地区的农业也发生了巨大的变革。

在地理大发现之后，欧洲的贸易中心从地中海沿岸转移到了大西洋沿岸，从意大利转移到了荷兰和英国。欧洲的东西两侧形成了不同的分工。西北欧负责生产制成品，而东欧则成了粮食生产地，并出现了所谓的"再版农奴制"。

粮草先行
西欧农业革命

作为人类最古老的职业之一，
农业不再满足于温饱，
由此焕发出新的生机。

农业常常是最容易被忽视的一个经济部门。一直以来，农业都扮演着重要的基础性角色。人类历史的大部分时间，绝大多数的人口都生活在乡村，并在辛苦耕作中度过一生。16、17世纪的欧洲，尽管工商业已经有了长足的发展，但农业始终独占鳌头，并且展现出了新的景象。

需求的增加

任何变化都有其原因。16世纪以前，欧洲农业经历了一场漫长的萧条期，但是进入16世纪之后却突然迎来了复苏和繁荣。这种变化的背后有

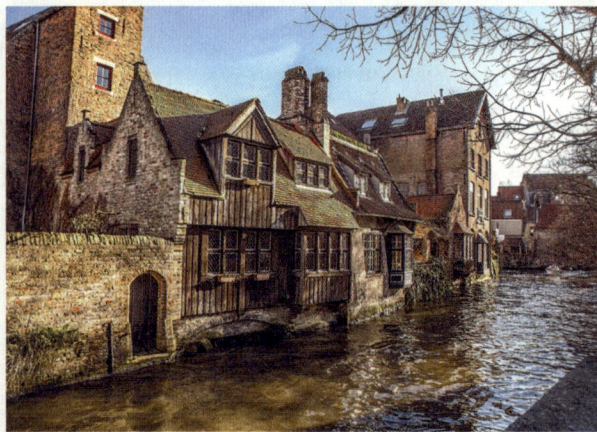

布鲁日位于比利时的西北部，历史上是佛兰德斯的一座重要城市。如图所示，这座城市水网密布，因此有北方威尼斯之称。"布鲁日"这个词在荷兰语中的本义是"桥梁"。这个名字很可能与这座城市的起源有关。最初，这里有一座城堡，城堡的四周有护城河，护城河上有一座桥梁连接了城堡的内外。后来，越来越多的人聚集在城堡周围，特别是桥梁前面的地方，一座新的城镇就此出现，也就是布鲁日。

一连串推动的力量。其中之一便是人口的增加。1530—1594年，西班牙卡斯蒂利亚的人口翻了一番，从300万增加到600万。意大利西西里的人口在1501年为60万，到1570年便突破了100万。欧洲其他地区的人口增加可能没有上述两个地区那么明显，但欧洲的人口到处都在增加。

推动变化的第二个力量是通货膨胀。16世纪，欧洲经历了一场价格革命，也就是普遍的物价上涨。人们一般认为是美洲贵金属的大量涌入导致了这场通货膨胀，但也有学者指出，实际上在美洲金银到来之前，欧洲的物价便已经开始上涨，所以美洲金银只是将这个已经存在的现象进一步放大。无论如何，16世纪的欧洲经历了一场严重的通货膨胀是毋庸置疑的事实。

尽管物价普遍上涨，但不同种类产品的价格上涨幅度是不同的，农产品高于工业产品，粮食又高于肉类。原因很简单，增加的人口需要更多的食物，而生产力落后的农业又无法满足增加的需求，所以农产品的价格上涨幅度最为明显。并且，此时的欧洲仍处于满足最基本需求的温饱阶段，人们需要大量的粮食而不是肉类，所以粮食比肉类上涨得更多。农产品价格的大幅度上涨对农业生产者是一件很好的事情。他们的收入大幅度增加，并且更加有动力改进生产，增加产量。

推动变化的第三个力量是城市化和工商业的发展。这一点在低地国家体现得尤为明显。包括今天荷兰和比利时在内的低地国家在当时是欧洲经济最

这幅祈祷书中的插画反映了 16 世纪的农忙场景，画中的人们有的在打谷，还有些在喂猪。这幅插画的作者是当时佛兰德斯的一名插画大师，我们不知道他的真实名字，但是从他留存在世的众多技巧高超、制作精美的插画中可以得知他是这个领域的大师级人物。

发达的地区。大量的人口居住在城市，并从事工商业。他们的食物需要依赖周边的乡村。在需求的刺激下，低地国家的农业非常发达，但仍无法完全满足当地的粮食需求，所以只能大量依赖进口。

生产的改进

农产品价格的上涨让农业生产者获益颇丰，他们有动力生产更多的粮食。提高粮食产量的办法有两种，要么增加耕地面积，要么增加单位面积产量。当时，人们在两方面都进行了尝试。一方面，大量荒地被开垦为农田，甚至一些牧场也被改造为耕地。在低地国家，围海造田在高粮价的刺激下变得日益活跃。另一方面，人们对现有农田进行精耕细作，进而增加单位面积产量，如新式农业机械播种机等的采用，肥料的大量使用，新型轮作制的推广以及饲料作物的种植等。

农业革命不仅体现在农业技术的改进，而且还体现在生产组织的优化。在英国，中世纪的敞田制逐渐消失，经过不断的圈地，转变为一个个独立的农场。农业资本主义的萌芽开始出现。过去自给自

土豆原产于南美，16 世纪传入欧洲。关于欧洲人食用土豆的最早记录出现在 1573 年西班牙的塞维利亚。然而，欧洲人在很长一段时间里都对食用土豆抱有一种排斥心理。在法国，为了鼓励国民吃土豆，王室成员率先食用，王后玛丽·安托瓦内特甚至用土豆花来装饰自己。

足的小农逐渐让步于新时代面向市场生产的资本主义农场。

兵马未动，粮草先行。如果没有农业革命的出现，没有农产品产量的增加，城市的扩张、工商业的发展无疑都会戛然而止，从而陷入所谓的马尔萨斯陷阱。从这个意义上来讲，农业革命为后来的工业革命奠定了基础。

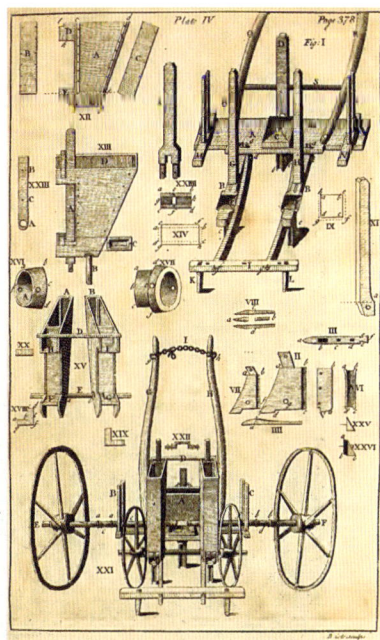

图中的播种机发明于 1701 年，发明者是英国人杰斯洛·图尔（Jethro Tull）。图尔出生于英格兰的伯克郡，在 18 世纪，他是英国农业科技领域的先锋，为英国农业革命作出了重要贡献。他著述颇丰，内容涉及农业活动的各个方面。他最大的一个贡献就在于进一步完善了当时的播种机。

经济的新认知
重商主义

劳动创造财富，
私利汇聚公益。

在所有概念中，重商主义很有可能是最容易被人误解的一个。在《国富论》当中，亚当·斯密对它进行了多少有些偏颇甚至是错误的解读，这种观点也随着这部权威之作而广泛流传。实际上，重商主义是欧洲人尝试运用人类理智来理解经济运行规律的初步成果，其中有些观点即便到今天也值得借鉴。

什么是重商主义？

在《国富论》一书中，亚当·斯密举了一个例子来证明重商主义的荒谬。他说，西班牙人在发现美洲后，每到一个新的地方首先要问的问题就是附近有无金银，据此来判定该地是否有殖民和征服的价值。这就好像之前的鞑靼人，他们所关心的问题是某个地方的牛羊多不多，然后据此来判断此地是否有征服的价值。正如鞑靼人将牛羊视为财富，西班牙人将金银视为财富。在亚当·斯密看来，西班牙人的财富观便是重商主义的典型标志，这种将金银视为财富的观念是极其谬误的，相比之下，鞑靼人的财富观反而更加接近真理。

斯密对重商主义的看法明显有失偏颇。事实上，即便到今天，我们也很难给重商主义一个确定无疑的定义。因为它的内容太过庞杂，缺乏系统性，没有一以贯之的理论。重商主义是欧洲人运用理性来认识经济事务的产物。当时并没有专门的经济学家，因此重商主义者大多是从事实际事务的商人和政客，他们的观点主要来源于对日常生活的观察和思考，因此缺乏系统

在这幅画中，我们可以看到 1639 年左右的一个法国海港，大大小小的船只停靠在港口，装货卸货，一片繁忙景象。此时正处于重商主义发展盛期，包括法国在内的欧洲主要国家都在不择手段地发展对外贸易，试图从海外贸易中攫取更多的财富。这幅画的创作者是法国著名画家克洛德·洛兰（Claude Lorrain）。

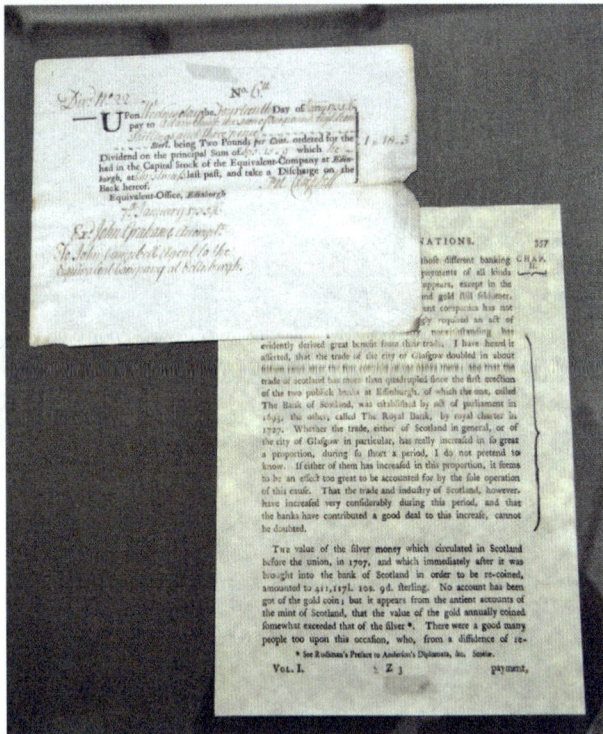

《国富论》是 18 世纪英国著名政治经济学家亚当·斯密的代表作。在这本书中，斯密抨击了重商主义的种种谬误和荒唐之处，进而论证自由市场经济的正确性和合理性。斯密认为，在自由市场中，一只看不见的手在调节一切经济活动，无须人为干预便能实现经济效率的最大化。图的左上角是一张股息凭证，图的右下角是《国富论》中的一页。

性和深入的抽象分析。

实际上，在 16—18 世纪的西欧，绝大多数的经济理论和实践都可以划入重商主义的范畴。当时主要的西欧强国如英国和法国都是奉行重商主义的典范。重商主义是时代的产物，深刻地反映了西欧所处的历史背景：人文主义思想的传播、民族国家的出现、大航海时代的到来、资本主义的发展等。

总的来看，重商主义者有以下倾向：重视货币，有些时候甚至主张禁止贵金属的外流；重视出口、轻视进口，注意保持贸易顺差；强调劳动的价值，主张一国充分就业的重要性。早期的重商主义者特别强调货币积累的重要性，后期的重商主义者则将重点放在保持贸易顺差和增加国内就业。

土地是财富之母，劳动是财富之父

经历了文艺复兴的欧洲终于摆脱了中世纪的阴霾，人类在尘世间不再只是逆来顺受，而是可以有所作为。重商主义者明显具有新时代的乐观主义精神。他们承认人类劳动的巨大价值，它是一切财富的重要来源。并且，他们相信人类的技艺水平会持续提高。

英国人弗朗西斯·培根曾写道，欧洲与野蛮地区的差距非常之大，这种差距不是源于土地或气候差异，而是源自技艺的不同。人的因素被加以强调，反映了人文主义的深远影响。

重商主义者区分了自然财富和人造财富。自然财富就是地球无偿赐予人类的那些物品，而人造财富则是人类通过自身的劳动、智慧以及技术生产出来的产品。这种区分实际上承认了劳动是财富的源泉之一。正如 17 世纪英国政治经济学家威廉·配第所说，土地为财富之母，劳动为财富之父。

意识到劳动是财富的重要来源之后，重商主义者非常重视劳动力的充分就业。他们不能容忍劳动

一话一说一世一界一

力的闲置。在他们所提出的各项建议中，增加国内就业成为关键目标。

为了鼓励本国制造业的发展，当时一些欧洲国家的政府想出了各种办法。英国和荷兰等国极力招揽外国的工匠到本国定居，英国在这方面成效显著。欧洲大陆的很多新教徒为了逃避宗教迫害来到英国，其中有很多工商业人士。法国和西班牙则改变过去的政策，鼓励本国的贵族参与工商业。

17世纪，路易十四统治下的法国正日臻鼎盛，时任财政大臣科尔贝尔推行了一系列重商主义政策和措施。对外，提高关税，保护国内工商业，并建立海外殖民贸易公司争夺更多的海外市场和领地；对内，建立各式工场，既生产玻璃制品、丝绸、地毯等奢侈品，又生产大众所消费的布料甚至武器。这些工场的工人很多都来自其他国家，生产玻璃制品的工匠主要来自意大利威尼斯，生产布料的工匠则主要来自尼德兰。科尔贝尔建立这些工场的目的固然是为了增加本国民众的就业，但与此同时也是为了尽可能地减少购买外国产品。

管制还是自由

重商主义者相信市场的重要作用，但是不相信完全自由的市场。他们认为人类的本性是自私的。与中世纪的主流做法不同的是，他们并不建议去压制这种自私的本性，相反，他们认为自私自利在一定的条件下有助于公益。对自私

威尼斯历来以它的美丽闻名于世，这是一座名副其实的水城，一条条蜿蜒的水巷遍布整个城市。历史上，威尼斯曾经是一个强大的国家，这个共和国一度成为地中海的霸主，从君士坦丁堡到亚历山大港，到处都有从事贸易的威尼斯商船。

的承认为市场的存在和发展准备了空间。然而，为了不产生破坏性的结果，人类的自私本性必须受到一定的约束，因此市场也必须受到相应的管制。

对外贸易尤其受到重商主义者的重视。著名的重商主义者托马斯·孟认为，国内贸易不如国际贸易重要。因为无论国内贸易如何繁荣，它所实现的净收益都是零。只有对外贸易才能给一国带来增益。

于是，对外贸易成为重商主义者主张进行干预的关键领域。干预措施的指导原则主要包括以下两点：（1）鼓励出口，限制进口；（2）尽可能地出口工业产品，进口原材料。

对于重商主义者而言，促进国内产业发展、增加就业是重中之重，因此有必要为本国商品争取更

画中的人物是17世纪法国著名的重商主义者让·巴普蒂斯特·科尔贝尔（Jean-Baptiste Colbert, 1619—1683年）。作为法国国王路易十四的财政大臣和得力助手，科尔贝尔在任期间推行了多项重商主义措施，包括促进就业、建立工厂鼓励外贸等。这些措施促进了法国工商业的发展，然而，在科尔贝尔死后，很多由他创立的工厂由于缺乏竞争力而纷纷倒闭。

这幅画描绘的是第一次英荷战争中一场具有决定性意义的海战——斯赫维宁根战役。这场海战爆发于 1653 年 8 月 10 日，在此之前，英国海军已经取得英吉利海峡的制海权，并对荷兰的海岸线进行了封锁。为了打破封锁，荷兰派出由 100 余艘军舰所组成的庞大舰队与严阵以待的英国海军展开决战。英荷双方都宣称取得了这场战役的胜利。通过这场战役，荷兰人成功地打破了封锁，但与此同时也付出了惨重的代价，不仅损失了自己的海军主将，而且丧失了继续作战的意愿。

大的国际市场份额，并且只要是本国能生产的东西，就不进口。之所以要尽可能地出口工业产品，是因为它比原材料具有更高的价值，能带来更高的收益。

在争夺海外市场方面，英国和荷兰在当时存在着不可调和的矛盾。有"海上马车夫"之称的荷兰人占据着欧洲航运业的头把交椅。荷兰的商船载着不同国家和地区的商品，行驶在世界的各个角落。即便是在英属北美殖民地，荷兰商人也占据着优势，他们凭借更低的航运成本击败了包括英国在内的其他竞争对手。

为了打破荷兰人的贸易垄断地位，英国在 1651 年通过了著名的《航海条例》。根据该条例，凡是从欧洲运到英国的货物，必须由英国船只或原商品生产国的船只运送；凡是从亚洲、非洲、美洲运送到英国、爱尔兰以及英国各殖民地的货物，也必须由英国船只或英国有关殖民地的船只运送。这个条例针对的对象非常明显，即荷兰。条例的颁布基本等同于宣战。自该条例颁布之后，越来越多的

《蜜蜂的寓言》的作者是荷兰人伯纳德·曼德维尔（Bernard Mandeville，1670—1733 年）。在这本书中，曼德维尔指出，所谓的"美德"对国家的发展和知识的进步是有害的，反倒是人类的自私自利与恶行促进了社会繁荣，推动了社会进步。他的观点在当时颇为极端和激进，所以从一开始就引发了很大的争论。有些人批判这本书邪恶、道德败坏，但也有人受益于这本书的观点，从而对人类社会有了更加深刻的思考。

荷兰商船开始遭到英国人的攻击。两国的敌对行为不断升级，并最终在 1652 年 7 月正式宣战，这场战争最终以英国人的胜利而结束。

这是 1684 年英国伦敦泰晤士河边的市场。早在罗马帝国时期，伦敦便成为英国的一座重要城市。在之后的历史时期，伦敦的这种重要性日益增加。以至于到 18 世纪时，一些英国人感叹英国已经变成了一个身体和脑袋的比例严重失衡的怪物。进入近代之后，伦敦逐渐成为一个庞然大物和一个超级大都市。

地中海时代的终结
欧洲经济
重心的北移

地中海，西方文明的摇篮，
繁荣了万年，终归落幕。

地中海是西方文明的摇篮。古希腊文明和古罗马文明都诞生于此。在人类文明史的大部分时间里，无论就政治、经济还是文化而言，地中海都是欧洲的中心之所在。然而，16世纪之后，欧洲的经济重心突然发生了改变，从南方转向了北方，从地中海转向了大西洋沿岸，从意大利转向了荷兰和英国。

南北的分野

罗马不是一天建成的，这种转变也不是16世纪突然出现的，而是在之前就有端倪。中世纪的欧

俯瞰威尼斯，红瓦与碧海交相辉映。在文艺复兴时期，威尼斯不仅是制造业和商业中心，而且也是艺术中心。这座城市为我们留下了非常多的艺术杰作，遍布城中的各式各样的古老建筑则是辉煌艺术成就的见证。威尼斯是各种文明的交汇之处，这在建筑上也有所体现，意大利本土的哥特式风格和外来的拜占庭乃至与摩尔人的建筑要素实现了完美的结合。

洲有两个相对独立的经济世界，一个是南方的地中海，另一个是北方的北海、波罗的海。

在中世纪，尽管古希腊和古罗马的荣光已经渐渐远去，但是地中海沿岸地区依旧是西方最为繁荣、最为发达的地方，是全球贸易路线的交汇处。来自东方的奢侈品，如香料、丝绸、瓷器、宝石等，首先汇聚在地中海的重要港口，然后再输送到欧洲其他国家。地中海此类贸易基本上被威尼斯商人所垄断。

威尼斯本来只是意大利东北部的一个小渔村，凭借机缘和努力迅速发展成为一支重要的经济力量。贸易是威尼斯的立国之本。威尼斯的船队奔波于地中海沿岸的重要港口之间，将东方和伊斯兰世界的商品带入欧洲。除了贸易之外，威尼斯的制造业也非常发达，它的玻璃制造工艺代表着当时的最高水平。

远在千里之外，北海和波罗的海沿岸国家构成了另外一个经济世界。在历史的大部分时间里，这个世界长期远离文明的中心，但是此时已经繁荣起来。与地中海世界进行的奢侈品贸易不同，在这里交易的商品大多是大宗货物，如木材、粮食等。尼德兰是这个世界的经济中心。

南北两个世界并不是完全割裂的。两者之间存在着千丝万缕的联系。北方的原材料和南方的奢侈品通过陆路和海路源源不断地进行着交换。

这是阿姆斯特丹城市一景，从中我们可以看到阿姆斯特丹中央火车站。阿姆斯特丹是荷兰的首都，同时也是荷兰最大的城市。在 12 世纪，阿姆斯特丹还只是一个小渔村。后来，随着荷兰的崛起，阿姆斯特丹到 17 世纪时已经成为欧洲最重要的港口之一。

北方的崛起

1499 年，达·伽马绕过好望角回到欧洲。消息传来，威尼斯人惊恐万分，仿佛末日来临。过去，来自东方的香料都要汇聚在地中海沿岸的港口，现在葡萄牙人绕过地中海直接和东方产地取得了联系，这意味着原有的贸易航路面临着被取代的危险。

然而，威尼斯人的反应有些过度了。在葡萄牙人抵达东方的最初几年，原有的香料贸易的确被打乱了，流入地中海的香料数量锐减，但很快便又恢复了平衡。威尼斯人并没有被逐出香料贸易市场。

对于地中海世界而言，最为可怕的对手不是葡萄牙和西班牙，而是荷兰和英国。葡萄牙人和西班牙人开辟了新航路，这的确在一定程度上挑战了地中海世界的中心地位，但真正促使欧洲重心转移的历史事件则是西北欧诸国的崛起。

和地中海世界相比，西北欧具有独特的优势：航海技术更为先进，资源更加丰富，潜力更加巨大。再加上，在西北欧，统一的民族国家逐渐兴起。相比意大利诸多分散的城邦国家，以英国为代表的民族国家能够动员更多的人口和资源参与竞争。信奉重商主义的西北欧诸国将发展工商业看作

强国富民的重要手段。为此，他们一方面紧随伊比利亚半岛的脚步，向外探险和殖民，探寻新的贸易航道；另一方面吸收乃至剽窃国外的工业技术，发展本国制造业，击败原来的工业中心，如威尼斯。

16 世纪的地中海世界仿佛一个迟暮的老人，已经跟不上世界变化的脚步。此时的西北欧则意气风发、欣欣向荣，抓住新的潮流，一举成为欧洲乃至世界的经济重心。

这是日落时分的伦敦鸟瞰图。伦敦不仅是英国的政治、经济和文化中心，即便放眼全球，伦敦也是一个举足轻重的城市。来自世界各地的游客蜂拥而至，这里有世界闻名的众多标志性景点，如伦敦塔、大本钟、议会大厦、英国皇家植物园、威斯敏斯特大教堂、白金汉宫、圣保罗大教堂、特拉法加广场、伦敦眼、伦敦塔桥等。

自由的逝去
俄国农奴制的形成

肥沃的俄罗斯平原上，
农奴们在挥洒着汗水，
他们为国家、为领主耕种，
仿佛庄稼一般，一代又一代，固着在土地上。

16—17世纪，当西欧的农民已经基本上摆脱了封建制度的枷锁、重获自由之身时，俄国农民的处境却在不断地恶化。他们被禁止随意移动，从生到死，只能为领主耕种土地。农业是当时俄国最重要的经济部门，这些卑微的农奴便构成了这个国家的经济基石。

农奴制度的发展

相比西欧国家，俄国经济一直以来都比较落后，

这幅画是19世纪俄国画家尼古拉·涅夫列夫（Niolai Nevrev，1830—1903年）的代表作，其描绘了出售一名农奴女孩的场景。农奴的各项自由都遭到了严格的限制，无法享有现代社会公民的一些基本权利。他们被强制固定在土地上劳作无法自由地迁徙，他们也无法自由地选择自己的伴侣。从一定程度上来说，农奴可以被看作地主的财产。

不仅工商业不发达，农业生产力水平也比较低下。

农业作为最重要的经济部门，所需要的劳动力主要由农奴提供。然而，农奴制在俄国出现的时间要比西欧晚得多。16—17世纪，西欧封建制度和农奴制已经日益消亡时，农奴制才正式在俄国确立起来。在此之前，尽管存在着一定数量的家奴和依附性农民，但农民的主体是自由农民，他们聚集而居，构成了一个又一个的公社。

俄国农奴制的发展是与民族国家的形成同步发生的。国家成为农奴制出现的重要推手。

俄国地广人稀，土地资源非常充沛，而劳动力资源则比较有限。所以，农民作为劳动力的来源便成为俄国领主们争夺的对象。

俄国的封建领主在当时主要分为两种：世袭领主和封地贵族。其中，封地贵族是国家和王权所依赖的基础。封地贵族主要由小地主组成，他们通过为大公打仗而持有土地。这些土地上的农民除了要向领主耕作服役之外，还要向国家纳税。

在劳动力"争夺战"中，受损的一方往往是由小地主组成的封地贵族。他们手下的农民纷纷依附于大的世袭领主。这些大贵族将这些农民藏匿起来，转变为自己的家奴。这样一来，国家的利益便严重受损，因为它不仅失去了兵源——封地贵族，而且失去了税源——农民。

为了扭转这一趋势，在16世纪，沙皇政府出

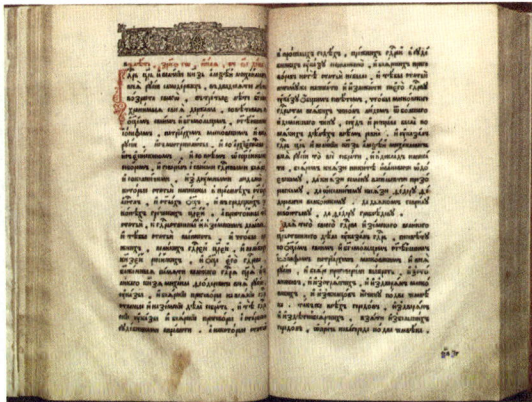

图中所展示的是《法律大全》的文稿。在俄国农奴制的形成过程中，国家扮演了非常重要的角色。从16世纪末开始，俄国陆续颁布了多部法令禁止农民的迁徙。其中以1649年颁布的《法律大全》最为重要。

台了多个法典，目的是限制农民的迁徙自由。1497年的法典规定农民只有在尤里节（11月26日）前后各一周才有离开原主人的权利。之后的法案变得越来越严厉，直至彻底剥夺了农民迁徙自由。

农奴制度的确立

1649年《法律大全》的颁布标志着俄国农奴制的正式确立。《法律大全》是俄国历史上至关重要的一部法典。这部法典的内容包罗万象，涉及政治、经济、社会等方方面面。

就农奴制而言，《法律大全》全面确认了之前限制农民迁徙自由的种种措施，彻底将农奴制固定下来。它规定，逃亡的农民在任何时候都可以被追回；地主对农奴享有司法权和警察权。

《法律大全》严格区分了农奴和家奴。农奴需要为国家纳税，而家奴则不需要为国家纳税。可以说，这部法典是国家利益与地主利益相互妥协的产物。通过严格限定和固化农奴的身份，国家获得了稳定的税收来源，而地主则获得了稳定的劳动力来源。

农奴制确立后，数量庞大的农奴成为俄国的经济基础。他们生产的财富源源不断地支持了国家的

统一、君主制的巩固和版图的扩大。彼得大帝所推行的现代化改革正是基于这个经济基础。然而，广大农奴的贫困与愚昧，以及农奴制的野蛮与落后也对俄国的全面现代化构成了不可逾越的障碍。这有待于通过19世纪的改革来根除这一障碍。

这幅画描绘了一个农民在尤里节这一天离开自己的地主。俄国农奴制的一个典型特点就是禁止农民随意走动。按照习俗，农民只有在尤里节的前后一周可以离开主人，1497年的一部法典正式承认了这一习俗的合法性。此后，俄国陆续颁布了多部法典，限制农民的自由，最终取消了农民们在尤里节前后自由行动的权利，彻底将农民固着在土地上，这也标志着农奴制在俄国的确立。

交相辉映的文学

这部分意在呈现与文艺复兴几乎同时期欧洲之外的文学。为此，我们特意选取了几个不同国家和地区的具有代表性的作家和其文学作品，包括印度诗人卡比尔和日本诗人松尾芭蕉等。

任何艺术作品包括文学在内都不是无源之水、无本之木。它们根植于创作者所生活的那个时代，是创作者生活经验和自身感悟的结晶。

跟随着卡比尔的脚步，我们可以见证伊斯兰文明传入印度次大陆之后，伊斯兰教与本土印度教之间的冲突与融合。卡比尔代表了融合的一面。他创造性地将伊斯兰教教义和印度教教义结合起来，并借助诗歌来表达自己的思想。

在松尾芭蕉的诗作里，我们读到的是诗人自身的生命感悟。他是一个孤独的旅行者，从风花雪月之中读懂"生命不能承受之重"。

只有明师才能看见

印度诗人卡比尔

假如你能驾驭内心，
整个世界都将步着你的后尘。

卡比尔说，上帝与圣者是一体的，就如同波浪起于海水，又回归海水。那个神住在我们的心里，无论他叫什么名字，无论他长什么样子，只要去发现，就一定能够在内心找到他。他说，世界的最上面有一个地方，那里没有种族、肤色、阶级和教条，也没有仪式的束缚；那里没有太阳却光芒万丈；那里万籁寂静，只有福音回响。他说，那是我的家，只有明师才能看见。

智者不言：卡比尔

卡比尔（Kabir）是古代印度著名的诗人与智者，他是印度教的古鲁，又是伊斯兰教的先知。关于他的生卒年份，历史上并没有十分确切的记载，有些历史学家认为，他生于1398年，卒于1448年。同样，他的早年经历和生平也十分模糊，因此给人

卡比尔是一位诗人，同时也是一名圣人。关于他的生卒年，至今仍有争论，但人们一般认为他生活在15世纪的印度。卡比尔的诗用印地语写成，诗中充满了睿智和哲理。在宗教思想方面，卡比尔贡献很大。生前，他对印度教和伊斯兰教都颇有微词，并曾经因此而饱受双方的攻击。然而死后，无论是印度教徒还是伊斯兰教徒都认为卡比尔属于自己这一方。

这幅画绘制于 1825 年，描绘了卡比尔织布的场景。

们留下了许多想象的空间，杜撰了很多关于他的传说。

相传，卡比尔出生在印度东北部的贝拿勒斯，是一个婆罗门寡妇的儿子，甫一出生就遭到遗弃。他从未上过学，长大之后，师从当时一个著名的婆罗门开悟者拉马南达学习哲学和神学。他拜师的过程也十分传奇。据说，年轻的卡比尔在恒河畔等待着拉马南达，当拉马南达沐浴归来时，卡比尔突然

图中所显示的是卡比尔追随者的修行之所。卡比尔对印度宗教的影响是十分巨大的。一般认为，于15世纪末创建锡克教的那纳克便受到了卡比尔宗教思想的影响。卡比尔死后，他的宗教思想得以继续流传，在印度各地，大量的追随者将卡比尔的宗教思想奉为圭臬。

上前抱住了他的脚，恳求拉马南达收他为徒。拉马南达的徒弟们都纷纷表示反对，因为卡比尔不仅是一个孤儿，还是一个穆斯林，大家都认为他不会尊重印度教。拉马南达是一个圣人，他看到卡比尔，就好像看到了一个寻求者，于是他说："你们并不了解他，我了解他。"就这样，卡比尔成为拉马南达的弟子。这个传说的真实性已经无从考证了，但它是卡比尔众多传说中较为有名的一个。

卡比尔追随拉马南达很多年，随他一起与毛拉或婆罗门进行神学或者哲学辩论，因此，他十分了解印度教与伊斯兰苏非派的教义。在悟道之后，卡比尔仍然过着世俗的生活，据说，他还与一个名叫罗伊的女子结婚，育有两个儿子。他以织布维持生活，每当到集市上卖布的时候，他就将心中所想的诗歌唱出来，天长日久，人们都喜欢聚集在他的身边，聆听他唱歌、讲道。卡比尔的追随者日益增多，逐渐形成了庞大的卡比尔教派。

卡比尔在临终之前，还给予人们一个重要的启示。在印度，人们认为只有死在贝拿勒斯，灵魂才能得到永生。卡比尔一生都住在贝拿勒斯，却在临终之前去了贫瘠而晦气的马格哈，他说，只要心中有神，灵魂都将被拯救。

在心中找到神：诗与宗教的和谐

卡比尔被尊为北印度语的诗歌之父，有2000多首诗歌和1500首对句传世，并且大多数都世代相传流传至今。不仅如此，他的宗教思想也影响着印度的宗教，15世纪末由那纳克创立的融合了印度教对神的奉爱以及伊斯兰教上帝无形论于一身的锡克教，其主要思想就继承自卡比尔，锡克教的《圣典》中，还收录了500余首卡比尔的诗歌。

卡比尔是一个悟道者。尽管他认为一些禁欲苦修的教条和迂腐陈旧的仪式不值得提倡，但他却能从中汲取有益的思想。他是一个宗教融合者，不受任何教义规条的约束，创新性地将印度教轮回和业报、伊斯兰教的一神论以及反对种姓制度和偶像崇拜等观念糅合起来，变为一种真正的爱的宗教。他用诗歌一般优美而通俗的语言，教导人们心怀爱与奉献，发现自我，聆听内心，赞美家庭，体验幸福。他告诉人们，无论你崇拜的是什么神，只要神在内心，就能与之合一。

诗魂之路
松尾芭蕉

昔日雄关今不见，
秋风掠过竹桑田。

——松尾芭蕉

他是一个狂放不羁的艺术家，他热爱徒步旅行，陶醉于自己的内心世界，他幽默的自嘲、精致的细节、宁静的内心和画家般的笔触，为我们娓娓道来一个永恒的精神世界。他毕生追求两个特殊的禅意理念：一个是佗，一个是寂，寓意为简朴而清寂。他的诗歌引导我们走向智慧与和平，他的诗歌静心细品，方觉美妙之极。他就是松尾芭蕉，他是日本的俳句之魂。

清浅诗家：芭蕉翁

松尾芭蕉赞美过春天稻田，曾"观赏插秧一畦毕，方离此柳去"；他也曾经深陷在精神绝望的边缘，"倦于樱花，疲于尘世"；他走过春夏，越过秋冬，五载六千里，走出一条《奥州小道》。松尾芭蕉说，他是轻轻浅浅的蕉下客。

松尾芭蕉（1644—1694年）于日本宽永二十一年（1644年）生于三重县伊贺国上野市，原名松尾藤七郎。芭蕉在十岁的时候成为大将藤堂良忠的侍童。藤堂良忠师从北村季吟学习贞门俳谐，因此松尾芭蕉对贞门也十分亲近。藤堂良忠生性风流，喜爱俳句，在藤堂良忠的影响下，松尾芭蕉也开始写作俳句。宽文二年（1662年），芭蕉开始崭露头角，他的俳句被收录进了《佐夜山中集》。不幸的是，四年后藤堂良忠英年早逝，松尾芭蕉自此离开了藤堂家。

接下来的六年，松尾芭蕉有很长一段时间住在京都，并陆续出版了几部诗选。宽文十二年（1672

年），他搬到了江户（今东京），在江户的八年时间里，松尾芭蕉广泛交友，吟诗作句，逐渐形成了一个新的俳句门派。延宝四年（1676年），松尾芭蕉成为举世公认的俳句大师，他开始拥有一批追随自己的弟子。1680年，弟子们为他建造了第一座芭蕉庵。

1680年之后的松尾芭蕉，饱受精神怀疑的折磨，转而研究禅宗。而1682年的一场火灾把江户的大片城区夷为平地，芭蕉的房子也未能幸免，这更加深了他的绝望。经过八年的挣扎折磨，松尾芭蕉于1688年决定前往在文学、宗教或军事上具有

松尾芭蕉肖像，绘制于18世纪晚期。

松尾芭蕉伊贺上野市的出生地

知识链接：俳句

俳句，是日本的一种古典短诗，以三句十七音为一首，首句五音，次句七音，末句五音。要求严格，受"季语"的限制，所谓"季语"，是指用以表示四季及新年的季节用语。俳句最早起源于中国古代汉诗的绝句诗体，先发展成"连歌"，逐渐演变为"俳句"。松尾芭蕉的《古池塘》就是有名的俳句，全文十七字："悠悠古池畔，寂寞蛙儿跳下岸，水声轻如幻。"

重大历史意义的古迹朝圣，赶在辞世前看看这些地方。1689 年春天，他徒步穿越日本。正是这次美妙旅程产生了他的传世之作《奥州小道》。

元禄七年（1694 年），松尾芭蕉因腹疾在大阪去世，终年 51 岁。临终前，他留下了最后一句俳句："旅途罹病，荒原驰骋梦魂萦。"

行走荒原：《奥州小道》

1688 年的松尾芭蕉，活在自我沉重的世界里。他向友人说，自己对文学声望那永无止境的要求，让他十分厌恶，他月言"感到来世的清风拂面而过"，所以在辞世之前，他要再看看那些魂牵梦萦的名胜古迹。于是，1689 年春，松尾芭蕉在弟子曾良的陪同下，从江户出发，徒步走过关东、奥羽、北陆，经日光、白河、松岛、平泉、尾花泽、出羽三山、酒田、泉泻、云崎、金泽、福井、敦贺，9 月到达大垣，之后又坐船前往伊势。整个行程大约 2400 公里，花了整整五个月的时间。旅行结束后，曾良将芭蕉在旅途中创作的俳句诗文整理成散文集，也就是今天仍在感动世界的《奥州小道》。

《奥州小道》，又名《奥之细道》，最早的版本于元禄十五年（1702 年）印行。在开篇，松尾芭蕉写道："岁月为百代之过客，逝去之年亦为旅人也。于舟楫上过生涯，或执马鞭而终其一生之人，日日生活皆为旅行。"是为旅人的真实写照。长期的徒步游历，使芭蕉的诗风增加了深沉悲凉的情调，书中的很多诗句，皆为千古名篇。这是松尾芭蕉一生最重要的代表作品，也是日本文学中最优美的作品之一。

图为俳圣殿，家乡上野市为纪念松尾芭蕉诞辰三百周年而建。

有学识的无知

有学识的无知
库萨的尼古拉

他是中世纪最后的哲学家，
他又是新时代最初的哲学家。

在 15 世纪的欧洲，库萨的尼古拉是当之无愧的第一哲学家。尽管德国的文艺复兴兴起较晚，较之意大利整整晚了半个世纪，但这丝毫没有影响到尼古拉的哲学地位，就如同但丁之于文学一般，库萨的尼古拉在哲学领域亦有着承前启后之功，他之后的很多哲学家，都在他的思想中汲取灵感。库萨的尼古拉为中世纪日益凋敝的哲学注入了光彩夺目的活力，是文艺复兴时期最初的哲学家。

德国人文主义之父

库萨的尼古拉（Nicolaus Cusanus，1401—1464年）生于德国摩泽尔河畔的库萨村，因此，大家都将他称作"库萨的尼古拉"。库萨的尼古拉在家中排行第二，他有三个兄弟姐妹，父亲是个船业主，是一个严厉的人。库萨的尼古拉在很小的时候就离开家庭，由一个伯爵抚养长大。1416 年，库萨的尼古拉进入海德堡大学艺术学院学习，主攻人文学科。1417 年，他又转到了帕多瓦大学继续学习。1423 年，他获得了教会法博士学位。1425 年，库萨的尼古拉来到科隆大学，在这里进行了短暂的进修，并结识了一些学者和神学家。

1427 年，库萨的尼古拉成为特里尔大主教齐根海因的奥托的秘书，不久，他又成为奥托在罗马教廷的私人代表。1430 年奥托去世后，他继续担任红衣主教朱利安·塞萨里尼的书记，并参加了1431 年的巴塞尔宗教会议，此后他便一直供职于罗马教廷。在此期间，他研究了中古时期的手稿，

并在 1433 年证实"君士坦丁赠礼"是一场骗局。1437 年，库萨的尼古拉奉教皇尤金四世之命，出使君士坦丁堡，试图将东正教和天主教合并。

1450 年，教皇尼古拉五世任命尼古拉为布里克森主教，同时开始推行一系列的改革。然而，他的改革并不顺利，奥地利的斯基斯蒙德大公爵不仅竭力反对他，甚至一度将他送入监狱，直到教皇庇护二世干涉此案，尼古拉才被释放。重获自由后，库

这幅库萨的尼古拉的肖像画创作于 15 世纪。创作者的真实名字不得而知，我们只知道他生活在 15 世纪的德国科隆，他最擅长的领域是圣母像。尽管这幅画的创作者不为人知，但是他的艺术成就得到了广泛的承认，并被认为是科隆画派的代表人物，有不少画作流传于世。

话说世界

库萨的尼古拉的一生著作颇丰，其中最具有代表性的便是《论有学识的无知》。在这本书当中，库萨的尼古拉继承了之前一些宗教思想家的观点，并在此基础之上有所发展。对于库萨的尼古拉而言，"有学识的无知"不仅意味着人类的谦卑，更是解决了科学和信仰之间的现实矛盾，而这种矛盾自从文艺复兴之后正变得越来越突出。

萨的尼古拉返回罗马，自此再也没有回到自己任职的教区。

1464 年，健康每况愈下的库萨的尼古拉在意大利翁布里亚逝世，时年 63 岁。

新柏拉图主义：《论有学识的无知》

1437 年，库萨的尼古拉在出使君士坦丁堡归程的途中，产生了豁然开朗的灵感。这一段航海经历让他久久不能平静，他开始思考一个形而上的观点，并从此孜孜不倦，写成了《论有学识的无知》。

从哲学史上看，《论有学识的无知》是文艺复兴时期哲学领域当仁不让的第一名著，从某种程度上说，这本书预示了德国哲学之后出现的辩证模式。

《论有学识的无知》一书分为三卷，卷一谈上帝，卷二谈宇宙，卷三谈基督。他认为万物因上帝是其所是，宇宙令万物各得其位，基督令万物各具其性，因此天下万物都具有一种根据自身条件选择最佳生存方式的自然欲望。这种欲望促使万物要具备一种知识目的紧密相连的天然判断力，为了满足最佳的生存欲望，人类需要对知识进行探索。在尼古拉看来，人类的一切知识，说到底是一种有学识的无知。求知欲望引导着人们去探索那些无知的领域，逐渐地，人们就会获取一些原本无知的知识，但无论在任何领域，知识都是无尽头的，因此，人们都将成为有学识的无知，即使是学识最渊博的博士，也不过是在自己专有的无知领域，获知最深而已。

尼古拉在书中阐述的核心观点，即人类不可能确切知晓任何事物，但这并不意味着人类从此没有能力认识世间的万事万物。正是这样的一条逻辑线索，导致了与库萨的尼古拉这个名字如影随形的"否定神学"。

1464 年，库萨的尼古拉去世后，他的遗体被埋葬在罗马圣彼得镣铐教堂。后来，遗体遗失，但是纪念碑却保留了下来。如图所示，纪念碑上刻有浮雕，上面有库萨的尼古拉本人的雕像。根据尼古拉的意愿，他的心脏被送往家乡保存，与他的心脏一同保存的还有他的大量手稿。

信仰的东渐

世界有三大一神教，分别是犹太教、基督教和伊斯兰教。在历史上，三者之间彼此紧密相连。这个部分主要讲述当中的两者——基督教和伊斯兰教在世界各地的扩张过程。

在地理大发现以前，基督教只局限在欧洲。最早走出欧洲的西班牙人和葡萄牙人是非常狂热的基督教徒，他们进行海外探险的目的，除了获取财富之外，还有传播基督教信仰。所以，从欧洲启程踏上帆船前往世界各地的除了士兵和商人之外，还有大量的传教士。

这些传教士试图将基督教信仰传遍世界各地。在美洲，他们获得了很大的成功。然而，他们在亚洲的传教活动则受到了很大的阻碍。日本是一个例外，在这里，基督教得到了较为迅速的传播。然而没过多久，日本便开始推行"禁教"。

早在基督教扩张之前，伊斯兰教便已经通过各种方式传播到了印度和东南亚等地。在印度，一个信奉伊斯兰教的中亚游牧民族建立了莫卧儿帝国，从而将伊斯兰教带入印度，进而造成了伊斯兰教和印度教之间的冲突与融合。在东南亚，伊斯兰教主要通过贸易的方式在这里生根发芽，并最终成为马来群岛的主体信仰。

真正的虔诚是宽容
阿克巴大帝
与神圣宗教

他是仁慈的君主，
他用爱抚慰印度教徒和穆斯林。

西格里古老王城的台阶之上，是高高的胜利之门，穹门上有一行字，是这位伟大的印度皇帝命人镌刻的：世界是一座桥，走过去，不要在上面盖房子；如果渴望一个小时，就会渴望永远；世界只有一个小时，用它来祈祷吧，其他一切都不可预知。这行基督教文字似乎表明了他的决心，在他的世界里，任何人通向未来的桥梁都不该被阻塞，任何文化与宗教都是殊途同归。

阿克巴大帝：印度莫卧儿帝国的开创者

他是印度莫卧儿王朝的第三位皇帝，他出生于流亡时期，成长于征战时期，他不会读写，却丝毫不影响他成为印度历史上最伟大的帝王之一，他就是阿克巴大帝，他是印度人用心灵赞美的阿克巴帕

这幅阿克巴大帝的画像绘制于 16 世纪。阿克巴大帝是印度历史上一位颇有作为的君主，在他的统治之下，莫卧儿王朝的疆域增加到原来的三倍。少年的不幸遭遇并没有让他灰心丧气，他逐渐成为一名强大、勇敢的战士。更为难能可贵的是，长期的征战并没有让阿克巴大帝放弃在知识上的追求，尽管不识字，但他常常在夜间让其他人读书给他听。

德莎。

阿克巴（Akbar，1542—1605 年）出生于阿马尔科特，这一年，他的父亲胡马雍失去了王位，遭到流放。1555 年，胡马雍重新夺回了王位，次年，胡马雍去世，一个庞大且政权极为不稳的国家交到了年仅 13 岁的阿克巴手中。

13 岁的少年皇帝是有名无实的，国家政权掌握在他的保护人拜拉姆汗等人的手中，他所能控制的国土面积也十分有限，仅有印度西北部旁遮普的小块土地。这一时期，西北方的喀布尔、西南方的信德、东南方的德里和阿格拉以及南方的拉贾斯坦和古吉拉特各自为政，国内宗教冲突激烈，少年帝王权势旁落，这使得本就不稳定的莫卧儿王朝，更加命悬一线。

少年皇帝在保护人拜拉姆汗的带领下开始了艰难的征战。1556 年，他们进攻德里，在莫卧儿优秀的骑射队的帮助下，最终以少胜多，以弱胜强，获得胜利。军队首领喜穆中箭被俘，13 岁的阿克巴企图宽恕他，但拜拉姆汗并不同意，最终，喜穆被砍下头颅，第二次帕尼帕特战役宣告胜利。

拜拉姆汗的专制与擅权深深地激怒了少年君主，逐渐成长起来的阿克巴越来越不愿受到他的束缚。1560 年，阿克巴宣布流放拜拉姆汗，国家的权力逐渐回到了这位青年帝王的手中。此后的 40

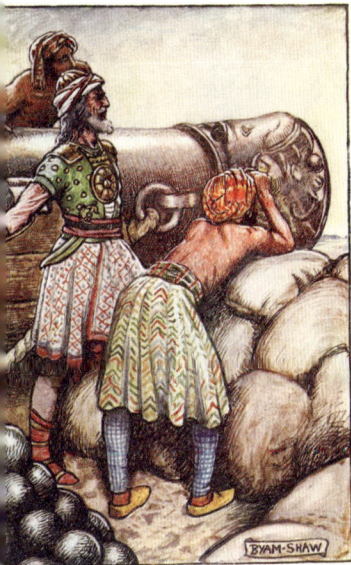

画中的人物是阿克巴统治时期莫卧儿帝国的炮兵。这幅画出自《阿克巴的冒险经历》一书。作为一名伟大的君主，阿克巴大帝军功卓著。在印度次大陆，莫卧儿帝国军队所向披靡，无人能敌。这在很大程度上得益于阿克巴大帝的军事改革。在阿克巴大帝的推动下，帝国军队在组织和武器等方面都有所改进。相比其对手，帝国军队的一大优势便是火器的大量使用。

🦉 知识链接：乔达哈公主

据传乔达哈公主是阿克巴大帝的皇后，她出生于拉齐普特部落，是一名虔诚的印度教徒。青年时期的阿克巴大帝，出于政治联姻的目的迎娶了这位印度教新娘。印度教和伊斯兰教的传统习俗存在极大的差异，双方的亲人，甚至乔达哈公主本人都对这桩婚姻抱有深深的排斥，但这段婚姻的结局无疑是美好的。宗教的差异最终没有成为横亘在他们之间的障碍，反而成为阿克巴大帝推行神圣宗教的强大动力。

年，阿克巴南征北战，击败了苏尔王朝，最终将莫卧儿王朝打造成为北到阿富汗、东到孟加拉、西到古吉拉特、南到德干高原北部的强大帝国。阿克巴大帝用他高超的智慧和治国手段，给数百年来一直饱受战火蹂躏的印度带来了和平、稳定和繁荣。

这种新的宗教，他将其命名为"丁－伊－伊拉希"，也就是"神圣宗教"。他将自己看作这个新教派的先知，他宣称自己将尽最大的努力清除各宗教之间的隔阂。

通过虔诚与神合一：阿克巴的神圣宗教

作为外来的少数民族，要在拥有众多印度教徒的国家建立政权本就不易，如果宗教信仰还存在着较大的分歧，要稳定国家就更是难上加难。作为一名虔诚的伊斯兰教教徒，阿克巴敏锐地察觉到，十同信仰存的问题，印度教在印度国家是不明智的，伊斯兰教和印度教之间既相互冲突又相互交融，这是无法改变的客观事实。

通过长期的观察，阿克巴意识到，宽厚和包容的宗教态度是他作为帝王必须具备的，于是他接受了伊斯兰教苏菲派比较宽容的主张，希望"通过虔诚与安拉合一"。在苏菲派的基础上，阿克巴大帝走得更远，他开始拥有了一种超脱于宗教之上的观念，建立了一种集合伊斯兰教、印度教、耆那教、基督教和琐罗亚斯德教教义的统一宗教。

阿克巴大帝对宗教和哲学问题非常感兴趣。一开始，他是一名正统的伊斯兰教徒，但是后来随着受到伊斯兰教苏菲派的影响，他的宗教立场开始逐渐转变。在宗教问题上，他变得更加宽容，希望将多种宗教融为一体，并创立了"神圣宗教"。他在法特普尔－西克里修建了一座礼拜堂，并邀请不同宗教的代表在此辩论交流，此画便描绘了阿克巴大帝举行宗教会议时的场景。

无处不在的身影
俄国东正教的前世今生

它是俄罗斯的国民信仰，
它是宗教沃土上的民族精神。

988年，东正教被基辅大公弗拉基米尔一世定为国教，从那时开始，东正教——这一源自基督教的正教教派与俄国的历史、精神、文化与民族紧密地连在了一起。直到今天，东正教仍然在俄罗斯发挥着令人不可轻视的作用。

图为斯拉夫风格的圣母像。长期以来，俄罗斯文明一直处于与欧洲文明对立又融合的奇怪循环中。位于欧洲文明的边缘地带，俄罗斯文明的起步较晚。9世纪，来自瑞典的维京人向东入侵，建立了基辅罗斯，这便是后来俄罗斯国家的雏形。10世纪，基督教传入基辅罗斯。与西欧地区不同的是，罗斯人所信奉的基督教不是来自罗马，而是来自拜占庭帝国的君士坦丁堡。

"罗斯受洗"：源起与传播

东正教，全称是"东方正教"，是基督教的三大教派之一。早在325年，基督教就开始逐渐分裂，形成以罗马为中心的西部教派，即天主教；以及以君士坦丁堡为中心的东部教派，即东正教。1054年，东西教派彻底决裂，东部教派形成东正教。

俄国的东正教最早是在10世纪中叶由拜占庭人传入的。988年，基辅罗斯大公弗拉基米尔一世迎娶了拜占庭皇帝的妹妹安娜公主为大公妃，随公主出嫁的希腊教会修士带来了东正教。在这一年，弗拉基米尔大公在拜占庭公主的见证下受洗，正式皈依东正教。此后，他不仅宣布东正教为基辅罗斯的国教，更下令要求所有基辅罗斯人跳入第聂伯河受洗，形成俄国东正教会。这就是著名的"罗斯受洗"事件。随着"罗斯基督教化"的推进，东正教逐渐成为俄罗斯民族的精神支柱。

政教合一：巩固与兴盛

13世纪初，强盛一时的基辅公国被蒙古所灭，蒙古人在这里建立了金帐汗国。这时，东边的莫斯科公国趁势而起。1325年，莫斯科大公伊凡·卡里达通过贿赂金帐汗国的重臣，从而获得了"弗拉基米尔和全俄罗斯大公"的称号。紧接着，伊凡大公说服了东正教大主教彼得将驻地由弗拉基米尔迁到莫斯科，并斥资在莫斯科修建了美轮美奂的圣母升天大教堂，更使得莫斯科一跃成为俄罗斯东正教的中心。

1480 年，时任莫斯科大公的伊凡三世率军打败了阿合马汗，从而摆脱了金帐汗国的控制，俄罗斯公国逐渐演变为沙皇俄国。在沙皇统治时期，东正教教会享有特权，是国家机构的组成部分。沙皇规定在政府任职的官员必须是东正教徒，学校的学生们也被灌输东正教的宗教信仰。到 15 世纪末期俄罗斯国家形成时，东正教已经得到了极大的发展。1721 年，时任沙皇的彼得一世进行了东正教

知识链接："沙皇"的由来

313 年，罗马帝国皇帝君士坦丁承认了基督教的合法地位。392 年，基督教成为罗马帝国国教。在西罗马帝国覆灭后，东罗马帝国又存在了上千年，他们奉东部教会为基督教正统，是为东正教。1453 年，东罗马帝国被奥斯曼土耳其所灭，作为新兴强大起来的俄罗斯，当之无愧地继承了罗马帝国的教权与皇权。此时的俄罗斯大公，就应当使用罗马最高领导人的称呼——恺撒，于是，俄罗斯大公在斯拉夫文中取恺撒（Caesar）的音"沙"，组成"沙皇"一词，这就是"沙皇"的来历。

在这幅画中，莫斯科大公伊凡三世将蒙古可汗的信撕成碎片。从 13 世纪起，罗斯开始处于金帐汗国的统治之下。14—15 世纪，在莫斯科公国的领导下，罗斯逐渐实现了自身的独立。在这个过程中，伊凡三世发挥了重要的作用。在他的带领下，一个以莫斯科公国为核心的统一的俄罗斯开始形成。

的体制改革，使政权和教权更加集中，沙皇成为政教合一的首领。

历尽坎坷：毁灭与重建

十月革命后，苏维埃政权全面控制了俄国，苏维埃政权领导人致力于将俄国建设成为一个无神论的国家。他们废除了宗教特权，取缔了东正教作为俄国国教的地位，分离政权与教权，也不再强迫俄罗斯人民信仰东正教，甚至禁止教会在学校中传教的行为。

到斯大林时期，由于卫国战争的爆发，东正教会在战争中不遗余力地保家卫国，支援前线，俄国

照片中的建筑是位于卡拉科尔的东正教圣三一教堂。如今，卡拉科尔是吉尔吉斯斯坦的第四大城市，距离中吉边境 150 公里。19 世纪下半叶，俄国势力开始入侵这一地区，并逐步吞并了这片土地。随着大量的俄国人到此定居，俄国宗教和文化的影响也渗入到这个地区。

圣诞节时分的圣彼得堡街景。圣彼得堡是俄罗斯面向欧洲的窗口。目前，它是俄罗斯第二大城市，仅次于莫斯科。这座城市建于 1703 年，建立者正是俄罗斯历史上非常有作为的一位君主——彼得大帝。在彼得大帝统治期间，俄罗斯全面向西方学习，而圣彼得堡正是俄罗斯主动融入欧洲的一个标志。

苏维埃政权的领导人逐渐改变了对东正教的态度。1941 年，东正教逐渐取得了合法活动的权利，教会事业开始全面复苏。

20 世纪末，苏联解体，俄罗斯废除了十月革命节，以圣诞节取而代之。此后的几年里，东正教的地位节节攀升，俄罗斯领导人试图借助宗教的力量，重建统一的意识形态，从而增强国家的凝聚力。

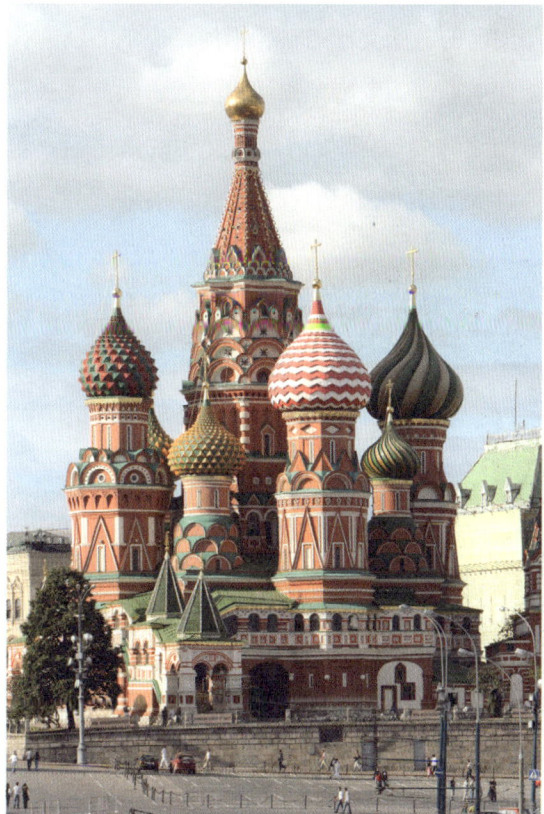

圣巴西尔大教堂坐落于莫斯科红场，与克里姆林宫比邻而居。这座东正教堂修建于 1555—1561 年，是受伊凡四世的命令而修建。从外形上来看，这座教堂就仿佛是空中绽放的烟花，色彩鲜艳，造型美丽。现在，这座建筑已经成为莫斯科乃至整个俄罗斯的一个重要标志。

雄狮与公主
头戴"王冠"的锡克教

没有始终的真神，
是真理与正义的化身。

赤足净手，以巾包头，怀着谦恭的虔诚才能走进锡克教的世界。金庙巍然仁立，多少世纪以来，锡克教的信徒们怀着谦卑之心来到这里，他们放下自我与傲气，走进"神居住的地方"，他们冥想，他们祷告，他们以"雄狮"和"公主"为名，他们以佩剑象征尊严与自由，以头巾象征高贵的王冠。

"五河之邦"：锡克教的诞生

印度的旁遮普邦是一片富庶而肥沃的土地，它位于印度河的五条支流杰赫勒姆河、杰纳布河、拉维河、比亚斯河、萨特莱杰河汇流处，因此也被称为"五河之邦"。在印度河城市文明衰落之后，雅利安人进入了印度，他们首先占领了五河之邦，开始了征服土著和部落的战争。这一时期，印度种姓制度开始出现，婆罗门教逐渐形成。公元前6世纪后，印度先后经历了多国割据

那纳克和十个锡克教大师的画像，19世纪油画。

时期、摩揭陀国、孔雀王朝、笈多帝国、古尔王朝、莫卧儿王朝等历史时期。作为印度的大门，旁遮普邦注定会成为战场和所有征服者的第一停留地。不同的入侵者在这里定居，娶妻生子，他们之间各式各样不同的语言、宗教和文化不断地冲突碰撞，孕育了一个新的群体，这个群体又孕育了一种新的宗教——锡克教。

任何宗教的诞生都会有一个创始人，人们通常认为他们是"先知""圣人"甚至就是"神"，锡克教也不例外。它的创始人是出生于印度教刹帝利种姓的古鲁·那纳克（Guru Nanak，1469—1539年）。那纳克从小就表现出过人的天赋，7岁时，他被送到婆罗门学者那里学习字母和数字。后来，他又跟随穆斯林学者毛拉学习波斯语和阿拉伯语。两种宗教的相互碰撞，使那纳克十分沉迷神学。相传他于1499年曾在河中与神对话三天三夜，第四天从河里走出，第一句话便是："世无印度教徒，也无穆斯林。"三天三夜的冥想使他找到了自己的真理，锡克教由此诞生。

"锡克（Sikha）"一词源于梵文的音译，本意是门徒、信徒之义。由于其创始人那纳克的宗教思想受到印度教和伊斯兰教的双重影响，他主张一神论，认为宇宙之神是唯一存在的，是万物的根源。这一思想和伊斯兰教苏菲派以及印度教虔信运动的思想都极为接近。

话说世界

拜萨哈节上的锡克教徒花车游行

寓神于形：头戴"王冠"的锡克教徒

　　在那纳克之后，锡克教先后经历了十位上师，最后一位上师戈宾德·辛格（Gobind Singh，1666—1708 年）遭到暗杀后，锡克教虽有首领，却不再被称为"上师"。那纳克之后的几位上师秉承着那纳克的教义，逐步建立了锡克教独特的宗教体系。到第五代上师时，锡克教有了自己的圣水、圣地和教经。第六位上师为了对抗莫卧儿王朝的压迫，建立了保卫锡克教的武装力量，为锡克教注入了尚武的精神，锡克教逐渐发展成为一个带有军事化色彩的组织。到最后一位上师戈宾德·辛格时，锡克教建立了"卡尔萨"体制。辛格提出废除印度教的不同种姓，规定男性皆以"辛格（Singh）"为姓，寓意为"狮子"；女性皆以"考尔（Kaur）"为姓，寓意为"公主"。

　　历经 500 余年的发展与变迁，锡克教教徒们拥有了自己独特的宗教特征，他们以"5K"和缠头巾作为自己的身份标识。所谓的"5K"指的是蓄发（Kes）、加发梳（Kangka）、戴铁制手镯（Kara）、佩短剑（Kirpan）和穿短裤（Kachh）。这五种锡克教徒典型的身份标识均以字母"K"开头，因此被称为"5K"。而戴头巾则是因为锡克教徒们蓄长发，用头巾能够使头发保持整洁，同时也能提升人的尊严，缠在头上的头巾就像一个王冠，使人显得高贵威严。

头巾是印度锡克教教徒典型的装扮

虔诚与热爱
印度巴克提教派运动

咏唱献给神的爱戴之歌，
内心的虔信能够与神合一。

　　"巴克提"是梵文"Bhakti"的意译，意思是"虔信"和"热爱"。巴克提教派最早出现在 8 世纪的南印度，11 世纪时，形成了声势浩大的宗教改革运动，其重心开始逐渐向北印度移动。巴克提教派认为，只要虔诚地热爱并献身于神，就能得到神的恩惠，从而得到解脱。随着时间的推移，这场运动逐渐席卷了整个印度，其影响一直持续到了 18 世纪。

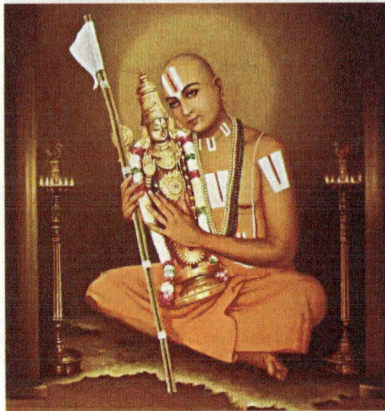

巴克提教派的先驱：罗摩奴阇

　　"巴克提"一词，最早出现在奥义书里，《薄伽梵歌》对"巴克提"思想做了详细的论述。而将"巴克提"思想加以继承发展，并逐渐形成体系的，是罗摩奴阇。所以要谈巴克提教派运动，首先要了解

画中的罗摩奴阇怀抱着印度教主神毗湿奴的神像。作为巴克提教派的先驱，罗摩奴阇在印度教历史上具有举足轻重的地位。罗摩奴阇的一生有着诸多谜团。根据历史记载，他活到了 120 岁才去世，但是现代学者们对此产生了质疑，他们认为罗摩奴阇最终只活到了 80 岁。此外，人们对罗摩奴阇是否结过婚也意见不一。

　　罗摩难陀的一部分宗教思想来源于罗摩奴阇。和罗摩奴阇一样，罗摩难陀也出身于婆罗门家庭。尽管属于印度的高级种姓，但是罗摩难陀反对基于身份差别的宗教歧视，并主张打破身份、性别、阶级、种姓和宗教的藩篱，认为神爱万物。他是巴克提教派运动的代表人物，同时也被认为促进了锡克教的出现。

这位巴克提教派的先驱。

　　罗摩奴阇据传于 1055 年（一说 1077 年）出生在印度马德拉斯。关于他的年龄和生卒年份，一直以来都处于争论之中。据说，罗摩奴阇出生在一个婆罗门家庭，从小就跟随父亲学习印度教经典。16 岁时，罗摩奴阇奉父命成婚，但婚后不久父亲就去世了。他按照父亲生前的安排，离开家乡前往甘支，跟随梵文大师亚达瓦·普拉卡夏学习。罗摩奴阇天资聪颖，很快就崭露头角，但他和老师亚达瓦的关系却不是很好，他时常和老师

画中的人物是印度历史上谜一般的传奇女性——米拉。她是16世纪印度的一位虔信派女诗人。她被认为是巴克提教派运动当中最为重要的圣人之一。她出生于贵族之家，围绕她的一生有着很多有趣的传说。据说，她一生特立独行，完全不顾及世间的条条框框，甚至将印度教主神奎师那认作自己的丈夫。

知识链接：梵天

"梵天"是印度教中的创造之神，它与毗湿奴、湿婆并称三主神。梵天也被称为造书天、婆罗贺摩天和净天，在华人地区，梵天俗称四面佛。据说，梵天在宇宙初创之时，创造了十一位生主，他们被认为是人类的祖先。在印度，专门供奉梵天的印度教寺庙很少，大多数寺庙是把梵天和毗湿奴、湿婆合画在一起进行供奉。

争论，经常直言不讳地提出自己的不同看法。因此亚达瓦很不喜欢他，甚至一度想要通过制造意外除掉他。罗摩奴阇逃离了老师的控制，转而投向甘支的另一位首陀罗门下学习，潜心研究经典。后来，他又云游四方，拜谒了印度的许多寺庙和圣地，同时著书立说，宣传自己的思想，并总结归纳自己的宗教哲学思想，使其逐渐形成体系。

罗摩奴阇的一生写了不少著作，最有名的是《梵经注》和《薄伽梵歌注》。在《薄伽梵歌注》中，罗摩奴阇继承发展了《薄伽梵歌》所提出的"巴克提"思想，为它奠定了坚实的哲学基础。罗摩奴阇认为，人们对神的崇拜和信仰，不应当是盲目的，而应当是对神进行充满热爱的沉思，这种沉思不应断绝，应当延绵不绝；这种沉思，应当来自人的内心对神无限的热爱，同时与知识和虔信结合，通过导师的引导，最终从精神深处达到与神合一。

罗摩奴阇对巴克提教派运动的影响是很深远的。罗摩奴阇的思想为巴克提教派运动奠定了哲学基础，他也因此被认为是巴克提教派运动的伟大先驱者。

巴克提教派运动：印度的宗教改革

从11世纪开始，巴克提教派运动开始形成声势浩大的宗教改革运动；到13世纪，巴克提教派开始从印度南部向印度北部扩张，转向北方之后，运动规模达到了顶峰。这一时期，巴克提教派内部逐渐形成了不同的派别，分为有形派和无形派，有形派主要有黑天派和罗摩派，而无形派主要是喀比尔派和锡克派。

罗摩派的代表人物罗摩难陀和喀比尔派的代表人物喀比尔是这一时期巴克提教派中的重要人物。罗摩难陀出生在1360年，主张"梵天"是宇宙万物的主宰，所有信仰梵天的人，无论身世贵贱、地位高低，都可以得到解脱。出生于1440年的喀比尔，则主张印度教和伊斯兰教相结合，极力反对种姓制度，认为人之初都是"安拉和罗摩的孩子"，神虽然拥有不同的名字，但其本质却是同一个神。所以，只要虔诚地信奉神，所有人都能够得到解脱。

巴克提教派运动持续了千年，这一场宗教改革运动对印度各地的语言文学、印度教哲学以及印度的伊斯兰教文化都产生了极其深远的影响。

传教黄金岛
天主教在日本的命运

一艘商船的到来，
开启了日本的切支丹时代。

在葡萄牙探险家的心中，日本列岛是马可·波罗笔下黄金岛的代名词，谁发现了这里，谁就拥有了财富。而在日本，由于明王朝财政压力的扩张，周边国家的政治波动，使得亚洲海域原本的朝贡贸易持续低迷。欧洲军事力量的进入，无疑使得本就不十分稳定的东亚传统秩序进一步走向毁灭。正是在这样的时候，日本与西方第一次亲密接触。

发现日本岛：传教新时代的到来

天文十二年（1543年）8月25日，一艘本将驶往中国宁波的葡萄牙商船因风暴而漂流到日本种子岛，这是日本与葡萄牙商人第一次在日本本土接触。随之而来的，是耶稣会传教士的进入。

天文十八年（1549年）8月15日，耶稣会创

这幅马赛克现存于以色列拿撒勒的天使报喜教堂，是作为礼物由日本天主教徒赠予教堂。上面的圣母与圣子身着日本传统服装，以绽放的鲜花为背景，就仿佛是一个浮世绘。整幅画体现了东方的艺术审美与技巧，具有强烈的日本风格。

始人之一的方济各·沙勿略一行抵达萨摩藩的鹿儿岛，从而开启了日本切支丹时代的序幕。

到达鹿儿岛之后，沙勿略首先拜访了萨摩领主岛津贵久。在岛津贵久的支持下，沙勿略建立了日本历史上的第一座天主教教堂。1550年，沙勿略又转道平户，平户首领松浦隆信热忱地欢迎了他。短短几日之内，这里的民众就有数百人接受了洗礼。又过了两年，沙勿略再次传道，这一次他携带着精美的礼品拜访了山口大名大内义隆，大内义隆支持传教，并通告民众严禁伤害传教士。由于大内义隆的支持，山口在两个月内就有500余人接受洗礼，其中不乏重臣和改宗者。后来，沙勿略又辗转到丰后的府内，得到了大友宗麟的保护，天正六年（1578年）大友宗麟受洗。不久，府内成为日本天主教传播的一大中心。

受洗的大名：天主教的暖春时期

沙勿略离开日本转到中国后，许多传教士先后来到日本，先是在九州传教，受到大内义隆、大友义镇的保护。永禄六年（1563年），大村家家督大村纯忠皈依，成为日本第一位受洗的切支丹大名（指信奉天主教的大名）。两年后，大名有马晴信皈依。永禄十一年（1568年），传教士们开始试图接近织田信长。永禄十二年（1569年）春，织田信长两次会见了传教士，允许传教士们居住在京都，

画中的人物是沙勿略。这幅画目前收藏于日本神户市博物馆。作为首个进入日本传教的欧洲人，沙勿略遇到了难以想象的障碍。尽管面临诸多困难，沙勿略在日本的传教事业还是取得了一定的成功。

这真正开启了耶稣会在日本传教的暖春时期。

从1569年到1582年，天主教在日本逐渐繁盛起来。这14年里，织田信长包容传教，通过耶稣会与西南切支丹大名保持良好关系，由此保障与南蛮的贸易，也间接实现其"天下布武"的理想。

然而，天有不测风云，天正十年（1582年），织田信长在京都本能寺被部将明智光秀杀害，史称"本能寺之变"。织田信长"天下布武"的道路戛然而止，天主教在日本的命运也完全被改变。

禁教锁国：切支丹时代的终结

随着日本进入丰臣秀吉统治时期，"天下布武"路线逐渐转变，丰臣秀吉与佛教的关系也日趋紧密。最初，丰臣秀吉尚能对传教士保持宽和的态度，但到天正十五年（1587年）时，丰臣秀吉颁布了《伴天连追放令》，宣布驱逐传教士。庆长二年（1597年），丰臣秀吉下令将日本信徒和方济各会修道士等26人钉死在长崎的十字架上。

到德川政权时期，禁教愈演愈烈。庆长十八年（1613年），德川家康已经严禁家臣信教。随着有马晴信的宗教信仰的败露，迫害天主教教徒的大潮从骏府城开始。德川幕府第二代将军起草了新的《伴天连追放令》，日本境内全部传教士均遭到驱逐。到德川幕府第三代将军时期，约有28万日本天主教信徒被迫害致死。

1644年，日本最后一位耶稣会教士殉教。至此，日本的切支丹时代彻底终结。

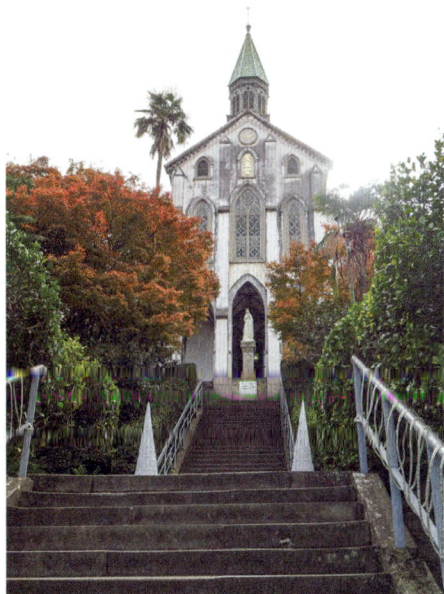

大浦天主堂位于日本长崎，修建于1864年，距今已有100多年的历史，被认为是日本现存最古老的教堂。丰臣秀吉之后，日本长期实行禁教和锁国，天主教教徒遭到迫害。1597年，长崎的26名天主教教徒被钉死在十字架上。1853年，美国军舰迫使日本重新打开国门。此后不久，西方的传教士重新来到日本，大浦天主堂便是由法国传教士修建，以纪念1597年的26名殉教者。

海岛和贸易
伊斯兰教在东南亚的传播

碧蓝的海水中是一串接着一串的海岛，
远方的穆斯林商人带来了贸易和信仰。

7世纪，伊斯兰教诞生于阿拉伯半岛，然后不断地向四周传播。大约在13、14世纪，伊斯兰教通过贸易的方式最终来到东南亚。此后，伊斯兰教逐渐成为东南亚海岛地区即马来群岛的主流宗教。在马来群岛，除了菲律宾人大多信仰天主教之外，其他国家的人们基本都信仰伊斯兰教。

传入

伊斯兰教从何时开始传入东南亚？关于这个问题，我们还没有确切的答案。早在1292年，意大利旅行家马可·波罗便在苏门答腊岛北部遇到了一个伊斯兰国家——八儿剌。这很有可能是伊斯兰教在东南亚立足的最早文字记录。

可以肯定的是，伊斯兰教主要是通过贸易的方式进入东南亚的。穆斯林商人沿着海上的贸易路线来到这里。他们中又有不少是印度的穆斯林商人。

这栋美丽的建筑是马六甲海峡清真寺。这座清真寺濒临海边，依水而建，因此又有"水上清真寺"或"海上清真寺"的称号。清真寺通体乳白，配有金黄色的穹顶，造型别致而典雅，远远望去，仿佛漂在水面之上。观赏这个建筑的最佳时间是傍晚日落时分，夕阳和碧海映衬下的清真寺变得更加美丽动人。

菲律宾穆斯林用来储藏食物的器皿。伊斯兰教大约13世纪传入菲律宾。

初期，伊斯兰教的传播是缓慢的。1400年前后，马六甲国王的皈依成为一个标志性事件。此后，伊斯兰教在东南亚的扩散速度加快。马六甲位于马来半岛西南部，与苏门答腊岛隔海相望。在15世纪，马六甲从一个小渔村迅速发展成为重要的贸易中心。

关于马六甲统治者皈依伊斯兰教，有一个很有趣的故事。马六甲的统治者在梦中得到启示，被赐予了穆罕默德的名字，并得知第二天将有一位先知的后裔乘船到来。醒来后，这位统治者发现自己已经被实施了割礼，并且那艘船果然按时出现。于是，这位统治者及其统治的居民全部皈依了伊斯兰教。

扩散

当然，上面关于马六甲皈依伊斯兰教的故事很有可能是一种人为修饰的结果。现实生活中，统治者们皈依伊斯兰教自然会有更加实际的考虑。伊斯兰教伴随着贸易来到东南亚。当时，穆斯林商人控

图为著名的布城清真寺。该清真寺由粉红色的花岗岩建造而成，故通体粉红，因此又被称作"粉红清真寺"。寺庙规模宏大，可同时容纳15000名朝拜者。建筑的最高处距离地面76米。该清真寺的所在地布城，靠近吉隆坡市，是马来西亚的联邦行政中心。

制着从红海到印度洋再到东南亚的庞大贸易网络。这个贸易网络能够带来巨大的财富，而融入这个网络的最有效途径就是皈依伊斯兰教。此外，奥斯曼帝国的异军突起无疑也在一定程度上激起了马来群岛统治者们的向往之情。最重要的是，伊斯兰教还有助于巩固统治者的地位，提高王权的合法性和神圣性。这些都是促使统治者皈依伊斯兰教的有利因素。

在苏门答腊，在爪哇，在文莱，马来群岛上的统治者们一个接一个皈依了伊斯兰教。文莱在16世纪初皈依了伊斯兰教，17世纪初，苏拉威西岛的望加锡也皈依了伊斯兰教。此后，望加锡利用武力迫使周围的其他王国也信仰了伊斯兰教。

葡萄牙人的到来不但没有遏制，反而加快了伊斯兰教在马来群岛的传播。面对西方入侵者咄咄逼人的态势，当地的统治者们选择借助伊斯兰教的精神和物质力量来进行反抗。在16世纪，苏门答腊岛的亚齐人数次与土耳其人联手，共同进攻马六甲的葡萄牙人。亚齐的统治者还试图与奥斯曼帝国建立正式的同盟关系。

伊斯兰教传入的地区并不是荒无人烟的真空地带，这里有着自己的传统和习俗。在大多数情况下，伊斯兰教选择和当地的传统共存。这种宽容和弹性也在一定程度上解释了伊斯兰教在东南亚成功

的原因。慢慢地，外来的伊斯兰教和本土传统融为一体，形成了马来群岛新的文化基础。

在马来群岛之外的其他东南亚地区，伊斯兰教的传播非常有限。在庞大的中南半岛，如泰国、缅甸等国，佛教的地位牢不可破，而越南则受到中国儒家思想的影响。

图为班达亚齐大清真寺。班达亚齐是印度尼西亚亚齐特别行政区的首府，同时也是这一地区的最大城市。它位于苏门答腊岛最西北端，而且是整个印度尼西亚的最西北端。正是由于其特殊的地理位置，班达亚齐很容易受到外来文化的影响。伊斯兰教很早便传播到这个地方。

穿越亚洲的艺术之行

奥斯曼帝国的首都伊斯坦布尔是一座历史悠久、美丽壮观的城市。它背靠欧洲，面向亚洲，雄踞博斯普鲁斯海峡西岸。作为拜占庭帝国的首都，历史上这座城市曾经长期以另外一个名字闻名于世——君士坦丁堡。此次的艺术之旅便以这座城市为起点，一路向东，直至最东端的日本。

谈到伊斯坦布尔，游客必去之处首先便是圣索菲亚大教堂和蓝色清真寺。圣索菲亚大教堂象征着这座城市的古老，见证了其从拜占庭帝国到奥斯曼帝国的转变。蓝色清真寺作为这座城市最大的一座清真寺，同时也享有"最美"的称号。本章选择略过这两个众人皆知的宗教建筑，而是介绍一个相比之下同样雄伟壮丽但名气要小一些的苏莱曼清真寺。另外一个绕不开的建筑是托普卡帕宫，其作为帝国历代苏丹的宫殿是整个帝国命运的缩影。

奥斯曼帝国再往东便是同时代另外两个重要的伊斯兰帝国——波斯的萨法维王朝和印度的莫卧儿帝国。起源于地中海的细密画在这两个帝国发展到了艺术的极致。

最东端便是今天的日本。我们将带领大家走进艺伎的世界，目睹温柔婉约的女性之美。

锡南的"手指"

苏莱曼清真寺

夜空中最明亮的那颗星，
请指引我前行。

重回历史现场

到苏莱曼清真寺，必须穿过熙熙攘攘的香料市场。纷扰的尘世，给予到达清真寺的每一个人以世俗的洗礼。我们能够走到它的面前，仰望这座圆顶建筑。这是伊斯坦布尔最美丽的清真寺，它的美不仅仅在于它的雄伟与壮观，还在于它的和谐。它简洁庄重的背后，隐藏着的是锡南的背影。

苏莱曼一世（Suleiman I, 1494—1566 年）是奥斯曼帝国在位时间最长的苏丹。在他统治时期，奥斯曼帝国在各个方面都达到极盛。对外，苏莱曼一世不断开疆辟土，称霸陆地与海洋；对内，苏莱曼一世推行各项改革，涉及法律、教育、税收和宗教等诸多方面，并大力推动各项文化事业的发展。

最美的建筑：苏莱曼清真寺

沿着伊斯坦布尔的老城，走到加拉太大桥，往右走是苏莱曼清真寺，与它遥相对望的，是耶尼清真寺。在伊斯坦布尔，最美的建筑并不是蓝色清真寺，也不是圣索菲亚大教堂，而是这座隐匿在金角湾边老城区的苏莱曼清真寺。

苏莱曼清真寺建造于 1550—1557 年间。这一时期，正是奥斯曼帝国最鼎盛的时期，由苏丹苏莱曼一世主政。苏莱曼清真寺依山而建，其选址在博斯普鲁斯海峡的金角湾西岸。这是一座典型的奥斯曼式清真寺，与蓝色清真寺的建筑风格迥异。它并不追求华丽，而是更注重建造出一种庄严崇高的感觉。苏莱曼清真寺的礼拜殿由前厅、正厅和侧厅所组成，由三个大跨度的拱顶连为一体，殿上正中建有大圆顶，圆顶直径 26 米，由四根高 53 米的巨大石柱作为支撑。整座建筑给人以雄伟巍峨、庄重壮阔之感。

苏莱曼清真寺的内部首次使用了红色的依兹尼克瓦片铺设，墙壁和布道坛采用白色大理石镶嵌而成，窗户则由 130 种不同颜色的玻璃组

苏莱曼清真寺是伊斯坦布尔第二大清真寺。苏莱曼清真寺将伊斯兰和拜占庭的建筑元素融为一体。历史上，它曾屡遭损毁，又屡次修复和重建。1660 年，它曾毁于一场大火，1766 年又毁于一场地震。第二次世界大战时期，苏莱曼清真寺曾经一度被用作军火库。不幸的是，其中一部分军火发生了爆炸，清真寺部分损坏，直到 1956 年才完全修复。

成，多重的色彩并没有破坏建筑的平衡感，而是交相辉映，光影和谐。

苏莱曼清真寺的庭院四角各伫立着一根巨大的花岗岩石柱，这四根石柱分别代表穆罕默德的四位继承人。与石柱相互呼应的，是内院的四座叫拜楼，这四座叫拜楼象征着苏莱曼一世是奥斯曼帝国占领君士坦丁堡后的第四名苏丹。

在苏莱曼清真寺后面的花园里，有两座陵墓，埋葬着苏莱曼一世和他的妻子洛克塞拉娜。苏莱曼清真寺的建造者锡南在世纪后也葬在了这个建筑群的边缘，他和奥斯曼帝国的苏丹们一起守护着这座由他亲手建造的清真寺。

苏莱曼清真寺是伊斯兰建筑大师锡南最重要的作品。几个世纪以来，它都代表着伊斯坦布尔人的无上荣耀，被后人称作伊斯坦布尔最美的清真寺。

伊斯兰建筑大师：锡南

科查·米马尔·锡南（Koca Mimar Sinan，1489—1588 年）是奥斯曼帝国最伟大的建筑师，先后担任过苏丹苏莱曼一世、塞利姆二世和穆拉德三世的首席建筑师和工程师。苏莱曼清真寺是锡南最重要的建筑作品。

关于锡南生平的史料十分有限，现存的资料只是一些简单的由锡南自己口述的记录。根据这些信息，我们大致可以知道，锡南出生在安纳托利亚附近阿伊尔纳斯小镇的一个基督教家庭，从小聪颖过人。1512 年，年轻的锡南应征进入土耳其新军，并在来到伊斯坦布尔之后改信了伊斯兰教。之后，他开始学习木工和数学，并很快成为建筑师们的助手。三年以后，锡南已经成长为一名娴熟的工程师和建筑师。由于锡南对建筑构造非常了解，又有军队受训的经历，因此他随

这幅画中最左侧的人物很有可能便是奥斯曼帝国最著名的建筑家锡南。锡南一生设计建造了很多工程和建筑，包括塞利米耶清真寺、王子清真寺等，其中最有名的当属苏莱曼清真寺。锡南的建筑思想不仅在土耳其影响深远，而且对周边的国家和地区也产生了不小的影响，比如印度最有名的建筑之一泰姬陵便融合了锡南的一些建筑设计理念。

军参加了一些战役，在奥斯曼帝国攻陷开罗之后，锡南被提拔为首席建筑师，随后又成为宫廷建筑师。

锡南的一生建造了 440 余个工程，其中包括 97 座清真寺。锡南毕生的宏愿是建造一座能够超过圣索菲亚大教堂的清真寺，然而最终并没有实现。但几个世纪以来，人们并未因此感到遗憾，因为锡南为世人留下了苏莱曼清真寺，这座巍峨壮丽的建筑，已使后人备感荣耀。

图为苏莱曼清真寺的内部布置。内部大厅长 59 米，宽 58 米，形状近似正方形。最上面是巨大的穹顶，穹顶的四周又分布着半圆形穹顶。整个内部装饰典雅而含蓄，不禁让人感受到宗教的威严与神圣。

伊斯坦布尔的花影
托普卡帕宫

当阳光穿过静谧深邃的回廊，
郁金花海的尽头是最后的苏丹。

踏入托普卡帕宫的大门，一切尘世的喧嚣已然远去。沿着一路的鹅卵石左行，是苏丹艾哈迈德三世的喷泉，摇曳生姿的郁金香盛开在华丽的水亭旁，踏着阳光穿过回廊，当那些惊世骇俗、美轮美奂的建筑一一呈现在眼前，当墙壁和地面的花纹透出斑驳魅惑的光影，当自然与生命的气息蜿蜒流转的时候，历史的玄机悄悄地透过这些风平浪静的建筑，呈现在郁金香花海的尽头。

金角湾南岸的皇宫

1453 年，奥斯曼帝国攻陷君士坦丁堡，绵延了一千余年的拜占庭帝国宣告灭亡。1459 年，奥斯曼帝国苏丹穆罕默德二世在古老的拜占庭卫城上，开始修建皇宫。1478 年，新皇宫建成。此后的 400 余年间，有 25 位苏丹寝住在此，这就是著名的托普卡帕宫。

远望托普卡帕。雄伟壮丽的托普卡帕宫见证了奥斯曼帝国的辉煌与没落。它兴建于帝国朝气蓬勃之时，这座皇宫原本并没有正式的名字，人们只是称其为"新宫"，以区别于原来的皇宫。到 19 世纪时，人们赋予了这座宫殿新的名字——托普卡帕宫，在土耳其语中是"大炮之门"的意思。

图中是托普卡帕宫的第二庭院，完工于 1465 年左右。这里是奥斯曼帝国苏丹和廷臣们的会面之所，帝国议事厅位于庭院的西北角。大臣们在帝国议事厅讨论国家的各项重大事务，至于苏丹本人则不必亲临大厅，他可以通过一个金框窗户观察会议进程。宫内最高建筑正义塔也位于第二庭院。

托普卡帕宫建筑群位于萨拉基里奥角，这里可以俯瞰金角湾和马尔马拉海岬。在皇宫内，很多宫殿都可以清楚地看到博斯普鲁斯海峡。整个皇宫被高墙所环绕，这些高墙的一部分，则是拜占庭卫城所遗留下来的。

与其他规制严格的宫殿不同，托普卡帕宫在其漫长的发展过程中，由于各时期苏丹的喜好和需求不同，在扩建的过程中造成了建筑的不均匀。即使穆罕默德二世的主要设计仍得以保存，但无规律的扩建还是稍微破坏了建筑的有序性。这些扩建主要发生在 1520—1560 年的苏莱曼统治时期。这一时期，是奥斯曼帝国的急速扩张时期。苏莱曼为了彰显他的权力和荣耀，于是大肆扩建宫殿。到 16 世纪末，托普卡帕宫已基本形成今天的规模。

托普卡帕宫是一个庞大的综合体，其形状似一

244

苏丹塞利姆三世在"幸福之门"前会见众人。穿过"幸福之门"便通往托普卡帕宫的第三庭院，这个庭院是苏丹的私人禁地，任何人不经苏丹本人允许都不可以进入。因此，"幸福之门"可以看作苏丹私人区域和政府公共区域的一个分界线。只有在非常特别的场合，苏丹才会在"幸福之门"前举行集会和庆典。

个粗糙的矩形，主要分为四个庭院及后宫。它的主轴是南北走向，第一庭院位于最南端，最容易到达，其余的庭院依次向北，最深的第四庭院及后宫是最难以接近的，它们由苏丹管辖。

第一庭院是最大的一个庭院，被称为禁卫军之庭或阅兵院，是禁卫军盛装列队迎候宾客或阅兵的地方。第二庭院自崇敬门而入，这里是国会广场，苏丹即位、葬礼和接见来宾等最重要的仪式都在这里举行。在第二庭院的西北角，建有帝国议事厅。幸福之门是第二庭院的入口，这个庭院是苏丹的内宫和私人区域，除了觐见大殿之外，还有宝库、图书馆、画廊以及私人宫殿和清真寺。第四庭院在托普卡帕宫的最深处，面向博斯普鲁斯海峡，主要用作休闲场所。这里有 1640 年由易普拉辛一世修建的"割礼殿"，专门用于举办穆斯林男孩的成年礼仪式。

神秘的托普卡帕后宫

任何宫殿的后宫都是神秘的，托普卡帕宫也不例外。它那迂回婉转、高深莫测的建筑迷宫，多少

年来都是人们想要探寻的地方。托普卡帕后宫位于宫殿的西北角，历代苏丹都会根据自己的需求和喜好进行改建和扩建。后宫的主入口有三条通道，连接三个后宫的主要部分，左侧经嫔妃通道前往嫔妃庭院，右侧经黄金之道到达苏丹的住处，中间则通往太后庭院。每位苏丹的一生都约有 300 位嫔妃，她们统一居住在嫔妃庭院中。这是后宫最狭小的庭院，浴室、洗涤喷泉、嫔妃的寝宫及宫女的住所都在庭院的四周，嫔妃的寝宫可以俯瞰金角湾。

太后寝宫和苏丹的私人宫殿是后宫里最大也是最奢华的部分，这里是后宫的权力中心。在后宫的最深处是宠妃庭院，这里面朝大海，宽阔华丽。伊斯兰教法许可苏丹拥有四位合法的妻子，因此宠妃只有在怀孕后才能取得名号及苏丹正式配偶的权利。

画中的女子是奥斯曼帝国皇帝的嫔妃。苏丹的嫔妃们住在托普卡帕宫的后宫。除了嫔妃们之外，后宫还住着苏丹的母亲、孩子以及其他家人，此外还有女仆和太监等。在后宫之中，苏丹的母亲处于至尊的地位，她甚至可以直接决定嫔妃们的生死。

赞美精细
波斯与印度细密画

用一支最细的画笔，
画世间最美的画。

这是一种不由线条构成的图画，它的美不在于色彩，不在于构图，而在于精细。这是一个用点构成的世界，那支精细的笔，带着花一样的颜色，一点点绘出这个世间最奇妙的光彩。这是一种饱含着耐心和时间的艺术，因为它的缠绕、它的繁复和它的饱满，因而它没有细节，它的整个主体都是细节，当你看它时，它的饱满、丰润和光泽都显于此。

《古兰经》的边饰：波斯细密画

细密画本是一个专有名词，起源于两千年前的地中海沿岸，公元前16世纪埃及新王朝法老的陪葬品中就有细密画的存在。经历了古希腊和古罗马时代后，细密画在波斯艺术中登上了巅峰。这是一种贵族艺术，笔触精密，材质考究，常以贵重的宝石、珍珠作为颜料。画师们用极其精细的画笔在羊皮、象牙版和木板上作画，绘制的题材多为肖像、风景和故事等。这些画作通常是王公贵族之间用来相互馈赠的名贵礼品。

波斯细密画是波斯艺术中十分重要的组成部分。一开始，细密画被用来作为《古兰经》的边饰图案，后来逐渐演变成手抄经典、民间传说等书籍的文字插图。波斯细密画早期画风受希腊和叙利亚的影响，到13世纪下半叶时，由于蒙古帝国的入侵，波斯细密画受到中国绘画的强烈影响，不仅山川河流等自然景物开始运用中国山水画的程式，而且人的衣物等都逐渐趋于中国化。波斯细密画开始呈现出新的东方风格。

14世纪后，波斯细密画进入全盛时期。15世纪下半叶，波斯的赫拉特书籍艺术中心在绘画大师毕扎德的带领下，开创了独特的艺术风格，逐渐形成赫拉特画派。毕扎德（Kamal al-din Bihzad，约1450—1535年）出生在赫拉特，他的一生中大部分时间也都居住在这里。他是一个孤儿，由著名画家米拉克·纳卡什抚养长大。他是波斯绘画史上最有影响力的画家之一，在他的带领下，赫拉特画派逐渐摆脱了伊斯兰装饰艺术的影响，其绘画的题材转向了传记文学中的人物故事，这在毕扎德的画作中均有不同程度的体现。到15世纪末，毕扎德的细密画开始了新的探索，作品逐渐脱离了文本故事内容，逐渐成为一种相对独立的艺术形式。到1522年左右，毕扎德的细密画的详细描绘甚至

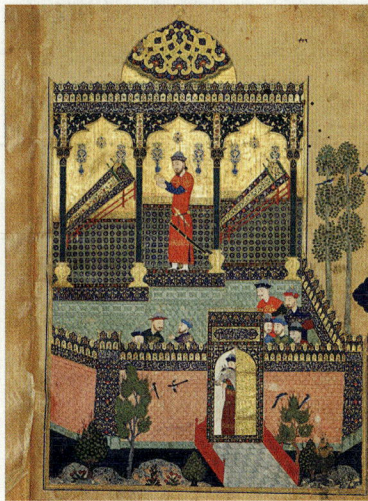

细密画《赫拉特书籍艺术中心》，约创作于1430年。

话说世界

毕扎德的细密画《对苦行僧的忠告》。装饰精美的边框是其艺术作品的一个组成部分。

超过了文字的精确叙述需求。

16世纪的萨法维王朝之后，波斯细密画艺术开始逐渐走向衰落。

天竺之花：印度细密画

波斯细密画享誉世界，而印度的细密画其实也颇负盛名。印度细密画大致有三个不同的画派，分别是印度本土宗教细密画、莫卧儿细密画和拉杰普特细密画。

印度本土宗教细密画包括印度教、耆那教和佛教的抄本插图，绘画的技法较为单纯稚拙，色彩浓烈鲜艳，其绘画风格后来直接影响了拉杰普特细密画。三个画派中，形成于莫卧儿王朝时期的莫卧儿细密画最为兴盛。

莫卧儿细密画初创于莫卧儿王朝胡马雍时期，阿克巴时期开始基本成型。当时，宫廷中聚集了大批画师，大多数是印度画家。这时的细密画逐渐摆脱了早期的印度—波斯式的折中画风，代之而起的是具有印度气质的莫卧儿细密画。这种崭新的画风，从构图着色到题材内容都有着鲜明的特征。建筑物开始使用透视立体效果，实景的描绘被安排在前面，而背景多以浓淡相间的色彩烘托真实感，同时展现一种苍茫沉郁的情调。这一时期的绘画，除了大量的抄本插图外，大构图的独立绘画也开始兴盛起来。

经过贾汗吉尔（印度莫卧儿帝国第四代皇帝）

的巅峰之后，莫卧儿细密画开始逐渐退去辉煌，走向衰落。

莫卧儿细密画《贾汗吉尔给王子称重》

责任编辑：王新明
助理编辑：薛　晨
图文编辑：胡令婕
责任校对：余　佳
封面设计：林芝玉
版式设计：汪　莹

图书在版编目（CIP）数据

发现时代／任有权，吴丹　著．—北京：人民出版社，2022.9
（话说世界／颜玉强主编）
ISBN 978－7－01－020911－1

I. ①发…　II. ①任…②吴…　III. ①世界史－通俗读物　IV. ① K109

中国版本图书馆 CIP 数据核字（2019）第 107857 号

发 现 时 代

FAXIAN SHIDAI

任有权　吴丹　著

人民出版社出版发行

（100706　北京市东城区隆福寺街 99 号）

北京华联印刷有限公司印刷　新华书店经销

2022 年 9 月第 1 版　2022 年 9 月北京第 1 次印刷
开本：889 毫米 × 1194 毫米 1/16　印张：15.75

ISBN 978－7－01－020911－1　定价：90.00 元

邮购地址 100706　北京市东城区隆福寺街 99 号
人民东方图书销售中心　电话（010）65250042　65289539